成都市社会科学院 2016 年度重大课题

新时代繁荣发展成都哲学社会科学重大问题研究

阎星　胡燕　陈艺　张晓雯◎著

中国社会科学出版社

图书在版编目（CIP）数据

新时代繁荣发展成都哲学社会科学重大问题研究／阎星等著.—北京：中国社会科学出版社，2019.2
ISBN 978-7-5203-3832-5

Ⅰ.①新… Ⅱ.①阎… Ⅲ.①哲学社会科学—成都—文集 Ⅳ.①C127.11-53

中国版本图书馆 CIP 数据核字（2018）第 289162 号

出 版 人	赵剑英
责任编辑	喻　苗
责任校对	王佳玉
责任印制	王　超

出　　版	中国社会科学出版社
社　　址	北京鼓楼西大街甲 158 号
邮　　编	100720
网　　址	http://www.csspw.cn
发 行 部	010-84083685
门 市 部	010-84029450
经　　销	新华书店及其他书店
印　　刷	北京明恒达印务有限公司
装　　订	廊坊市广阳区广增装订厂
版　　次	2019 年 2 月第 1 版
印　　次	2019 年 2 月第 1 次印刷
开　　本	710×1000　1/16
印　　张	16.25
字　　数	348 千字
定　　价	86.00 元

凡购买中国社会科学出版社图书，如有质量问题请与本社营销中心联系调换
电话：010-84083683
版权所有　侵权必究

"新时代繁荣发展成都哲学社会科学重大问题研究"课题组

主　编：阎　星
撰　稿：胡　燕　陈　艺　张晓雯
编　辑：张晓雯

序

哲学社会科学发展水平，是一个国家和民族的思维能力、精神品格和文明素质的集中反映，是一个国家综合国力和综合竞争力的重要体现。哲学社会科学在国家和民族发展中的地位不可替代。综观世界各国历史可以发现，任何一个强国的崛起首先得力于思想文化的崛起及其由此而树立起的理论自信和文化自信。反之，任何一个国家的衰败，除了经济和技术的原因之外，思想文化的衰落也是非常重要的原因之一。党的十九大立足于新的国际国内格局，宣示"中国特色社会主义进入新时代"，同时开启了建成富强民主文明和谐美丽的社会主义现代化强国、实现中华民族伟大复兴中国梦的新征程。这标志着我国已处于一个新的历史方位和时代坐标。相应地，我国哲学社会科学的繁荣与发展也面临着新的形势和要求。一方面，新时代的改革继续向纵深推进，我国"正经历着历史上最为广泛而深刻的社会变革，也正在进行着人类历史上最为宏大而独特的实践创新"，发展机遇前所未有、面临挑战也前所未有，整个国际国内形势更加复杂，各种思想观念交融交锋，改革进入攻坚期和深水区，各种深层次矛盾和问题层出不穷，这些都呼唤着哲学社会科学的创新发展，呼唤着新思想和新理论的引领和发展。另一方面，社会大变革大转型的时代，一定是文化大发展大繁荣的时代，生动深刻的社会实践和变革，必将给哲学社会科学理论的创新和学术繁荣提供强大的动力和广阔的空间。

哲学社会科学必然是学术性和思想性的统一，既是历史文化的积累和理论创新的凝练，同时也带有强烈的时代属性，对所处时代的经济社会变革进行回应和指导，对国家和民族的核心价值进行弘扬。无论哪个国家，所谓纯而又纯、"价值中立"或"价值无涉"的哲学社会科学是不存在的。

中国的哲学社会科学，必然且当然地要回应中国特色社会主义的建设要求，在指导思想、学科体系、学术体系、话语体系等方面体现中国特色、中国风格和中国气派。在2016年全国哲学社会科学工作座谈会上，习近平总书记提出了"中国特色哲学社会科学"这一全新的概念；党的十九大又再次强调要"加快构建中国特色哲学社会科学，加强中国特色新型智库建设"。这正是对新时代中国哲学社会科学发展方向的强调。新时代发展的哲学社会科学，就是中国特色哲学社会科学，即坚持以马克思主义为指导，以中国特色社会主义理论体系为统领，回应我国全方位的改革实践，做到理论坚守、推进理论创新，为新时代加快建设中国特色社会主义提供文化自信、思想引领和理论支撑。

如何建设中国特色哲学社会科学？这是一个涉及多领域、多主体的系统宏伟的工程，既要着眼于体系建构、坚持正确的发展导向，还要广泛地参与和协同地推进。从建构体系来看，需要深刻认识和把握哲学社会科学发展的继承性、民族性、原创性、时代性、系统性和专业性特点，尤其是要突出时代性和民族性特点，立足中国实践、运用中国智慧、坚持中国价值，不断推进知识创新、理论创新和方法创新，展现中国风采、传播中国声音，探索构建具有中国自身特质的学科体系、学术体系和话语体系，形成我们中国自己的时代特色优势。从建构导向来看，要理论创新，同时更要明确理论创新的根本目的是总结实践、指导实践，促进中国特色社会主义改革实践的更好发展。这就决定了新时代哲学社会科学建设和发展的应用性导向，与中央历次文件特别是党的十九大强调的"加强中国特色新型智库建设"指向一致，要聆听新时代的声音，回应新时代的呼唤，认真研究和解决新时代改革发展中重大而紧迫的问题，善于从新时代改革创新的具体实践中挖掘新材料、发现新问题、提出新观点和建构新理论，更好地发挥"新型智库"作用，为国家全方位的深化改革提供强有力的智力支撑。从建构主体来看，须知"一家独放不是春，万紫千红春满园"，构建中国特色哲学社会科学，绝不仅仅只是中央或者为中央决策直接服务的大机构、大学者的事情，而是涵盖了全国各省市所有的党政机关、社科研究机构、高校等多领域主体，需要国家和地方层面上各个领域社科理论研究者和工作者的多元参与和协力奋进，唯有如此，才能形成"百家争鸣、百花齐放"的发展格局，才能实现哲学社会科学的真正繁荣与发展。

哲学社会科学的繁荣与发展，包括社会科学领域中的各学科的繁荣发展，但又不仅仅局限于此。综观国内学界，众多的社科研究主要散见于经济学、政治学、法学、社会学、历史文化学、党建、管理学以及其他诸多学科领域，相关研究成果可谓浩如烟海，但是立足于改革实践，以哲学社会科学自身发展为主题的系统性论著并不多见，全面总结和反思地方哲学社会科学发展重大问题的论著更是寥寥无几。

成都市社会科学院课题组的研究成果《新时代繁荣发展成都哲学社会科学重大问题研究》的编撰出版，对我国进一步繁荣发展中国特色哲学社会科学而言，是一件很有意义和价值的事情。我认为，该书具有一些值得点赞的创新、特点和贡献。

一是该书厘清了地方哲学社会科学发展与中国特色哲学社会科学发展的关系，将成都哲学社会科学的建设放在中国特色哲学社会科学体系建设的框架中，将中国特色与地方特点充分结合了起来，既体现了坚定不移遵循中国特色哲学社会科学建设的方向，又体现了服务于成都加快建设全面体现新发展理念国家中心城市的成都地方哲学社会科学建设目标与要求。

二是该书既在政策与管理层面对国内外推进哲学社会科学发展的重大举措进行了概括与总结，为成都以及全国各地的哲学社会科学建设提供了参考和借鉴，同时又对成都改革开放以来的哲学社会科学机构建设、人才队伍、社科管理、社科普及以及重点学科领域研究等进行了系统梳理和调查研究，其所参考的文献资料极为丰富，收录较为齐全，还有大量来自实地调研的第一手资料，具有丰富社会科学发展史料的重要价值。

三是该书着眼于成都哲学社会科学发展中的理论创新、体制创新、资源整合、人才发展等重大问题，对成都繁荣发展地方哲学社会科学面临的形势与战略选择，以及地方新型智库的建设、社科话语权的建立、人才的培育聚集等进行了较深入的思考和展望。成都的这些问题，也是当前国内哲学社会科学管理与研究中存在的普遍性问题，因此，对成都哲学社会科学发展中典型问题的分析，有助于帮助国家层面及其他地方的哲学社会科学发展拓宽思路、提供借鉴。

新时代呼唤新思想，新思想领航新时代。哲学社会科学承接和肩负着在新时代启迪思想、创新理论、指导实践、引领舆论的重要使命。党的十九大提出，要坚定文化自信，推动社会主义文化繁荣兴盛。繁荣发展哲学社会科学是坚定文化自信和推动社会主义文化繁荣兴盛的重要内容和重大抓手。这一过程任重而道远，需要扎根于新时代经济社会改革发展的伟大实践，与时俱进，不断创新社科体制机制、激发社科发展活力；需要全国各个层级的党政机关、社科机构以及社科工作者们齐心协力，共同推进哲学社会科学事业的繁荣昌盛。

《新时代繁荣发展成都哲学社会科学重大问题研究》展示的翔实内容、体现的独特视角和系统研究方法，向读者展示了成都市社科院学者为促进成都哲学社会科学发展而作出的不懈努力，是新时代中国特色哲学社会科学新发展的成都探索，为中国特色哲学社会科学体系建设提供了很好的文献储备。希望读者能从该书中受益。

同时，也衷心地希望成都哲学社会科学工作者以习近平新时代中国特色社会主义思想为引领，不忘初心，继续前进，在天府之国的学术沃土上勤奋深耕，跟踪和回应时代和实践的重大关切，为新时代繁荣发展中国特色哲学社会科学作出新的成都贡献，向读者奉献出更多更优秀的成都研究成果！

是为序。

2018 年 4 月 18 日于青城山麓

目　录

导论　繁荣发展成都哲学社会科学　谱写"中国梦"的成都篇章……… (1)

第一章　改革开放以来关于繁荣发展哲学社会科学的重要论述与理论创新……………………………… (8)

一　改革开放以来党和国家领导人关于繁荣发展哲学社会科学的重要论述………………………………… (8)

二　党的理论创新引领哲学社会科学理论创新及其经验总结…… (17)

三　在新时代中国特色社会主义的伟大实践中加快构建中国特色哲学社会科学………………………………… (25)

第二章　国内外推进哲学社会科学发展的经验启示………… (35)

一　国外人文社会科学发展的概况及特点……………………… (36)

二　国内主要城市繁荣发展哲学社会科学的实践与探索……… (46)

第三章　成都哲学社会科学的发展历程回顾………………… (67)

一　1978—1991 年:成都哲学社会科学的迅速恢复……………… (67)

二　1992—2002 年:成都哲学社会科学的探索发展……………… (71)

三　2003—2011 年:成都哲学社会科学的全面提升……………… (81)

四　2012 年以来:成都哲学社会科学的深入拓展………………… (96)

第四章　成都繁荣发展哲学社会科学面临新形势及其战略选择 …… (112)
- 一　成都繁荣发展哲学社会科学面临的新机遇新挑战 ……… (113)
- 二　当前成都哲学社会科学发展存在的突出问题 …………… (119)
- 三　在全面深化改革中推进成都哲学社会科学繁荣发展 …… (125)

第五章　成都哲学社会科学研究的重点领域 …………………… (141)
- 一　理论前沿、重大领域问题研究应遵循的原则 …………… (142)
- 二　围绕成都经济建设重大问题开展研究 …………………… (146)
- 三　围绕天府文化建设重大问题开展研究 …………………… (156)
- 四　围绕成都社会治理现代化开展研究 ……………………… (164)
- 五　围绕成都生态文明建设重大问题开展研究 ……………… (172)
- 六　围绕成都民主政治建设重大问题开展研究 ……………… (174)

第六章　成都新型智库建设 ……………………………………… (179)
- 一　中国特色新型智库基本内涵及其建设的重大意义 ……… (179)
- 二　中国特色新型智库建设的成都实践 ……………………… (185)
- 三　成都加快建设地方新型智库面临的新挑战 ……………… (191)
- 四　成都加快建设地方新型智库的思考与构想 ……………… (194)

第七章　繁荣成都哲学社会科学话语体系 ……………………… (203)
- 一　哲学社会科学话语体系的基本内容 ……………………… (204)
- 二　推进话语体系建设应遵循的基本规律 …………………… (206)
- 三　构建成都哲学社会科学话语体系的重要意义 …………… (208)
- 四　构建成都哲学社会科学话语体系的现实基础 …………… (211)
- 五　构建成都哲学话语体系的主要路径 ……………………… (213)

第八章　成都哲学社会科学人才队伍建设 ……………………… (226)
- 一　新时代哲学社会科学人才队伍担负历史赋予的光荣使命 … (226)
- 二　当前成都哲学社会科学人才队伍发展的现状 …………… (229)

三　成都哲学社会科学人才队伍建设中存在的主要问题 ………… (234)

四　加强成都哲学社会科学人才队伍建设的对策建议 …………… (238)

附录　中央、省、市繁荣发展哲学社会科学的重要政策法规目录 …… (243)

后记 ………………………………………………………………… (245)

导 论

繁荣发展成都哲学社会科学 谱写"中国梦"的成都篇章

哲学社会科学是时代发展的产物,是民族理论思想精髓的汇集。"一个民族要想站在科学的最高峰,就一刻也不能没有理论思维。"[1] 哲学社会科学的研究水平关系到国家的兴衰和民族的命运,是国家软实力的核心要素。回溯我国在近40年的改革开放发展历程,哲学社会科学在"认识世界、传承文明、创新理论、资政育人、服务社会"[2] 中发挥了举足轻重的作用。广大哲学社会科学工作者紧跟时代前进的步伐,投身于改革开放滚滚洪流的伟大实践之中,以马克思主义为指导,高举中国特色社会主义旗帜,弘扬求真务实精神,深入研究重大理论和现实问题,不断总结改革开放的实践经验,不断推进理论创新,为我国改革开放和经济社会发展提供了强有力的理论支撑和实践引导。

党的十九大明确提出"中国特色社会主义进入新时代",宣示党和国家发展处于新的历史方位和时代坐标,全面深化改革、全面建成小康社会进入关键期和攻坚期,"两个一百年"奋斗目标和中华民族伟大复兴中国梦扬帆起航。此时,国际形势复杂多变,国内社会主要矛盾发生重大转化,经济社会转型发展迫在眉睫,哲学社会科学的发展面临着来自时代、来自实践以及来自哲学社会科学自身发展变化所带来的压力和挑战。"伟大的时代呼唤强大的思想力量,走向复兴的中国呼唤丰硕的

---

[1] 《马克思恩格斯全集》第3卷,人民出版社1971年版,第467页。
[2] 中国社会科学院党组:《千岩竞秀 万壑争流——党的十六大以来我国哲学社会科学的繁荣发展》,《求是》2012年第17期,第16页。

理论创造。"① 哲学社会科学的重要性从未像今天这样凸显。在2016年全国哲学社会科学工作座谈会上，习近平总书记用"五个面对""五个如何"和"五个迫切需要"，高屋建瓴地概括了哲学社会科学面对的新形势、新任务和新要求："面对社会思想观念和价值取向日趋活跃、主流和非主流同时并存、社会思潮纷纭激荡的新形势，如何巩固马克思主义在意识形态领域的指导地位，培育和践行社会主义核心价值观，巩固全党全国各族人民团结奋斗的共同思想基础，迫切需要哲学社会科学更好发挥作用。面对我国经济发展进入新常态、国际发展环境深刻变化的新形势，如何贯彻落实新发展理念、加快转变经济发展方式、提高发展质量和效益，如何更好保障和改善民生、促进社会公平正义，迫切需要哲学社会科学更好发挥作用。面对改革进入攻坚期和深水区、各种深层次矛盾和问题不断呈现、各类风险和挑战不断增多的新形势，如何提高改革决策水平、推进国家治理体系和治理能力现代化，迫切需要哲学社会科学更好发挥作用。面对世界范围内各种思想文化交流交融交锋的新形势，如何加快建设社会主义文化强国、增强文化软实力、提高我国在国际上的话语权，迫切需要哲学社会科学更好发挥作用。面对全面从严治党进入重要阶段、党面临的风险和考验集中显现的新形势，如何不断提高党的领导水平和执政水平、增强拒腐防变和抵御风险能力，使党始终成为中国特色社会主义事业的坚强领导核心，迫切需要哲学社会科学更好发挥作用。"② 从这五个方面，可以看出我国当前意识形态建设、经济社会改革发展、文化话语权建设以及党的建设所面临的严峻形势，这正需要哲学社会科学发挥作用、引领方向。我国的哲学社会科学，应当也必须直面我国发展的诸多问题，坚守中国特色的社会主义道路，传承和发扬优秀的传统文化、总结和尊重普适性的发展规律，创新和突破哲学社科理论，为国家繁荣发展提供中国方案、总结中国经验、发出中国声音，当好治国理政的智库和参谋。

人类社会发展历史已经证明，越是社会发展的变革时期，哲学社会科

---

① 新华社评论员：《加快构建中国特色哲学社会科学——二论学习贯彻习近平总书记在哲学社会科学工作座谈会重要讲话精神》，2016年5月19日，求是网，http://www.qstheory.cn/zhuanqu/zywz/2016-05/19/c_1118892422.htm。

② 习近平：《在全国哲学社会科学工作座谈会上的讲话》，2016年5月18日，人民网，http://politics.people.com.cn/nl/2016/0518/c1024-28361421-2.html。

学的推动作用就越突出。新时代,正经历着历史上最为广泛深刻的社会变革和最为宏大独特的实践创新,既呼唤着哲学社会科学理论创新和发展,同时也给理论创新和学术繁荣提供了强大的动力和广阔的空间。作为中国西部重要的中心城市,成都也迎来了新时代的重大历史机遇。2016年,国务院通过《成渝城市群发展规划》,成都被定位为国家中心城市,这是成都城市发展的一个新起点。国家中心城市是居于国家战略要津、引领区域发展、跻身国际竞争领域的特大型都市,处于城镇体系"金字塔"的"塔尖",在政治、经济、文化、对外交流等诸多方面发挥着引领、辐射、集散功能。肩负国家使命、代表国家形象、体现国家意志,是党中央国务院赋予成都的新使命。2017年,成都市第十三次党代会用全球视野和国际标准审视成都发展,围绕"建设全面体现新发展理念的国家中心城市"总体目标,进行了系统谋划和全面部署。党的十九大后,在习近平新时代中国特色社会主义思想的指引下,对表国家"两个一百年"奋斗目标和"两阶段"战略安排,成都对城市总体规划进行修编。2017年12月,成都市委十三届二次全会进一步明确提出"三步走"战略目标,即"到2020年,高标准全面建成小康社会,基本建成全面体现新发展理念国家中心城市;从2020年到2035年,加快建设高品质和谐宜居生活城市,全面建成泛欧泛亚有重要影响力的国际门户枢纽城市;从2035年到本世纪中叶,全面建设现代化新天府,成为可持续发展的世界城市",开启了成都登高望远勇作为、谱写中华民族伟大复兴中国梦成都篇章的新征程。当然,新时代的机遇和挑战并存。虽然成都的城市发展能级和综合影响力较之以前大幅提升,但同时面临着如何全方位转变发展方式、全方位完善治理体系、全方位提升城市品质,切实推进城市空间布局优化、特大中心城市治理体系和治理能力现代化、世界文化名城建设、绿色发展、建设美丽中国典范城市,以及全面从严治党等一系列新问题与新难题。围绕成都建设全面体现新发展理念城市的战略布局和战略实施,亟须群策群力、集思广益。这既为成都哲学社会科学界提供了大有作为的广阔舞台,也赋予了哲学社会科学研究更重要的历史使命,需要哲学社会科学以成都经济社会发展的重大理论与实际问题为研究对象,加强"研究成都"与"成都研究",展示成都特点,讲好成都故事,唱出成都"好声音",努力为成都全面体现新发展理念的城市献智献计献策,为谱写"中国梦"的成都篇章提供强大的舆论先导和理论支撑。

坚持和发展中国特色社会主义，是中国新时代改革的最鲜明主题，而构建中国特色哲学社会科学、建设中国特色新型智库，则是党和国家基于坚持和发展中国特色社会主义的时代高度，对哲学社会科学繁荣发展的战略部署和顶层设计。继习近平总书记在2016年全国哲学社会科学工作座谈会上旗帜鲜明地提出构建中国特色哲学社会科学之后，2017年5月，党中央出台了《中共中央关于加快构建中国特色哲学社会科学的意见》，以党的文件的形式，对新形势下哲学社会科学的重要地位和建设方向进行了系统性的论述；2017年，党的十九大报告再次重申"加快构建中国特色哲学社会科学，加强中国特色新型智库建设"。党中央的这一系列文件，是指导哲学社会科学工作的纲领性文献；加快构建中国特色哲学社会科学，是全国各地哲学社会科学建设和发展的重要遵循。中国特色哲学社会科学体系，是一个涵盖指导思想、学科体系、学术体系、话语体系在内的"四位一体"的整体系统。哲学社会科学繁荣与发展的过程，是以强大的研究队伍和机构为基础，以系列制度规范、政策的建构、机制的运行为关键环节，以话语体系的建立和普及为重要着力点，来服务于决策，为决策提供强大思想理论支撑的过程。站在"建设全面体现新发展理念的城市"这一新的历史起点上，成都繁荣发展哲学社会科学面临的挑战与机遇并重。这种挑战，不仅是回答解决改革实践中若干重大理论和实践问题的挑战，而且还有来自哲学社会科学自身发展的挑战。哲学社会科学本身已经成为成都城市综合竞争力的重要内容。如何加强哲学社会科学的内部创新，建设与国家中心城市地位相匹配的哲学社会科学体系；如何最大限度地整合资源，打造有助于促进广泛的学术交流和社科普及的重要社科平台载体；如何培育聚集哲学社会科学领域的名家大师，锻造在国际国内具有重大影响力的哲学社会科学精品；如何更好地筹建地方新型智库、服务中心工作、增强社科话语权，等等，都是当下成都繁荣发展哲学社会科学所面临的重大问题。这也恰是成都在全面深化改革中提高综合实力，特别是提升文化竞争力面临的重大问题。

古人云："不谋万世者，不足谋一时；不谋全局者，不足谋一域。"成都的哲学社会科学建设，是中国特色哲学社会科学体系建设的重要组成部分，是中国特色哲学社会科学在成都改革实践中的应用与发展。繁荣发展成都哲学社会科学，必然服从于中国特色哲学社会科学体系建设的总体要求，坚定不移地遵循中国特色哲学社会科学构建方向。同时，作为地方哲学社会科学，区域性、特殊性取向是成都有别于国家及其他地区哲学社会科学研究发展的重要特性，需要处理好普遍性与特殊性、共性与个性的关系。这就要求，成都哲学社会科学的繁荣与发展要紧密地契合本省、本市重大发展战略，关注和回应当地经济社会发展需求。改革开放以来，成都市哲学社会科学界坚持正确的政治方向，发扬理论联系实际的优良学风，深入研究市域经济社会发展中的重大问题，精品成果不断涌现，研究队伍不断壮大，整体素质不断提高，形成了一批具有鲜明成都地域特色的重点学科和优势学科，为成都市委、市政府科学决策，为成都经济社会发展做出了重要贡献，但是，也还存在诸多的发展瓶颈与问题。立足实践、着眼未来，繁荣发展成都哲学社会科学，亟须在理论创新与新型智库构建、资源整合与社科话语权的建立、人才的培育与聚集方面等有所突破；亟须进一步深化社科领域的综合改革，破除旧有弊端，加快创新既能把握方向又激发社科研究活力的体制机制和勇于探索的制度环境。具体地讲，几个问题至为重要：

一是理论创新与新型智库的构建。理论创新与新型智库建设相辅相成。在地方层面上推进哲学社会科学的繁荣与发展，要在加强宏观理论研究的同时，明确理论创新的最终指向是引领实践、服务实践。这也是地方新型智库建设的核心目标。地方哲学社会科学的理论创新，就是要围绕国家或地区重大战略问题进行前瞻性、针对性、储备性的研究，为新型智库发展提供基础理论支撑，为地方党委政府决策建言献策。

二是资源整合与社科话语权的建立。社科话语权是哲学社会科学生命力的重要展现。而地方层面上的社科话语权的建立既具有地域特色文化支撑的优势，又受地方资源有限性和分散性的掣肘。繁荣发展成都地方哲学社会科学，既要依托地域特色，主动增强地方社科话语权的优势，又要重视资源的整合和聚集，创新内容、提高质量，促进社科话语权提升，防止在学科中"失语"、教育中"失踪"、宣传中"失声"的现象。

三是人才的培育与聚集。社科人才是推进哲学社会科学繁荣与发展的重要主体力量。相对于全国全域看，地方所辖的社科人才队伍层次和规模都有较大局限。在地方层面推进哲学社会科学发展，更重要的是要确立

"不为我所有，但为我所用"的开放人才观，培育与集聚并重，在做好既有人才学科分类统计的基础上，制定出地方哲学社会科学人才发展规划，加快培育和引进各类紧缺人才，尽快形成符合地方发展需要的哲学社会科学人才体系，助力地方哲学社会科学发展。

在本书的研究中，我们一方面关注当代我国哲学社会科学发展的普遍性理论，立足于实现中华民族伟大复兴的中国梦，对当代哲学社会科学使命担当、哲学社会科学体系建设、哲学社会科学发展的未来图景等进行理论概括和阐释；另一方面，又重点聚焦成都哲学社会科学发展的重大问题，尤其是围绕"理论创新与新型智库的构建""资源整合与社科话语权的建立""社科人才的培育和聚集"等关键点，分析现状、剖析问题，提出新时代成都繁荣发展哲学社会科学的方向、重点和路径。

全书按照宏观理论、实践探索和发展建议的脉络，对繁荣发展成都哲学社会科学进行了较深入的研究。全书分为八个章节和附录部分：

第一章，"改革开放以来关于繁荣发展哲学社会科学的重要论述与理论创新"。以重大历史事件为节点，划分阶段，对党和国家的历届领导人就繁荣发展哲学社会科学的重要讲话、中央关于发展哲学社会科学研究的重要会议精神等进行系统梳理，从中概括总结出改革开放以来在党的理论创新引领下哲学社会科学的发展及其经验启示。

第二章，"国内外推进哲学社会科学发展的经验启示"。在广泛整理文献资料和调研的基础上，对国外和国内包括北京、上海、广州、南京、重庆等城市在繁荣和发展哲学社会科学事业中采取的重要举措、方法及积累的经验进行分析，从中总结社科管理和研究创新的共同规律，为成都在新时代推进哲学社会科学的繁荣发展提供参考和借鉴。

第三章，"成都哲学社会科学的发展历程回顾"。以改革开放以来成都发展的重大历史事件为时间节点，分阶段地对成都哲学社会科学发展，包括社科机构建设、社科管理、社科普及以及重要学科领域的研究进行系统梳理，全面总结成都的哲学社会科学发展特点，为成都社会科学的进一步繁荣发展奠定基础。

第四章，"成都繁荣发展哲学社会科学面临新形势及其战略选择"。深刻分析新形势下成都繁荣发展哲学社会科学面临的新机遇、新挑战，深入剖析成都在社科学科建设、管理体制机制、资源整合等方面存在的突出矛盾和问题，提出在全面深化改革中推进成都哲学社会科学繁荣发展的总体目标、主要任务和重大举措。

第五章，"成都哲学社会科学研究的重点领域"。结合国家全面深化改革的新时代要求，聚焦成都改革发展中的重点领域和重大问题，确立加强成都哲学社会科学的总体原则，重点围绕成都经济转型升级、社会治理、天府文化建设、生态文明建设、民主法治建设和党的建设等重点领域的改革创新，提出各领域研究的方向和重点。

第六章，"成都新型智库建设"。按照中国特色新型智库理论以及成都改革创新实践要求，确定成都新型智库建设的总体思路与发展定位。结合成都智库建设实践，以及新时代面临的挑战，提出加强成都新型智库建设的思考与构想。

第七章，"繁荣成都哲学社会科学话语体系"。立足于文化多元化的外在环境，对如何增强成都哲学社会科学话语权进行思考。在系统阐释哲学社会科学话语权体系的基本逻辑维度的基础上，提出遵循哲学社会科学发展规律推进话语体系建设的基本原则。同时重点结合成都，分析加强话语体系建设中彰显"成都声音"的现实基础和主要路径。

第八章，"成都哲学社会科学人才队伍建设"。全面摸底成都现有的哲学社会科学人才队伍建设状况，分析成都市哲学社会科学研究人才队伍建设的成效、问题及其重要影响和制约因素。按照哲学社会科学人才队伍建设的特点、规律和要求，针对成都市哲学社会科学研究人才队伍建设中存在的主要问题，提出加快名师名家培育和促进社科人才队伍建设的发展建议。

最后，附录了中央、省、市繁荣发展哲学社会科学的重要政策文件目录。

"风云雄气象，笔墨辟鸿蒙。"伟大的时代呼唤哲学社会科学的繁荣和发展，伟大的事业呼唤社科理论界的积极参与和创造。我们要牢记使命、不负时代，切实增强思想自觉，坚持以马克思主义为指导，吸收中华悠久历史积累的宝贵思想财富，研究借鉴一切有益的知识体系和研究方法，立时代之潮头、通古今之变化、发思想之先声，努力成为先进思想的倡导者、学术研究的开拓者、社会风尚的引领者和党执政的坚定支持者，努力拿出高质量的研究成果来服务决策、服务社会、服务人民，切实担负起推动成都哲学社会科学发展的新使命、新要求，让成都哲学社会科学绽放时代光芒，为中国特色哲学社会科学的繁荣发展贡献成都力量！

第一章

改革开放以来关于繁荣发展哲学社会科学的重要论述与理论创新

改革开放以来，中国特色社会主义建设事业取得了辉煌的成就，哲学社会科学也获得了空前的发展机遇，呈现出前所未有的繁荣景象。经过40年的发展，我国哲学社会科学以邓小平理论、"三个代表"重要思想、科学发展观和习近平新时代中国特色社会主义思想为根本指导，不断吸纳传承、开拓创新，在改革开放和社会主义现代化建设的伟大实践中发挥着重大作用。历经复兴、探索和创新，哲学社会科学事业不仅成为中国特色社会主义事业和中国软实力的重要组成部分，而且逐渐形成了具有中国特色、中国风格、中国气派的哲学社会科学体系，走出了具有中国特色的哲学社会科学发展之路。

一 改革开放以来党和国家领导人关于繁荣发展哲学社会科学的重要论述

党和国家历来高度重视哲学社会科学发展，尤其是改革开放以来，党中央的几代领导集体对如何发展繁荣哲学社会科学作出了一系列的重要论述，成为我国繁荣发展哲学社会科学的宏伟纲领。

（一）拨乱反正和改革开放初期的哲学社会科学发展（1978—1991 年）

这一时期，是哲学社会科学恢复、重建的重要时期。在"文革"十年浩劫期间，我国经济社会发展陷入了停滞和倒退，哲学社会科学也处于停滞、混乱和倒退状态。以邓小平为核心的第二代中央领导集体从改革开放和社会主义现代化建设事业的迫切需要出发，对我国哲学社会科学事业的发展给予了高度重视，对哲学社会科学的功能和价值提出了许多富有政治远见和战略眼光的论断。1977 年，邓小平在召开的科学和教育工作座谈会上指出："我们国家要赶上世界先进水平，从何着手呢？我想，要从科学和教育着手。科学当然包括社会科学。"[1] 此后，他多次强调"哲学、社会科学同自然科学一样，决不能忽视基础理论的研究，这些研究是理论工作的任何巨大前进所不可缺少的"。同年 5 月，遵从邓小平的指示，组建成立了中国社会科学院，全国各地也先后成立了省、市社会科学院，恢复了哲学社会科学联合会各级工作机构，全国高等院校的哲学科系也得到恢复，一批哲学社会科学学术杂志陆续复刊或创刊，这为哲学社会科学理论研究成果提供了公开交流发表的阵地。[2]

1978 年，中央重新开启了"文革"期间封闭的思想大门，支持和引导学术界展开了真理标准问题的大讨论，极大地促进了哲学社会科学界的思想解放，充分调动了哲学社会科学界的积极性。同年 12 月，十一届三中全会的胜利召开，开启了建设中国特色社会主义的新时期，在共和国发展史上具有里程碑意义的《关于建国以来党的若干历史问题的决议》指出："要在全党大力加强对马克思主义理论的研究，对中外历史和现状的研究，对各门社会科学和自然科学的研究。"[3] 这为改革开放初期哲学社会科学事业的繁荣和发展开辟了道路。

---

[1] 《邓小平文选》第 2 卷，人民出版社 1994 年版，第 48 页。
[2] 王伟光、郑杭生、陈祖武：《改革开放与中国社会科学》，《中国社会科学》2009 年第 2 期。
[3] 中央文献研究室选编：《三中全会以来重要文献选编（下）》，人民文学出版社 1982 年版，第 788 页。

十年"文革",打乱了我国发展的正常进程,拉大了同世界经济发展水平的差距。哲学社会科学发展亦是如此,哲学社会科学同世界其他国家出现出了较大的发展差距。1979 年邓小平在党的理论工作务虚会上,意味深长地指出:"政治学、法学、社会学以及世界政治的研究,我们过去多年忽视了,现在也需要赶快补课……我们已经承认自然科学比外国落后了,现在也应该承认社会科学的研究工作(就可比的方面说)比外国落后了。我们的水平很低,好多年连统计数字都没有,这样的情况当然使认真的社会科学的研究遇到极大的困难。因此我们的思想理论工作者必须下定决心,急起直追。"① 邓小平指出了我们社会科学研究水平的落伍,强调要"急起直追""赶快补课"。这对于正确认识当时我国哲学社会科学事业停滞萧条的局面,改变哲学社会科学研究落后的状况,具有重大而深远的意义。

1982 年 10 月 6—14 日,共和国成立以来哲学社会科学事业发展史上的一次极其重要的会议——全国哲学社会科学规划座谈会,由中共中央宣传部和中国社会科学院在北京联合召开,会议主要讨论了"六五"期间哲学社会科学发展规划以及"七五"期间的一些框架性设想。会后,在党中央以 48 号文件转发的《全国哲学社会科学规划座谈会纪要》中特别提出,我国哲学社会科学事业今后必须有一个大的发展。《纪要》是党中央就哲学社会科学事业的发展繁荣颁发的第一个专门性的文件,它强调:"十二大报告把发展科学确定为战略重点之一,这里所说的科学包括社会科学在内。各级党委要充分认识到,我国哲学社会科学事业今后必须有一个大的发展,没有哲学社会科学的发展,要开创社会主义现代化建设事业的新局面是不可能的。"② 也就是说,没有社会科学的大发展,开创社会主义现代化建设事业的新局面无从谈起,可见,社会科学在国家现代化建设中的地位与作用何等重要。这是当时积极推动我国哲学社会科学事业发展的重大举措。

1983 年,国家正式成立了全国哲学社会科学规划领导小组,全面负责制定哲学社会科学研究规划。同年,邓小平提出教育要"面向现代化、面

---

① 《邓小平文选》第 2 卷,人民出版社 1994 年版,第 180—181 页。
② 教育部社会科学委员会秘书组编:《中国高校哲学社会科学发展报告 2005》,高等教育出版社 2005 年版,第 159 页。

向世界、面向未来",它蕴含了深刻的理念,不仅成为我国教育改革与发展的根本性指针,也为改革开放初期哲学社会科学事业的发展繁荣指明了方向。

1986年,国家设立了社会科学基金,专门用于资助规划课题,拨款从500万元起,逐年不断提高增加,为哲学社会科学积极开展研究工作提供了有力的资金保障,大大地促进了哲学社会科学事业的发展。[①]

抚今追昔,正是以邓小平为核心的第二代中央领导集体力挽狂澜,果断决策,历经了"文革"考验和磨难的哲学社会科学事业才焕发出蓬勃的生机,推动了我国哲学社会科学的发展繁荣。

(二)改革开放和现代化建设时期的哲学社会科学发展(1992—2002年)

1992年1月18日—2月21日,邓小平发表南方讲话后,我国改革开放和现代化建设事业进入新时期。与此同时,我国的哲学社会科学事业也进入了一个新的发展阶段,其主要表现在:一是从积极建设社会主义精神文明的战略高度重新认识和推进哲学社会科学事业;二是从中国特色社会主义文化建设的战略高度进一步认识和推进哲学社会科学事业。[②] 同年10月,党的十四大明确指出:"精神文明重在建设,必须高度重视理论建设,保障学术自由,注重理论联系实际,创造性地开展研究,繁荣哲学社会科学,坚持和发展马克思主义。必须加强理论队伍建设,重视中青年理论工作者的培养和提高;必须坚持'为人民服务、为社会主义服务'的方向和'百花齐放、百家争鸣'的方针;必须积极推进文化体制改革,完善文化事业的有关经济政策,繁荣社会主义文化。"这对加强理论队伍建设、加强理论建设的方向和应坚持的方针及如何繁荣社会主义文化提出了明确的要求。1996年10月,党的十四届六中全会通过的《中共中央关于加强社会主义精神文明建设若干重要问题的决议》(以下简称《决议》),对哲学社会科学的发展,从指导思想到研究

[①] 张璐璐:《改革开放以来我国哲学社会科学事业发展的历史经验研究》,硕士学位论文,兰州交通大学,2012年。

[②] 同上。

方向，从原则到方针，作了重要的规定，它指出："哲学社会科学必须坚持以马克思列宁主义、毛泽东思想和邓小平建设有中国特色社会主义理论为指导，坚持理论联系实际，为党和政府决策服务，为两个文明建设服务。要把改革开放和现代化建设的重大理论和实践问题的研究作为主攻方向，积极探索有中国特色社会主义经济、政治、文化的发展规律。"这是党中央在加快社会主义现代化建设进程中对哲学社会科学研究的方向提出的明确要求，是当时加强哲学社会科学研究的重大指导方针。1997年9月，党的十五大报告指出："积极发展哲学社会科学，这对于坚持马克思主义在我国意识形态领域的指导地位，对于探索有中国特色社会主义的发展规律，增强我们认识世界、改造世界的能力，有着重要意义。"[1] 党中央对发展繁荣哲学社会科学事业积极意义的认识，从党和国家事业发展全局的高度，深刻透彻地阐述了哲学社会科学的重要性。

进入21世纪，在世界进入知识经济时代、我国加快推进社会主义现代化建设发展的历史时期，亟须准确把握国家发展的阶段性特征，实现理论创新、实践创新、体制创新和制度创新。用实践基础上产生的最新理论成果指导中国特色社会主义建设，既成为我们党面临的新问题，也成为哲学社会科学发展面临的时代课题。2001年8月至2002年7月近一年时间里，江泽民就哲学社会科学问题连续3次发表重要讲话，多次谈到繁荣发展哲学社会科学的重要性。他提出哲学社会科学与自然科学"四个同样重要"，指出"加强哲学社会科学研究，对党和人民事业的发展极为重要……哲学社会科学，是人们认识世界、改造世界的重要工具，是推动历史发展和社会进步的重要力量。哲学社会科学的研究能力和成果，也是综合国力的重要组成部分"[2]。还提出对哲学社会科学工作的"五个高度重视"和"五

---

[1] 《江泽民文选》第2卷，人民出版社2006年版，第34页。
[2] 2001年8月，江泽民在北戴河与国防科技和社会科学专家座谈时指出：哲学社会科学与自然科学同样重要，培养高水平的哲学社会科学家与培养高水平的自然科学家同样重要，提高全民族的哲学社会科学素质与提高全民族的自然科学素质同样重要，任用好哲学社会科学人才并充分发挥他们的作用与任用好自然科学人才并充分发挥他们的作用同样重要。参见《党和国家领导人在北戴河亲切会见部分国防科技和社会科学专家并与他们座谈》，《人民日报》（海外版）2001年8月8日第1版。

点希望"。① 2002 年 7 月，中国社会科学院建院 25 周年，江泽民在视察中国社会科学院的讲话中又提出关于哲学社会科学的重要地位和作用"两个不可替代"的精辟论断，阐明 21 世纪我国哲学社会科学必须坚持的"五点"要求。② 2002 年 11 月，党的十六大再次强调，要"坚持社会科学和自然科学并重，充分发挥哲学社会科学在经济和社会发展中的重要作用"。党中央对哲学社会科学重要性的认识和受重视程度由此可见。中央的系列精神，为我国改革开放和现代化建设中发展繁荣我国哲学社会科学指明了正确的方向，创造了良好的条件，极大地鼓舞和振奋了广大哲学社会科学工作者，使哲学社会科学呈现出蓬勃发展的新局面。

(三) 以科学发展观为指导的哲学社会科学发展 (2003—2012 年)

党的十六大之后，世情、国情、党情均发生了较大变化，中国特色社会主义站在了一个新的历史起点上。以胡锦涛同志为总书记的第四代中央领导集体把哲学社会科学的繁荣发展放在党和国家十分重要的战略位置，赋予哲学社会科学新的定位和使命，进一步引领和促进了我国哲学社会科学的创新和发展。

2003 年 10 月，党的十六届三中全会提出，"要建设哲学社会科学理论

---

① 2002 年 4 月 28 日，江泽民在视察中国人民大学时，提出"五个高度重视"——我们要始终高度重视哲学社会科学在治党治国和建设有中国特色社会主义事业中的巨大作用，高度重视哲学社会科学领域高等教育的改革和发展，高度重视改善哲学社会科学研究和人才培养的条件，高度重视哲学社会科学研究领域重大课题的攻关，高度重视为哲学社会科学发展做出杰出贡献的学者的成就和作用。他对广大哲学社会科学工作者提出"五点希望"——增强创新意识；深入改革开放和现代化建设的实践，努力对全局性、战略性、前瞻性的重大课题作出科学的理论回答；既立足中国又面向世界，努力继承和弘扬中华民族的优秀文化，积极学习各国人民创造的有益文化成果；坚持严谨治学、实事求是、民主求实的学风；坚持用马克思主义的立场、观点和方法来指导哲学社会科学的发展。参见《江泽民考察中国人民大学 强调促进社科事业发展》，2002 年 4 月 28 日，新华网。

② "五点要求"是指：要坚持以马克思主义为指导；要坚持解放思想、实事求是；要坚持"二为"方向和"双百"方针；要坚持优良的学风；要坚持和改善党对哲学社会科学事业的领导。参见《江泽民考察中国社科院发表重要讲话强调：大力加强我国哲学社会科学建设为有中国特色社会主义事业服务》，CCTV 新闻频道，2002 年 7 月 16 日。

创新体系，促进社会科学和自然科学协调发展"；12月，在全国宣传思想工作会议上，胡锦涛同志指出，"哲学社会科学研究要立足国情，立足当代，以深入研究重大现实问题为主攻方向，加强马克思主义理论研究和建设，努力担负起认识世界、传承文明、创新理论、咨政育人、服务社会的职责"。这对哲学社会科学研究的主攻方向、肩负的重要作用和职责提出了明确要求。2004年初，在《中共中央关于进一步繁荣发展哲学社会科学的意见》中，提出了繁荣发展哲学社会科学的指导方针、总体目标及主要任务，并提出了实施党的思想理论建设的基础工程——马克思主义理论研究和建设工程，通过加强马克思主义研究繁荣发展哲学社会科学，推动哲学社会科学管理体制改革，积极发展交叉学科。这是党的历史上具有重要的里程碑意义的、第一次以中共中央的名义专门对哲学社会科学工作制定的文件。① 同年4月，中央召开实施马克思主义理论研究和建设工程工作会议，对工程工作作出全面部署。胡锦涛同志要求大家，进一步增强责任感和使命感，满腔热忱地投身于马克思主义理论研究和建设工程，为马克思主义在中国的发展，为全面建设小康社会、开创中国特色社会主义事业新局面做出新的更大的贡献。② 同年5月，中央政治局举行第十三次集体学习，以繁荣发展哲学社会科学为主题，胡锦涛同志指出：全国哲学社会科学界要全力担负起历史赋予的重大责任……努力建设具有中国特色、中国风格、中国气派的哲学社会科学。他强调，要从党和国家事业发展全局的战略高度，努力完成好繁荣发展哲学社会科学这一项重大而紧迫的战略任务，推动哲学社会科学有一个新的更大发展，为我国社会主义现代化宏伟事业提供强有力的思想保证和智力支持。③ 这表明了党中央对哲学社会科学研究战略地位的充分肯定，对繁荣发展哲学社会科学的高度重视。他还多次强调哲学社会科学工作的重要性，例如：2005年5月19日，胡锦涛同志在听取中国社会科学院工作汇报时指出："在全面建设小康社会、

---

① 龚云：《中国共产党90年领导哲学社会科学的光辉历程与辉煌成就》，2011年10月28日，中国共产党新闻网，http://theory.people.com.cn/GB/16061693.html。
② 秦宣：《马克思主义理论研究和建设工程的回顾与展望》，《中国高等教育》2012年第18期。
③ 《胡锦涛在中共中央政治局第十三次集体学习时强调始终坚持马克思主义的指导地位 大力推进哲学社会科学繁荣发展》，央视国际，2004年5月29日。

开创中国特色社会主义事业新局面的伟大历史进程中,哲学社会科学具有不可低估的战略地位和不可替代的重要作用。"他指示要"进一步办好中国社会科学院"。① 之后出台了《国家哲学社会科学研究"十一五"(2006—2010年)规划》。

全面贯彻落实科学发展观,迫切需要哲学社会科学为促进经济社会又快又好发展提供更多理论支撑和智力支持。2007年,党的十七大报告提出:"繁荣发展哲学社会科学,推进学科体系、学术观点、科研方法创新,鼓励哲学社会科学界为党和人民的事业发挥思想库作用,推动我国哲学社会科学优秀成果和优秀人才走向世界。"这是历次党的代表大会报告对哲学社会科学论述最多的一次,深刻表明我们党对哲学社会科学发展规律的认识越来越深入。在国家"十二五"规划纲要中又明确规定:"大力推进哲学社会科学创新体系建设,实施哲学社会科学创新工程,繁荣发展哲学社会科学。"党的十七届六中全会又将发展繁荣哲学社会科学作为建设文化强国的一项重要内容。这些举措与部署表明,党中央更加重视我国哲学社会科学事业的繁荣发展,更加注重发挥哲学社会科学在建设中国特色社会主义伟大事业中的思想库和智囊团的重大作用。

(四)习近平新时代中国特色社会主义思想指导下的哲学社会科学发展(2012年底以来)

党的十八大以来,以习近平总书记为核心的党中央在推进马克思主义中国化进程中,坚持辩证唯物主义和历史唯物主义,紧密结合新时代国内外新形势、新要求,与时俱进,进行艰辛理论探索,形成了习近平新时代中国特色社会主义思想,是全党全国人民为实现中华民族伟大复兴而奋斗的行动指南,为我国在新时代构建中国特色哲学社会科学提供了指导思想。

习近平总书记多次就思想理论领域的重大理论和现实问题发表讲话。为了充分发挥马克思主义哲学在治国理政中的功能,引导广大干部特别

---

① 王素琴:《十六大以来胡锦涛同志关于繁荣发展哲学社会科学的论述与理论创新》,《社会科学管理与评论》2009年第2期。

是领导干部更好地认知中国的国情,更好地把握党和国家事业的辩证轨迹和发展规律,更好地学习运用马克思主义哲学,2013年12月3日,在以历史唯物主义基本原理和方法论为主题的第十八届中央政治局第十一次集体学习中,习近平总书记指出,马克思主义在当今世界依然具有强大生命力,"学哲学、用哲学,是我们党的一个好传统",强调"党的各级领导干部特别是高级干部,要原原本本学习和研读经典著作,努力把马克思主义哲学作为自己的看家本领"。党的十八届三中全会对全面深化改革作出了全面安排,要求党的各级领导干部要学会以马克思历史唯物主义思想为指导,去认识、分析、解决全面深化改革中所遇到的一切问题。2015年1月23日,习近平总书记在主持中央政治局辩证唯物主义基本原理和方法论集体学习时强调:辩证唯物主义是中国共产党人的世界观和方法论,我们党要更加自觉地坚持和运用辩证唯物主义世界观和方法论,增强辩证思维、战略思维能力,努力提高解决我国改革发展基本问题的本领。① 习近平总书记总结、继承和发展了马克思主义辩证法思想的科学内涵和根本方法,创造性地将它与中国特色社会主义建设的伟大实践有机地结合起来,是马克思主义中国化的最新成果,成为我们认识、掌握新时代中国特色社会主义建设规律和发展路径的理论指南。

进入全面深化改革的历史新阶段,国际形势更加复杂多变,而国内经济社会结构也进一步发生了深刻而复杂的整体性变迁,改革发展任务更加艰巨繁重,也更需要强大的智力支持。在这种时代背景下,以习近平总书记为核心的党中央高度重视适应国家治理体系和治理能力现代化建设的智库创新发展。2012年哲学社会科学创新工程首次被写入《国家"十二五"时期文化改革发展规划纲要》,这是使哲学社会科学迈上一个更新层次、更高台阶的重大战略举措。2015年10月,党的十八届五中全会再次强调:要实施哲学社会科学创新工程,建设中国特色新型智库。2016年5月17日,习近平总书记亲自主持召开了全国哲学社会科学工作座谈会并发表重要讲话,充分体现了新时代党中央对哲学社会科学在民族复兴、国家富强

---

① 《习近平在中共中央政治局第二十次集体学习时强调坚持运用辩证唯物主义世界观方法论提高解决我国改革发展基本问题本领》,2015年1月24日,新华网。

中重要地位的高度重视。这篇重要讲话是新时代繁荣发展哲学社会科学、构建中国特色哲学社会科学的纲领性文献。2017年10月,党的十九大站在新的历史起点上,再次指出,要"坚定文化自信,推动社会主义文化繁荣兴盛……深化马克思主义理论研究和建设,加快构建中国特色哲学社会科学,加强中国特色新型智库建设"。伟大事业正在推进,伟大梦想有待实现,中国特色哲学社会科学的开拓创新肩负神圣的使命,需要向时代和人民交出满意答卷。

二 党的理论创新引领哲学社会科学理论创新及其经验总结

当代波澜壮阔的改革开放既是中国特色社会主义建设的伟大实践创新,又始终贯穿着马克思主义的中国化,党的理论创新不断与时俱进,也就是说,实践创新呼唤并孕育党的理论创新,党的理论创新又指导并促进新的实践创新,遵循了马克思主义认识论的基本规律。独特的实践产生独特的理论。正如习近平总书记指出的:"改革开放以来,我们坚持理论创新,正确回答了什么是社会主义、怎样建设社会主义,建设什么样的党、怎样建设党,实现什么样的发展、怎样发展等重大课题,不断根据新的实践推出新的理论,为我们制定各项方针政策、推进各项工作提供了科学指导。"建设中国特色社会主义现代化强国的伟大实践激发了人们的理论创新活力,并为我国哲学社会科学界学人打开了全新的理论视野,带来理论突破创新,为构建中国特色哲学社会科学创造了有利条件。

(一)党的理论创新引领哲学社会科学研究与时俱进锐意创新

党的十一届三中全会开启了在我国实行改革开放的新征程。以邓小平为核心的第二代中央领导集体,坚持和发展了党的实事求是的思想路线,从"实践是检验真理的唯一标准"大讨论的开展到坚决彻底突破"两个凡是"的束缚;从计划经济体制到社会主义市场经济体制的巨大转变等,科学全面回答了"什么是社会主义,怎样建设社会主义"等重大理论及实践问题，开创了马克思主义中国化的新境界，为我国哲学社会科学事业的繁荣和发展开辟了道路。这一时期，广大哲学社会科学工作者紧紧围绕"一个中心，两个基本点"的基本路线，对社会主义初级阶段理论、社会主义改革开放理论、社会主义民主法制理论、社会主义市场经济理论、社会主义精神文明建设理论等领域进行广泛研究。坚持以科学的理论武装人，把学习、研究、宣传邓小平理论的活动不断引向深入，这是当时建设先进文化、发展哲学社会科学的中心任务。①

具体地讲，我们党是最锐意理论创新的，党的十三大提出的社会主义初级阶段理论在马克思主义经典著作里是没有的。这一时期，我国哲学研究在党的领导下，在围绕时代问题、抓住时代主旋律和深入研究马克思主义哲学经典著作的基础上，打破沿袭传统的研究方式，突破了以往理论研究框架束缚，为邓小平理论特别是解放思想、实事求是的思想路线进行了广泛的哲学论证。在怎样正确认清国情和我国社会所处历史方位问题上，对社会主义初级阶段理论的正确认识及形成过程中，理论界就我国当时所处的历史阶段及其面临的主要任务等问题进行了广泛深入的探索和阐发，对在"极左"思潮下那些超越历史阶段的教训作了大量总结和深刻反思，详细地分析和研究了我国"人口多，底子薄"的国情，并进行了具有一定规模的国情摸底调查，为党和国家制定社会主义初级阶段的方针政策提供了可靠的、翔实的资料，并拓展了人们对我国基本国情及初级阶段理论的科学认识。

党的思想理论不断与时俱进，为我国哲学社会科学繁荣发展提供了科学指导和重要的政治保证。党的十三届四中全会以来，以江泽民同志为核心的第三代中央领导集体，高举邓小平理论伟大旗帜，集中党和人民实践经验、集体智慧的结晶，形成了"三个代表"重要思想的科学理论，实现了马克思主义中国化的又一理论创新。

这一时期，广大社科理论界坚持理论联系实际，围绕国有企业改革、公有制的实现形式等问题提出了大量有价值的、创新性的思想观点。针对中国特色社会主义现代化实践过程中出现的许多重大理论与实践问题进行了广泛深入的探索与翔实的研究。例如，关于现代化发展理论问题，关于

---

① 朱步楼：《努力开创哲学社会科学事业新局面》，《求是》2000年第23期。

经济、社会、科技、人口和资源环境的协调与可持续发展问题，关于经济体制改革和社会结构转型的关系问题，关于加快沿海开放和特区发展问题，关于积极推进中西部发展和地区均衡发展战略问题，关于发展、改革和稳定的关系问题，关于社会发展指标体系、社会保障体系等问题，提出了供有关决策部门参考的一系列治国理政的理论观点和对策建议，并积极参与了国家、有关省市和特区的发展战略和规划的制定。这些工作充分发挥了哲学社会科学的"思想库""智囊团"作用。[①]

党的十六大以来，我们党又紧密结合国情和实践发展，以邓小平理论和"三个代表"重要思想为指导，不断推进理论创新与实践创新，对"实现什么样的发展、怎样发展"创造性地进行了回答，提出了中国特色社会主义理论体系的新成果——以人为本、全面协调可持续的科学发展观等重大战略指导思想。尤其是2004年党中央在《关于进一步繁荣发展哲学社会科学的意见》中要求，实施马克思主义理论研究和建设工程，这是党中央为巩固马克思主义在意识形态领域指导地位而进行的一项重大理论创新工程。这一系列重大战略思想，为党和国家事业蓬勃发展、科学发展提供了有力的理论支持，大大推动了马克思主义的中国化、大众化进程，也为哲学社会科学的繁荣发展提供了强大的思想武器。

这一时期，广大哲学社会科学工作者在党的领导下，进一步增强理论自觉与理论自信，立足当代中国的伟大实践，积极投身党和国家的实践创新、理论创新和制度创新，深入研究中国特色社会主义建设的重大理论和实际问题。例如，深入研究中国特色的以公有制为主体、多种所有制经济共同发展的基本经济制度、中国特色社会主义民主政治发展道路、中国特色社会主义法律体系等重大问题；深入研究中国特色社会主义文化建设、社会主义核心价值体系建设、正确引领重大社会思潮、社会主义和谐社会建设等重大问题；深入研究我国发展的外部环境、当代西方社会文化思潮及新社会运动、当代资本主义社会新矛盾、中国特色社会主义的国际影响等重大问题，提供了一系列高质量理论成果，为中国特色社会主义事业提供了强有力的理论支撑和智力支持。

---

① 汝信：《三中全会开创了哲学社会科学空前繁荣的新时期》，《社会科学管理与评论》1999年第1期。

党的十八大以来，以习近平总书记为核心的党中央紧密结合中国特色社会主义新时代的实践要求，进行艰辛理论探索，取得重大理论创新成果，形成了习近平新时代中国特色社会主义思想，集中展示了中国共产党新一届中央领导集体的治国理念和执政方略；提出"两个一百年"宏伟奋斗目标、"五位一体"总体布局——统筹推进经济建设、政治建设、文化建设、社会建设和生态文明建设，协调推进全面建成小康社会、全面深化改革、全面依法治国、全面从严治党等"四个全面"战略，加强理论自信、制度自信、道路自信、文化自信的"四个自信"建设，遵循"创新、协调、绿色、开放、共享"五大发展理念，践行"三严三实——严以修身、严以用权、严以律己，谋事要实、创业要实、做人要实"等国家政治、经济、文化、党建的各个领域。其最重要的特点，就是围绕中国特色社会主义新时代的发展要求，提出了当代中国马克思主义的治国理政新思想，大大加快了马克思主义中国化的进程，丰富和发展了中国特色社会主义理论体系。

高度重视思想理论建设、高度重视繁荣发展哲学社会科学素来是我们党和国家的光荣传统和政治优势，特别是党的十八大以来，以习近平总书记为核心的党中央把加快构建中国特色哲学社会科学作为提高新时代中国特色社会主义治国理政能力、推进国家治理体系和治理能力现代化的战略任务，高度重视、精心部署、全力推动。不断健全了我国哲学社会科学学科体系，使立时代之潮头、通古今之变化、发思想之先声的研究队伍不断壮大，研究水平和创新能力与日俱增不断提高，马克思主义理论研究和建设工程取得了丰硕成果。新时代中国特色社会主义的伟大实践不断激发广大哲学社会科学工作者的理论创新活力，不断为哲学社会科学打开崭新理论视野，拓展广阔理论空间，带来理论突破创新。[①] 他们深入研究和回答我国新时代新发展和我们党执政面临的重大理论与实践问题，尤其对习近平总书记提出的新时代中国特色社会主义治国理政的一系列新思想、新看法、新观点、新论断进行了广泛且深入的研究，形成了丰硕的研究成果，为坚持和发展中国特色社会主义做出了积极贡献。目前，国内外学术界结

---

① 中国社会科学院党组：《千岩竞秀 万壑争流——党的十六大以来我国哲学社会科学的繁荣发展》，《求是》2012 年第 17 期。

合近年来习近平的系列讲话及重要著作,主要用"习近平系列重要讲话"和"习近平治国理政思想"来表示十八大以来党的理论创新成果。应该说,这两个概念没有实质性意义上的区别,均是指十八大以来以习近平总书记为核心的党中央,进行新时代中国特色社会主义建设新实践取得的理论创新成果。前者更侧重从动态角度表述党的理论创新成果,后者则更多地从功能上概括党的理论创新成果。对习近平新时代中国特色社会主义治国理政思想的微观多维度研究,主要体现为:战略目标维度的中国特色社会主义和中国梦研究;战略空间维度的"五位一体"总体布局研究;战略布局维度的"四个全面"研究;战略理念维度的"五大发展理念"研究;战略举措维度的党建、外交、军队建设研究等五个方面。出版了许多具有代表性的学术著作,如新华社的《领航中国,在民族复兴伟大征程上——十八大以来以习近平同志为总书记的党中央治国理政述评》(人民出版社2015年版),程冠军的《走向善治的中国——十八大以来治国理政观察》(中共中央党校出版社2015年版),任仲文主编的《大国复兴:治国理政十大关键词》(人民日报出版社2016年版),中宣部理论局的《中国方略——怎么看治国理政新理念新思想新战略》(人民出版社2016年版),周新民的《核心能力——读懂治国理政这三年》(中共中央党校出版社2016年版),张荣臣、韩宇等人编写的《党中央治国理政新理念新思想新战略》(北京联合出版公司2016年版)等以及一系列学术文章,对习近平新时代中国特色社会主义治国理政思想进行了全方位的梳理、分析和研究。[①]

(二) 党领导哲学社会科学繁荣发展的经验总结

改革开放以来,党的理论创新不断引领中国哲学社会科学研究与时俱进锐意创新,党不断加强和改善对哲学社会科学工作的领导,哲学社会科学走过了不同寻常的发展道路,哲学社会科学事业呈现出根深叶茂的繁荣景象,取得了丰硕的成果,同时积累了宝贵经验。

[①] 庞睿:《国内学者有关习近平治国理政思想的概况与评述》,《聊城大学学报》(社会科学版)2017年第1期。

1. 坚持把哲学社会科学作为党和人民事业的有机组成部分

我们党始终把哲学社会科学作为党和人民事业的重要组成部分而高度重视。早在1940年毛泽东同志就指出，"自然科学是人们争取自由的一种武器。人们为着要在社会上得到自由，就要用社会科学来了解社会，改造社会，进行社会革命……自然科学是在社会科学的指挥下去改造自然界"[1]。新中国的成立开启了中国哲学社会科学发展的新纪元。改革开放以来，党和国家几代重要领导人多次强调哲学社会科学事业的重要地位和作用。邓小平同志强调"科学当然也包括社会科学"。江泽民同志提出了"两个不可替代"的精辟论断，特别指出"要努力使我国哲学社会科学的发展，成为我们正确认识世界和改造世界，推动理论创新和先进文化发展，促进党和国家决策的科学化、民主化，推进改革开放和现代化建设的重要力量"[2]。胡锦涛同志进一步强调自然科学和社会科学"二者犹如车之两轮、鸟之两翼，同等重要"。习近平同志指出："哲学社会科学事业是党和人民的重要事业，哲学社会科学战线是党和人民的重要战线。""人类社会每一次重大跃进，人类文明每一次重大发展，都离不开哲学社会科学的知识变革和思想先导。"党和国家领导人的这些重要论述，深刻说明了党中央对繁荣哲学社会科学的高度重视，哲学社会科学成为党和人民事业的有机组成部分，在改革开放和中国特色社会主义现代化建设的伟大实践中发挥着重大作用。

在2004年党中央下发的《关于进一步繁荣发展哲学社会科学的意见》中指出：繁荣发展哲学社会科学事关中国特色社会主义现代化宏伟事业发展全局……哲学社会科学的研究能力和成果是综合国力的重要组成部分。建设中国特色社会主义离不开以马克思主义为指导的哲学社会科学的繁荣发展。

2016年5月17日，习近平总书记在哲学社会科学工作座谈会上的重要讲话中指出，新形势下我国哲学社会科学地位更加重要、任务更加繁重，他指明了哲学社会科学发展的指导思想、根本要求、建设目标和主要任务。这个重要讲话是新时代繁荣发展哲学社会科学、加快构建中国特色

---

[1] 《毛泽东文集》第2卷，人民出版社1993年版，第269页。

[2] 江泽民：《大力加强我国哲学社会科学建设　为有中国特色社会主义事业服务》，《人民日报》（海外版）2002年7月17日第1版。

哲学社会科学的纲领性文献。

2. 坚持马克思主义在哲学社会科学领域的指导地位

马克思主义深刻揭示了自然界、人类社会和思维发展的一般规律，为哲学社会科学提供了具有指导意义的世界观和方法论。毛泽东同志说："领导我们事业的核心力量是中国共产党。指导我们思想的理论基础是马克思列宁主义。"①"唯物史观是吾党哲学的根据，这是事实，不像唯理观之不能证实而容易被人摇动。"② 江泽民同志指出："马克思主义理论具有巨大的威力，是指引我们胜利前进的强大思想武器。"③ 我们党自诞生以来，就一直坚持把马克思主义确立为自己的指导思想，中国化的马克思主义成为我国哲学社会科学的灵魂，在引导其直面和应对国内外各种各样的挑战中，实现快速繁荣发展。坚持马克思主义在哲学社会科学领域的指导地位不动摇，是我国哲学社会科学区别于其他哲学社会科学的根本标志，这既是应对新形势新挑战的必需，也是推进新时代中国哲学社会科学健康发展的必然。正如习近平总书记在哲学社会科学工作座谈会上强调的："坚持以马克思主义为指导，是当代中国哲学社会科学区别于其他哲学社会科学的根本标志，必须旗帜鲜明加以坚持。"现今，哲学社会科学要走自己的中国特色之路，必须坚持马克思主义立场、观点和方法，坚定不移地抵制非马克思主义的思想，反对各种教条主义和经验主义，紧密结合新时代中国特色社会主义的实践要求，努力建设马克思主义理论阵地，解决好真学真懂真信真用问题，继续为推进马克思主义中国化、时代化、大众化而不断创新，成为新时代赋予哲学社会科学研究的光荣任务。

3. 全面贯彻"双百"方针促进哲学社会科学繁荣发展

毛泽东同志指出，要在学术领域提倡"百花齐放、百家争鸣"。邓小平同志强调"我们要永远坚持百花齐放、百家争鸣的方针"，否则思想要僵死起来。江泽民同志重申"要在坚持四项基本原则的前提下，努力发展学术自由和创作自由"。胡锦涛同志认为，在贯彻"双百"方针过程中要

---

① 《毛泽东文集》第6卷，人民出版社1999年版，第350页。
② 《毛泽东文集》第1卷，人民出版社1993年版，第4页。
③ 江泽民：《论党的建设》，中央文献出版社2001年版，第25页。

注意区分学术问题和政治问题的界限。① 习近平总书记在十九大报告中又强调："坚持百花齐放、百家争鸣，坚持创造性转化、创新性发展，不断铸就中华文化新辉煌。"坚持"双百"方针，是由哲学社会科学自身特点决定的，是促进学术繁荣、学术自主、理论创新的强大动力和重要方式，体现了我们党对开展学术研究的科学态度。

全面贯彻落实党的"双百"方针，就是要为我国科技文化事业的发展进步提供宽松的环境，通过正确、健康的学术争鸣，鼓励支持理论界在积极参与新时代中国特色社会主义现代化实践的基础上努力推进理论创新，不断探索新领域，勇于创立新学说，用哲学社会科学的繁荣发展促进新时代中国特色社会主义现代化宏伟事业持续健康发展。

4. 坚持构建体现中国特色、中国风格、中国气派的哲学社会科学

当今世界人类技术的进步日新月异，对于哲学社会科学的发展，世界各国都在相关领域不断探索开拓、积极研究，然而，能否形成鲜明的特色、风格、气派，却是一个国家哲学社会科学成熟的重要标志。早在1938年毛泽东同志向全党提出马克思主义中国化的历史任务时，就强调必须立足本国国情，结合本国实际，构建符合本国特色的学科体系。2004年5月28日，胡锦涛同志在中共中央政治局第十三次集体学习会议上提出哲学社会科学应该具有——中国特色、中国风格、中国气派的明确要求。哲学社会科学的特色、风格和气派，是发展到一定阶段的产物，需要实践的滋养锤炼、历史的淘洗筛验、学术共同体的接续努力，是成熟的标志，是实力的象征，也是自信的体现。自2004年《关于进一步繁荣发展哲学社会科学的意见》明确提出实施马克思主义理论研究和建设创新工程以来，我国哲学社会科学事业在党中央的正确领导下，全面加强马克思主义理论研究和建设，奋力打造具有中国特色、中国风格、中国气派的哲学社会科学学术话语体系，党在不断加强和改善对哲学社会科学工作的领导中，不断深化对哲学社会科学繁荣发展的认识。

习近平总书记在"5·17"讲话中提出："按照立足中国、借鉴国外，挖掘历史、把握当代，关怀人类、面向未来的思路，着力构建中国特色哲

---

① 刘景泉、张健：《党领导哲学社会科学繁荣发展的经验及启示》，《光明日报》2017年5月17日第11版。

学社会科学,在指导思想、学科体系、学术体系、话语体系等方面充分体现中国特色、中国风格、中国气派。"这确立了引领新时代中国哲学社会科学繁荣发展的行动纲领,为新时代建设中国特色、中国风格、中国气派的哲学社会科学指明了方向。

5. 坚持理论联系实际的马克思主义优良学风

哲学社会科学肩负着继续推进新时代马克思主义中国化的历史责任和光荣使命,学风建设是关系哲学社会科学繁荣发展的大问题。毛泽东同志指出,学风问题是一个非常重要的问题。胡锦涛同志强调:"理论研究只有同社会发展的要求、丰富多彩的生活和人民群众的实践紧密结合起来,才能具有强大生命力和影响力,才能实现自身的社会价值。"我们党就是因为坚持理论联系实际的马克思主义优良学风,时刻铭记正确处理好理论与实践、主观与客观的关系问题,才不断取得"具有强大生命力和影响力"的重大理论创新。在建设中国特色社会主义的新时代,习近平总书记重申:"繁荣发展我国哲学社会科学,必须解决好学风问题。"这是对哲学社会科学工作的根本要求。只有大力弘扬优良学风,深入实践第一线,潜心调查研究,营造健康学术生态,树立社会责任意识,才能形成具有独创意义和重要学术价值的理论创新性成果,为党和国家决策提供可靠依据和重要参考,最终为构建体现中国特色、中国风格、中国气派的哲学社会科学体系做出积极贡献。

三 在新时代中国特色社会主义的伟大实践中加快构建中国特色哲学社会科学

新时代"是一个需要理论而且一定能够产生理论的时代,也是一个需要思想而一定能够产生思想的时代"①。习近平总书记在"5·17"哲学社会科学工作座谈会上强调"着力构建中国特色哲学社会科学,在指导思想、学科体系、学术体系、话语体系等方面充分体现中国特色、中国风

---

① 习近平:《在全国哲学社会科学工作座谈会上的讲话》,2016年5月18日,人民网,http://politics.people.com.cn/n1/2016/0518/c1024-28361421-2.html。

格、中国气派"①。这为在新时代中国特色社会主义的伟大实践中加快构建中国特色哲学社会科学提供了基本依据。

（一）新时代中国特色社会主义的伟大实践需要哲学社会科学更好地发挥作用

正如习近平总书记所言："人类社会每一次重大跃进，人类文明每一次重大发展，都离不开哲学社会科学的知识变革和思想先导。"当代中国正昂首阔步踏上建设新时代中国特色社会主义新征程，我们党正在带领全国各族人民为实现"两个一百年"奋斗目标而努力奋斗，因此，这就更加需要与民族复兴进程相协调的哲学社会科学的"复兴"。把繁荣发展哲学社会科学作为国家走在世界前列的必要科学条件，强调哲学社会科学对于坚持和发展中国特色社会主义具有不可替代的重要作用，是习近平新时代中国特色社会主义新实践的一个重要思想观点。

1. 巩固马克思主义在意识形态领域的指导地位，迫切需要哲学社会科学更好发挥作用

哲学社会科学与自然科学的一个显著区别就是，哲学社会科学大多数学科具有鲜明的意识形态特征。习近平总书记强调："以马克思主义为指导，是当代中国哲学社会科学区别于其他哲学社会科学的根本标志，必须旗帜鲜明加以坚持。"在意识形态领域坚决巩固马克思主义的指导地位不动摇，保障意识形态安全，继续发展21世纪马克思主义、当代中国马克思主义，是当代中国特色哲学社会科学的一项重要任务。马克思主义中国化最新成果是党最宝贵的政治财富、精神财富，哲学社会科学必须把深入研究阐释马克思主义中国化最新成果作为首要任务。当前，各种非马克思主义的思想观念不断粉墨登场，主要表现在社会思想观念和价值取向上主流和非主流同时并存、各种社会思潮纷纭激荡等，使思想理论领域纷争的复杂性、严峻性面临前所未有的挑战。面对新形势，如何引领整合多样化表象的社会思潮，巩固马克思主义在意识形态领域的指导地位，如何将马

---

① 习近平：《在全国哲学社会科学工作座谈会上的讲话》，2016年5月18日，人民网，http://politics.people.com.cn/n1/2016/0518/c1024-28361421-2.html。

思主义更好地与中国国情有机相结合,如何运用马克思主义更好地解决中国的问题,如何在中国更好地运用和发展马克思主义是需要回答的重大理论问题和时代课题,哲学社会科学的任务更加繁重。

2. 提升国家文化软实力,迫切需要哲学社会科学更好地发挥作用

文化软实力是综合国力竞争的重要组成部分。今天,在党和国家一直以来的高度重视下,我国哲学社会科学的繁荣发展极大提升了国家的文化软实力,使我国在国际上的学术话语权大大增强。但也必须清醒地认识到,与经济硬实力相比较而言,文化软实力还不够强大,哲学社会科学发展水平与之并驾相匹还有很长的路要走。习近平总书记深刻地指出:"面对世界范围内各种思想文化交流交融交锋的新形势,如何加快建设社会主义文化强国、增强文化软实力、提高我国在国际上的话语权,迫切需要哲学社会科学更好发挥作用。"这是当代社科学术理论界必须直面的重大课题之一——要让五湖四海的世界人民懂得中国,提出能够体现中国立场、中国智慧、中国价值的理念、主张、方案,知晓"学术中国""理论中国""哲学社会科学的中国",知晓"开放中的中国""五千年文明史的中国""为人类文明做贡献的中国"等,这些都需要哲学社会科学更好发挥作用,进行深入探索研究,为世界文化瑰宝贡献中国力量、中国智慧,从而大大提升国家文化软实力。

3. 对中国特色社会主义的实践经验进行有学理性的总结提升,迫切需要哲学社会科学更好地发挥作用

自1978年改革开放以来,党团结带领我国广大人民群众开辟了中国特色社会主义道路,开创了社会主义现代化建设的新局面,使华夏民族以崭新的姿态昂然屹立于世界东方。中国有许多立足于国情的创新性实践和不懈探索的经验需要总结。习近平总书记指出:"在解读中国实践、构建中国理论上,我们应该最有发言权。"哲学社会科学肩负时代使命,需要对中国经验提炼出有学理性的新阐释、新理论,运用中国特色新理论提出中国问题、分析中国问题、解决好中国的问题,概括出有规律性的新实践,并在实践创新的基础上不断地探索完善和发展中国理论,也就是实现马克思主义认识论提出的实践、认识、再实践、再认识的逐步深化过程。

4. 对新时代中国特色社会主义建设面临的现实困难和问题作出深入回答，迫切需要哲学社会科学更好地发挥作用

当今中国已进入中国特色社会主义新时代，正经历着历史上最为广泛深刻的社会变革和最为宏大独特的实践创新。这场前无古人的伟大实践，机遇前所未有，挑战也前所未有，让我们面临着"问题时代"的到来。在2016年全国哲学社会科学座谈会上，习近平总书记用"五个面对""五个如何"，高度概括了哲学社会科学面对的新形势，即指出我国哲学社会科学的发展正面对着"——社会思想观念和价值取向日趋活跃、主流和非主流同时并存、社会思潮纷纭激荡；经济发展进入新常态、国际发展环境深刻变化；改革进入攻坚期和深水区、各种深层次矛盾和问题不断呈现、各类风险和挑战不断增多；世界范围内各种思想文化交流交融交锋；全面从严治党进入重要阶段、党面临的风险和考验集中显现"，这五个方面的新形势，迫切需要回答"——如何巩固马克思主义在意识形态领域的指导地位，培育和践行社会主义核心价值观，巩固全党全国各族人民团结奋斗的共同思想基础；如何贯彻落实新发展理念、加快转变经济发展方式、提高发展质量和效益，更好保障和改善民生、促进社会公平正义；如何提高改革决策水平、推进国家治理体系和治理能力现代化；如何加快建设社会主义文化强国、增强文化软实力、提高我国在国际上的话语权；如何不断提高党的领导水平和执政水平、增强拒腐防变和抵御风险能力，使党始终成为中国特色社会主义事业的坚强领导核心"，这五大问题。[①] 五个"面对"、五个"如何"是我国当前意识形态建设、经济社会改革发展、文化话语权建设以及党的建设等方面所遇到的矛盾和问题；相应地迫切需要哲学社会科学回应和解决这五个方面面临的这些矛盾和问题。

5. 为党和政府科学决策提供理论支撑和智力支持，迫切需要哲学社会科学更好发挥作用

马克思曾说："理论在一个国家的实现程度，决定于理论满足这个国家的需要的程度。"每个时代都有属于它自己的问题。研究时代提出的问题，并作出科学的回答是哲学社会科学的重要职责和时代使命。在实现中

[①] 参见2016年5月17日习近平总书记在全国哲学社会科学工作座谈会上的讲话，2016年5月18日，人民网，http://politics.people.com.cn/n1/2016/0518/c1024-28361421-2.html。

华民族伟大复兴的历史进程中，哲学社会科学更要发挥其认识世界、传承文明、创新理论、咨政育人、服务社会的重要作用。坚持以马克思主义为指导，必须落到研究新时代中国特色社会主义建设的重大理论和实践问题上来，落到提出解决问题的正确思路和有效答案上来。当今时代，全球化深入发展、国内外形势风云多变、经济社会深刻转型、风险矛盾日益多发，对党和政府决策的前瞻性、协调性、专业性、科学性、实效性等提出了前所未有的要求，对决策的科学化、民主化、法治化提出了前所未有的要求，必须拥有全面真实可靠的信息、丰富的实践经验、不断拓宽的视野、锐意创新的思维、正确科学的方法。而要做到这些，迫切需要广大社科界理论工作者的积极热情参与，迫切需要哲学社会科学界高质量智库体系的支持。

6. 加强热点难点问题舆论引导，营造决胜全面建成小康社会的良好氛围，迫切需要哲学社会科学更好地发挥作用

党的十九大报告提出了为决胜全面建成小康社会、夺取新时代中国特色社会主义伟大胜利、实现中华民族伟大复兴的中国梦、实现人民对美好生活的向往继续奋斗的伟大号召。响应这个号召，要求中国特色哲学社会科学，必须更好地发挥作用。现在，我们比以往任何时候都更接近"中华民族伟大复兴的中国梦"这个目标，机遇前所未有，挑战前所未有，比以往任何时候都更需要坚定中国道路、弘扬中国精神、凝聚中国力量。而同时，我们面临的形势也是前所未有的严峻，国际风云变化莫测的因素大大增多，国外各种思想文化交流、交融、交锋日益频繁，而国内社会文化思想亦呈现多元、多样、多变的特征，互联网时代各种媒体的大众化、数字化发展趋势更加凸显，特别是当前中国经济发展面临复杂的内外环境和较大的下行压力，全面深化改革进入攻坚期和深水区，影响社会和谐、安全稳定的舆论时有出现，迫切需要哲学社会科学深入研究并作出正确、科学、有说服力的回答。时代赋予了哲学社会科学更大的责任感使命感，要求哲学社会科学界立足我国改革发展实践，挖掘新材料、发现新问题、提出新观点、构建新理论，加强对经济社会文化发展中的重大理论问题和实践问题的关注，加强对新时代中国特色社会主义理政新理念、新思想、新战略的研究阐释，加强对热点难点问题进行正确舆论的引导，总结展示党和国家发展新的实践成果，正确解读宣传好"五位一体"总布局、"五大

发展"理念等，解疑释惑，提振精气神、凝聚正能量，营造决胜全面建成小康社会的良好氛围。

（二）在新的历史起点上建设具有中国特色、中国风格、中国气派的哲学社会科学

党的十九大报告指出："当前，国内外形势正在发生深刻复杂变化，我国发展仍处于重要战略机遇期，前景十分光明，挑战也十分严峻。""世界每时每刻都在发生变化，中国也每时每刻都在发生变化，我们必须在理论上跟上时代，不断认识规律，不断推进理论创新、实践创新、制度创新、文化创新以及其他各方面创新。"时代呼唤广大学术理论界要以高度的使命感和责任感，以重大理论和现实问题为主攻方向，建设具有中国特色、中国风格、中国气派的哲学社会科学，为开创哲学社会科学事业发展的新局面贡献自己的光和热。

1. 在坚持正确的政治方向和理论创新中加快构建中国特色哲学社会科学

一方面，党的十九大报告强调："时代是思想之母，实践是理论之源。只要我们善于聆听时代声音，勇于坚持真理、修正错误，二十一世纪中国的马克思主义一定能够展现出更强大、更有说服力的真理力量！"如何让21世纪中国的马克思主义展现出更强大、更有说服力的真理力量，这是时代赋予中国特色哲学社会科学的重任。另一方面，纵观人类社会的发展，哲学社会科学始终是变革社会、创新制度的理论先导，始终是发展生产力、创造物质文明的精神动力，始终是建设精神文明、完善人类自身的智慧源泉。当今新时代的中国特色社会主义，正经历着历史上最为广泛深刻的社会变革和最为宏大独特的实践创新。在这个发展创新的过程中，哲学社会科学具有不可替代的重要地位，发挥着不可替代的重要作用。新时代中国特色社会主义的伟大实践既呼唤哲学社会科学理论创新和发展，同时也给理论创新和学术繁荣提供了强大的动力和广阔的空间，由此推动哲学社会科学的深入研究、创新发展也是全方位立体化的。为此，要坚持把马克思主义的普遍真理与新时代中国特色社会主义的伟大实践有机结合，旗帜鲜明地坚持以马克思主义为指导，以坚定的政治信念、清醒的理论自

觉，遵循习近平总书记提出的"立足中国、借鉴国外，挖掘历史、把握当代、关怀人类、面向未来"的思路，结合实践不断创新充分体现继承性、民族性、原创性、时代性、系统性、专业性的中国特色哲学社会科学，"在指导思想、学科体系、学术体系、话语体系等方面充分体现中国特色、中国风格、中国气派"。

2. 在研究重大现实问题中积极构建中国特色哲学社会科学

问题是哲学社会科学发展创新的逻辑起点，也是哲学社会科学发展创新的动力源泉。紧紧围绕中共十九大提出的：必须从理论和实践结合上系统回答新时代坚持和发展什么样的中国特色社会主义、怎样坚持和发展中国特色社会主义，包括新时代坚持和发展中国特色社会主义的总目标、总任务、总体布局、战略布局和发展方向、发展方式、发展动力、战略步骤、外部条件、政治保证等基本问题，并且要根据新的实践对经济、政治、法治、科技、文化、教育、民生、民族、宗教、社会、生态文明、国家安全、国防和军队、"一国两制"和祖国统一、统一战线、外交、党的建设等各方面进行理论分析和政策指导。这些重大而紧迫的时代课题亟待破解，努力拿出高质量的研究成果，以利于更好地建设新时代的中国特色社会主义。为此，既要针对当今世界和平与发展面临的共同问题进行创新性研究，为解决人类社会面临的共同问题提供中国理论、中国智慧和中国方案，又要着眼于实现"两个一百年"奋斗目标和中华民族伟大复兴中国梦等主题开展科学研究，充分发挥理论对实践的指导作用，形成新时代中国特色哲学社会科学无可替代的新能量、新境界。

3. 在正确把握学科、学术、话语等体系的关系中努力构建中国特色哲学社会科学

习近平总书记在"5·17"重要讲话中指出："中国特色哲学社会科学应该涵盖历史、经济、政治、文化、社会、生态、军事、党建等各领域，囊括传统学科、新兴学科、前沿学科、交叉学科、冷门学科等各学科，不断推进学科体系、学术体系、话语体系建设和创新，努力构建一个全方位、全领域、全要素的哲学社会科学体系。"在哲学社会科学的基本结构——学科体系、学术体系、话语体系三者关系中，学科体系是平台，学术体系是内容，话语体系是表达方式。它们既表现为相互联系、密不可分，又彼此相对独立。要提高三者的总体水平，首先要通过加强学科体系

建设,着力构建对哲学社会科学具有强大支撑作用的学科,通过完善学科体系,建立富有活力的中国特色学术体系,继而搭建富有生命力、说服力和吸引力的中国特色话语体系,坚持时代问题的学术关怀与话语实践,用学术关怀回应新时代新征程实践中发出的迫切呼声,积极推进话语创新,并在国际上努力扩大中国特色哲学社会科学的感染力和影响力,使中国特色、中国风格、中国气派的学术话语体系显著增强。

4. 在正确融通古今中外各种资源中努力构建中国特色哲学社会科学

在人类社会发展史上,哲学社会科学始终是变革社会、创新制度的理论先导,是古往今来各种知识、观念、理论、方法等融通生成的结果,是建设精神文明、完善人类自身的智慧源泉。为此,在立足新时代新征程的伟大实践中努力构建新时代中国特色哲学社会科学,必须"善于融通古今中外各种资源"。一是要融通马克思主义资源。马克思主义基本原理是中国特色哲学社会科学的重要组成部分,是随着时代、实践、科学发展而不断开放、发展的理论体系。结合新实践不忘初心,不断创造出新时代的新理论,不断推进马克思主义中国化理论成果,这是马克思主义永葆生机活力的奥妙所在,也是我国哲学社会科学的源头活水。二是融通中华优秀传统文化资源。泱泱中华五千年文明史,积累了大量的智慧,是我国优秀传统文化的瑰宝,加强对其挖掘和阐发,使绵延几千年的中华文化基因与当代文化相适应、与新时代的中国特色社会主义相协调,推动中华文明创新性发展,激活其生命力,使之成为推进马克思主义中国化的宝藏。三是融通国外优秀哲学社会科学资源。世界所有国家民族有益优秀的哲学社会科学成果均可在去粗取精、去伪存真、洋为中用的基础上,作为构建中国特色哲学社会科学理论体系的资源。只有坚持不忘本来、吸收外来、面向未来,才能形成中国特色、中国风格、中国气派的当代中国哲学社会科学。[①]

5. 在大力建设中国特色新型智库体系中努力构建中国特色哲学社会科学

构建中国特色哲学社会科学、建设中国特色新型智库是党和国家基于坚持和发展中国特色社会主义的时代高度,对哲学社会科学繁荣发展的战

---

① 杜飞进:《对繁荣发展哲学社会科学规律的深刻把握——深入学习贯彻习近平同志在哲学社会科学工作座谈会上的重要讲话精神》,《光明日报》2016年7月13日第13版。

略部署和顶层设计。党的十九大报告再次重申"加快构建中国特色哲学社会科学，加强中国特色新型智库建设"。为此，要充分发挥中国特色新型智库咨政建言、理论创新、舆论引导、社会服务、公共外交等重要功能，构建中国特色新型智库发展新格局，形成中国特色新型智力支持体系。[①] 具体讲，要以新型智库建设为"支点"，撬动新时代新征程哲学社会科学创新，统筹推进哲学社会科学在党政部门、社科院、党校行政学院、高校、社会等领域的智力支持系统协调发展，配置研究资源和力量，重点建设一批多元化、特色鲜明、引领发展的具有较大影响力和国际知名度的各层级智库，形成定位清晰、规模适度、布局合理的中国特色新型智库体系，造就一支理想信念坚定，具有家国情怀、德才兼备、富于创新精神的公共政策研究和决策咨询专家学者队伍，建立一套治理完善、充满活力、监管有力的智库管理体制和运行机制，围绕新时代中国特色社会主义迫切需要研究的重大问题开展针对性、前瞻性、储备性的政策研究，把贯彻落实中国特色新型智库建设的实际工作作为新时代推进哲学社会科学繁荣发展的重要任务。

6. 在促进哲学社会科学优秀人才不断成长中努力构建中国特色哲学社会科学

邦之兴，由得人。人才蔚，国运兴。习近平总书记提出："要实施哲学社会科学人才工程，着力发现、培养、集聚一批有深厚马克思主义理论素养、学贯中西的思想家和理论家，一批理论功底扎实、勇于开拓创新的学科带头人，一批年富力强、锐意进取的中青年学术骨干，构建种类齐全、梯队衔接的哲学社会科学人才体系。"面对新时代新征程，构建中国特色哲学社会科学，大力培育优秀的哲学社会科学人才，壮大人才队伍是保障，也是关键。为此：一是各级党委政府要高度重视对繁荣发展哲学社会科学重要性的认识，与经济建设、自然科学工作一样加强政治领导和思想引领，纳入重要议事日程，一手抓繁荣发展、一手抓引导管理，既要做制度设计的"硬治理"，又要做好铸魂育人的"软治理"。二是要培养一大批政治方向正确、道德品质高尚、人文底蕴深厚、创新能力卓越的哲学社

[①] 邹德文等：《中华民族伟大复兴进程中哲学社会科学的使命担当》，《红旗文稿》2015年第7期。

会科学优秀人才，从而不断提升哲学社会科学人才培养质量。三是要大力培养和集聚更多的领军人才和优秀创新人才，建设一支具有国际竞争力的、"老中青"合理布局的、一流的哲学社会科学人才队伍。四是健全哲学社会科学人才选拔培养管理体制机制。认真落实党的知识分子政策，把哲学社会科学人才队伍关心好、培养好、使用好，从物质、精神等方面充分调动其积极性，深化哲学社会科学管理体制改革，形成既能把握正确方向又能激发科研活力的体制机制，建立以"开放、流动、竞争、协作"为基础的各具特色的人才培养、使用和激励机制，营造有利于科学探索和理论创新的学术氛围和环境，从而"让广大哲学社会科学工作者成为先进思想的倡导者、学术研究的开拓者、社会风尚的引领者、党执政的坚定支持者"[①]。

---

① 习近平:《在全国哲学社会科学工作座谈会上的讲话》，2016 年 5 月 18 日，人民网，http://politics.people.com.cn/n1/2016/0518/c1024 - 28361421 - 2.html。

第 二 章

国内外推进哲学社会科学发展的经验启示

"哲学社会科学的现实形态,是古往今来各种知识、观念、理论、方法等融通生成的结果。"① 就哲学社会社科学发展来看,尽管不同国家、不同城市由于其经济社会文化特征的不同而展现出独特的地域性差异,但是,哲学社会科学的发展具有共同性的发展规律也是毋庸置疑的。哲学社会科学"是在扬弃前人理论的基础上创造,在吸收借鉴前人成果的基础上提出新理论、新见解、新观点、新方法"②,从而不断丰富和发展的。繁荣和发展哲学社会科学,必须融通古今中外各种资源,特别是在经济全球化加速、国家竞争与合作加剧的国际格局里,以及经济社会改革全面深化的国内形势下,推进地方哲学社会科学的发展,绝不是一个独立的过程,而是必须全面了解国外人文社会科学发展的有益做法和国内城市推进哲学社会科学发展的先进举措,同时结合地方发展要求和实际,"采他山之石以攻玉,纳百家之长以厚己",完善本地哲学社会科学的发展政策,健全地方哲学社会科学的制度体系,从而推进地方哲学社会科学研究的深入,并最终推进地方哲学社会科学的大繁荣、大发展。

---

① 习近平:《在全国哲学社会科学工作座谈会上的讲话》,2016 年 5 月 18 日,人民网,http://politics.people.com.cn/n1/2016/0518/c1024-28361421-2.html。

② 杜飞进:《对繁荣发展哲学社会科学规律的深刻把握》,《光明日报》2016 年 7 月 13 日第 013 版。

一 国外人文社会科学发展的概况及特点

20世纪50年代以来，我国一直把哲学和社会科学统称为"哲学社会科学"。而国外，大多数国家都是参照1977年联合国教科文组织制定的《教育分类国际标准》，将人文科学和社会科学合而称为"人文社会科学"。对此，我们无意于纠结这两个概念的界定。虽然中外的社会科学概念使用略有不同，体现了不同的历史性、民族性特点，并且以此为基础形成了其特有的价值观和方法论立场，但是，作为推进人类发展进步的重要力量，社会科学的发展必然有其相似的发展规律和要求，展现出了共同性的发展特点和趋势。

（一）国外人文社会科学发展政策与管理经验概括

由于各国的国情不同，人文社会科学的政策与管理有着千差万别的特点。我们仅就课题资助管理、研究体制、评价体系以及学风建设等人文社会科学管理的共同性领域进行了文献资料收集与整理，重点梳理了美国、英国、德国、日本、加拿大等国家的人文社会科学政策与管理体制机制。总的来看，这些国家在经历经济社会变迁中发展社会科学的合理性与正当性争辩之后，都高度重视人文社会科学的发展，在人才队伍、经费投入、学风建设、研究体制以及学术评价等多方面采取了积极措施，鼓励和促进人文社会科学的发展。

1. 建立多元化的人文社会科学研究资助体制

社科研究资助体制，是开展社科课题研究的重要经费保障。对此，世界各国都很重视。自20世纪90年代以来，各国政府都逐年增加了对人文社会科学的资金投入。虽然与自然科学的投入相比，世界各国都普遍存在人文社会科学的资助占比相对较低的问题。但是，从纵向上看，各国人文社会科学的财政资金投入额是大幅增加的。譬如，从美国联邦政府对社会科学的资助看，"从1970年的总投入2.12亿美元到2003年的9.66亿美元，约增长了 4.6 倍"①。而德国近年来的研究和研发投资额大幅增加。"2016 年，德国在研究和研发方面的支出高达 158 亿欧元，与 2005 年的 90 亿欧元相比，增幅超过 75%。德国政府和经济界在 2014 年的研究和研发方面的支出大约为 840 亿欧元，占德国国民生产总值的 2.9%，几乎达到'欧盟 2020 战略'要求的研究和研发支出达到国民生产总值的 3% 的目标。"②

从各国人文社会科学研究资助来源看，除了政府之外，高等院校、企业、财团、各类基金会都是社科研究资助的重要主体。如美国，人文社会科学的经费来源除了联邦政府、国家科学基金会等官方机构之外，还有社会科学研究理事会、科学技术促进学会、学术团体理事会等半官方机构、民间学术团体，以及各类基金会、高等院校、企业等等。英国的科研经费则首先来自政府部门通过各种研究理事会和高等教育资助委员会的资助，同时还有基金会、专业学会、大学和研究所以及包括欧盟和其他欧洲的国际公共团体在内的国际组织的资助。在澳大利亚，人文社会科学研究主要集中在大学，通过政府拨付统筹经费，或者诸如研究理事会和国家健康和医学研究理事会（NHMRC）等机构获得直接资助，除此之外，地方政府、专业研究院所、协会、私立的研究机构、一些小型的基金会也是提供部分资助的渠道。③ 可以看出，在各国，政府是人文社会科学研究的重要资助主体，但同时随着经济社会变迁中的社会科学研究需求增长，各国都积极探索和建立了政府、企业、财团以及各类基金会等多元主体投入的人文社会科学研究资助体制。

2. 加快科研机构调整和管理体制机制改革

社科研究资源的合理布局和配置是所有国家社会科学发展关注的重点、难点问题。21 世纪初，为了促进社会科学更好发展，各国就将机构调整、研究（和教学）体制的改革作为政策调适和管理改革的重点。具有典

---

① 黄长著、黄育馥主编：《国外人文社会科学政策与管理研究》，社会科学文献出版社 2008 年版，第 38 页。
② 杜卫华、魏晓恬：《2010—2014 年德国教育和科研状况——基于〈德国 2016 年度教育报告〉的分析》，《世界教育信息》2016 年第 20 期，第 20 页。
③ 刘霓：《澳大利亚人文社会科学的研究资助》，《国外社会科学》2009 年第 11 期，第 132—134 页。

型代表意义的,如德国、法国的科研管理体制改革。

德国历来以严谨著称于世。这种严谨表现在科研管理领域,是科研管理的烦琐和决断程序的复杂。而经过多年的发展,德国政府及有关学者都认为,要发展德国的科学研究,必须增强科研体制的灵活性,使高校和非高校的科研机构摆脱官僚主义的束缚,增加自主权。为此,德国政府对科研结构和组织形式进行了深入调查,认为增强科研体制的灵活性是增强竞争力、迎接挑战的必然要求。基于这一调查,在科研机构设置上,德国不再把基础研究和应用研究作为设置的标准,而是更强调灵活性和多样性,认为这样的机构在未来的社会中才有强大的生命力。在2000年,德国联邦教育和研究部专门召集专家学者讨论教育和科研改革,倡议调整科研人员的培训时间、建立有竞争力和灵活的报酬结构,取消资历等级,对在教育和科研方面做出特殊贡献的科研人员给予超出平均聘用费用的奖励等[①],赋予了科研管理更多的自主权和灵活性。

法国进入21世纪以来,科研管理的一个显著变化,是适应互联网的发展,加快了科研管理网络化的发展趋势。法国从20世纪80年代开始着手科研中心的数据库建设,同时,逐步推进信息系统建设和软件开发,在不到十年的时间内,法国科研中心就建立起了覆盖全国、连接互联网的信息系统和科研、行政管理网络。[②] 为了发展网络和加强网络管理,法国科研中心还成立了信息系统管理局,主要负责五个方面的信息系统管理,包括科研和科技活动管理系统、人事与人才资源管理系统、行政管理与调整信息系统、信息共享与信息决策管理系统、预算、经费与财会管理系统,以此推进科研活动各个环节的信息化管理。20世纪末21世纪初,法国科研中心还陆续开发了科研计划标准管理软件、科研计划质量管理软件等,以加强对课题成果质量的信息化管理和监控。这种信息化管理的推进取得了显而易见的成效,使科研计划得以有序推进,促进了全国人文社会科学研究的协调和组织,同时,也让研究人员从中获得了更方便的信息资源。[③]

---

① 李惠国、何培忠主编:《面向21世纪的国外社会科学》,武汉大学出版社2003年版,第92页。

② 江小平:《法国国家科学研究中心的信息系统建设与网络化管理》,《社会科学管理与评论》2001年第1期,第61页。

③ 同上书,第61—64页。

3. 建立以同行评议为主、量化考核为辅的学术评价体系

学术评价对于人文社会科学的研究发展极为重要。学术评价，是对科研成果质量的判断评价，是反映科研成果影响力的重要标准，同时也与成果拥有者的职称晋升、提拔、奖励等息息相关。正因为如此，各国都对学术评价予以了高度关注，将其作为促进科研发展的重要激励机制。

一直以来，对于具体建立什么样的评价体系、采用什么样的评价方式才科学和公平，众说纷纭，争论不休，特别是围绕国外学术评价中使用的"同行评议"和"量化考核"的优劣问题，更是没有形成定论。根据相关文献资料，目前国外许多研究机构仍然把"同行评议"作为一种主要评价手段，广泛用于科研项目立项、管理、进展监督和成果评定等环节。国外对于研究文章发表或者著作出版的同行评议，一般的操作程序是：提交论文或专著——编辑部有关人员初审——同行专家评审（一般由两位同行专家评审，如意见有分歧，再送第三者再审）——决定是否采用。而研究项目的资助流程也会同样经过"提交申请——资助机构预评——递交外审——返回结果——申请获得通过或拒绝"的流程。在这一过程中，最关键也是直接决定和影响同行评议质量的一环是评审专家的确定。各国普遍确立的原则，一是符合专业需要，二是严守学术秘密，三是避免利害冲突，四是全面解释评议（就评审意见提供充足证据），五是提示剽窃或侵犯他人版权的行为。[①] 由于各国科研发展的组织结构、状况和特点的差异，"同行评议"的模式也有所不同。有学者将其总结为以美国为代表的"专业模式"和以法国为代表的"后社团主义模式"。其中，美国大学和科研机构非常关注学术评价活动的公正性，对同行评议的普适性规范共识度很高，对同行评议制度的执行更为严格；相对而言，法国的学术协会的组织制度化程度较低，学术评价的集中化、标准化程度也相对较低，其学术评价模式中的弹性空间更大。2013年，法国出台了《科研单位评估标准》，明确对科研采用同行集体评估办法，并确立了三项原则，一是组织同行专家集体进行质量评价，二是对各领域各学科采取不同的评价标准，三是侧重科研机构的研究成果及价值。各类评估围绕科技产量和质量，学术影响

---

① 黄长著、黄育馥主编：《国外人文社会科学政策与管理研究》，社会科学文献出版社2008年版，第122页。

力和吸引力，对社会、经济和文化环境的影响，人员科研培训等方面展开。① 可以看出，法国在科研的同行评议制度施行中体现了更多的多元化特点。

除此之外，各国也将"核心期刊""论文引用率"等对科研成果的"量化考评"作为成果评价的重要补充。例如，美国科学情报研究所在1969年和1976年，先后创刊了《社会科学引用文献索引》（Social Sciences Citation Index，SSCI）、《艺术与人文科学文献索引》（Arts & Humanities Citation Index，AHCI），成为美国学界的重要学术信息参考源，并逐步成立衡量人文社科研究成果的重要性的评价标准。再如，1985—1986年，英国大学资助委员会（University Grants Committee）启动了一项有关学科学术成果质量的大规模跨学科调查，调查采用了产量（经同行评议并获通过的论著数量）、影响（成果被引用次数）、质量（被相关研究协会认可）、实际效用（创造的外部效益或取得专利、认证的数量）等标准来衡量成果价值。后来被英国研究理事会咨询委员会采用，作为学术评估以及学术资源分配的指导。可见，尽管各国普遍认为量化考评存在较大的局限性，但是由于其客观、可量度的特性，各国还是较普遍地将量化标准作为同行评价的重要参考和补充，试图通过一种专业化，又相对客观的评价手段来督促科研质量的提升。

4. 强化学术伦理建设和规范管理

学术伦理和规范管理是社科研究健康发展的重要保障，也是国外学术界和科研管理机构关注的重点。创建积极健康向上的学术文化、打击和抵制学术不端行为被各国作为科研管理工作的重要内容之一，并采取了一系列的措施。

概括地看，这些措施主要是从两个层面推进。第一个层面，也是最重要的一个层面，是在政府层面，通过成立专门机构、出台法规或者文件的形式加强对科研不端行为的监管。譬如，在美国，从20世纪80年代开始，率先在卫生领域、科学与工程领域成立了专门机构、出台条例对学术不端

---

① 吴海军：《法国国家科研中心及其管理制度建设》，《全球科技经济瞭望》2014年第2期，第38页。

行为进行惩处;① 而后,1993 年美国国会专门创立了由 12 人组成的"学术操守委员会",经过多年的调查、讨论,在 2000 年发布了《关于学术不端行为的联邦政策》,对研究不端行为及其主管机构的责任进行了规定,2003 年又对其进行了技术性修改并重新公布,这一政策适用于全美国所有学者和所有领域的学术研究,为美国处理全国范围内的学术不端行为提供了统一的并具有法律约束力的文件。② 在欧洲,一些国家相继成立了控制学术不端行为的机构并出台了法规。例如,挪威政府成立了国家科研道德委员会这一专门机构,其中涉及人文社会科学的有,1990 年成立的国家社会科学和人文科学研究道德委员会,负责起草社会科学、人文科学、法律和神学领域研究的道德指南。此外,还设立了科研不端行为国家调查委员会,由 7 名委员和 4 名候补委员组成,对科研不端行为展开调查。在 2006 年,挪威制定了《科研道德与诚信法案》,以国家法令的形式赋予了国家科研道德委员会高度自治的权威和行政职责,制定了有关规章制度,明晰了科研机构、大学及科研人员的责任,为举报人揭露科研不端行为提供了法律保护与不受威胁保障。③ 我国的周边国家——日本,在 2005 年后,加快了防治学术腐败问题的步伐。2006 年,日本文部科学省在其科学技术与学术审议会中新设了"不良研究行为特别委员会",经过多次研讨,形成了《关于制定研究活动不良行为的处理指针报告书》,对研究活动不良行为进行了界定,明确了对研究不良行为的处理指针。④

第二个层面,在学术团体、大学、研究机构层面逐步加强了对科研不端行为的自律性管理。譬如,日本学术会议,以树立科学工作者自觉自律的道德规范为目标,在 2006 年发布了《将科学工作者的自律行为进行到底》的声明,对科技工作者、教育和研究机构、协会、研究资金提供机构等提出严格自律的倡议。日本东京大学、理化学研究所、产业综

---

① 在 20 世纪 80 年代先后设立了科学操守办公室和科学基金会的督察长办公室,颁布了部门管理条例,对卫生领域、科学与工程领域的学术不端行为进行了界定,明确规定了相关处理流程及惩罚措施等。

② 昌增益、王志珍:《美国学术不端行为监管体系及其对中国的启示》,《中国科技奖励》2015 年第 9 期,第 7 页。

③ 史义:《挪威国家科研诚信体系建设和做法》,《全球科技经济瞭望》2016 年第 11 期,第 18—20 页。

④ 吴松:《日本反学术腐败的动态》,《全球科技经济瞭望》2007 年第 3 期,第 60 页。

合技术研究所以及日本建筑学会、日本信息处理学会等大学、研究机构和学会，从机构的角度发布了研究道德规范和对科研不良行为的惩戒措施。①

5. 重视和强调科研成果的转化与应用

与自然科学一样，科研成果的转化与应用也是人文社会科学研究发展的重要目标之一。从文献检索来看，国外虽然没有"社会科学成果转化"这一概念，但是社会科学研究成果的应用是国外人文社会科学发展关注的重要方面，很多国家通过科研政策和机制建设为其提供了通道。

产学研机制的健全为科研成果转化提供了良好的渠道。国外产学研合作开始得较早。20 世纪初，产学研结合就在美国的各个经济领域自发地进行着，而后政府介入并全面推动，利用法律手段和经济手段建立了调控制度，最大限度地调动全社会力量，促进了产学研结合的实践。具体在法律保障方面，美国建立了以《拜杜法案》为首的一整套完善的保护专利、鼓励发明创新、促进技术转移和鼓励投资的法律体系；而在经济保障方面，非营利性大学的基础研究经费，大部分都来自联邦政府和州政府的投入。对于成果推广和产品销售等环节，政府也给予直接或者间接的资金支持，此外，还通过税收、信贷政策、政府采购等多种途径鼓励大学和企业的"产学研"合作教育、合作研发和产业化发展。② 其他国家，如英国、法国等国也高度重视产学研的一体化发展，积极组织和实施促进科研机构与产业部门合作的计划、措施，以促进科研成果向生产力的转化，法国甚至还推出了"政产学研"机制，由博士学院与政府、产业、研究所等协同培养博士③，促进教育和人才发展的协同创新。

但是，也应当看到，人文社会科学毕竟不同于自然科学，特别是在向生产力直接转化这一点上，只有极少部分社科研究成果可以直接通过市场途径转化为生产力，而更多的社科研究成果则是通过进入政府决策或引导舆论的形式转化。在各国，智库是社科研究成果转化应用的重要阵地。国

---

① 吴松：《日本反学术腐败的动态》，《全球科技经济瞭望》2007 年第 3 期，第 61 页。
② 张玲、贾淑英：《国外产学研结合的分析与思考》，《中国高校科技与产业化》2008 年第 3 期，第 60—61 页。
③ 王维明、张金福：《法国政产学研协同培养博士的保障机制及启示》，《大学》（研究版）2016 年第 5 期，第 61—64 页。

外智库大多保持独立、非营利性运作，享受国家的优惠政策，并建立起了有利于促进决策的运作机制。譬如，美国布鲁金斯学会，具有来自基金会、公司、个人以及政府、大学、非政府组织的多元化资金来源，而且作为独立的非营利性机构，可以享受美国免税政策，而其运营中的"旋转门"机制（即智库研究者与政府官员之间的身份转换和相互流动），使其一半以上的研究人员拥有在政府工作的经历，智库研究和人才培养形成了良性循环，对政府决策的影响力不容小觑。[①] 此外，国外智库都十分重视智库成果管理机制建设，一方面通过期刊、书籍、研究报告、快报等多种形式，发行和传播出版物，扩大智库成果影响；另一方面，经常定期举办一些诸如国际问题研讨会、纪念会、报告会、培训班、讲座和答谢午宴等活动，加强与各界、各领域专家的联系，甚至经常邀请政府首脑来参加，共同探讨国际国内发展形势和相关问题，由此影响政府政策制定，推进智库成果向实践转化和应用。[②]

（二）国外人文社会科学研究呈现出的特点趋势

随着世界经济社会形势的变化和各国科研管理政策的调整，各国的社会科学在研究内容、研究手段和研究形式方面发生了诸多变化。总的来看，人文社科研究呈现出应用性、综合化、国际化和信息网络化的发展特点和趋势。

1. 应用性研究的比重逐渐增大

社会科学研究内容紧密服务于国家和社会的发展，一直是国外社会科学研究的重要目的。很多针对英、美、法等国社会科学研究的分析发现，其社会科学研究的内容与政府确定的各种战略目标和政策联系极为密切，应用性和战略性问题研究比重的加大是一个普遍现象。譬如，美国早在二战期间就开始雇用大量的社会科学工作者，将社会科学用于战争研究。进入 21 世纪后，美国将社会科学应用于国家发展的趋势进一步增加。在

---

① 詹映：《国外智库建设经验及其对我国知识产权智库建设的启示》，《科技与法律》2015 年第 4 期，第 723 页。

② 安淑新：《国外智库管理运行机制及对我国的启示》，《当代经济管理》2011 年第 5 期，第 91 页。

2008年，美国国防部启动了一项大型的社科研究项目"密涅瓦计划"，加强了对世界范围内具有战略利益关系的国家和地区的社会、文化和政治动态的研究。[①] 不仅如此，美国在成果评价上也非常注重实用性，把是否对社会有用作为衡量社会科学研究成果价值的重要标尺，这也反向促进了社科应用性研究的增长。同样，英、法等其他国家，出于增强国家实力和国际竞争力的目的，政府对社会科学研究的需求和导向都极为明确，即要求社会科学对与政府决策有关的政治、经济和社会问题进行更多的研究。1985年，英国社会科学研究的主要资助机构"社会科学研究理事会"（SSRC）更名为"经济和社会研究理事会"（ESRC），对社会科学研究资助的目标和方向从主要资助以学科研究为主的基础性研究，转向主要资助以各种经济和社会现实问题为目标的应用性研究。1993年，英国政府发表关于科学研究和研究理事会作用的白皮书，更是明确了对社科研究的资助策略重点：动员英国最优秀的研究力量集中研究国家面临的最紧迫的应用性和战略性问题。[②] 法国的应用性研究不仅在科研中心的研究工作中占主导地位，而且在法国高等院校的研究机构和法国各大部委的研究机构中占有举足轻重的地位。[③] 从1997年以来列入法国研究部的选题看，涉及欧洲问题、都市化、交通、能源、环境与空间问题，以及信息传播技术、生物技术、医药、农副产品等，充分反映出法国社会科学的应用性研究趋向。

2. 研究的综合化、跨学科趋势明显

综观世界各国人文社会科学研究，学科的专门化发展和研究的综合化发展二者并行不悖。而研究的跨学科、综合化发展的趋势自20世纪后期显现得更加明显，且已成为各国许多研究机构、研究项目普遍采用的研究方式。这种转变，很大程度上源自社会科学研究应用性特点的强化。应用性的研究趋势，带来了社科研究导向从"以学科为导向"向"以问题为导向"的变化。而在"以问题为导向"的社科研究当中，各国的研究机构和资助机构都逐渐意识到，在经济社会发展中所产生的复杂问题，往往不能依靠单一的学科进行解决，而必须打破学科界限，进行跨学科、多学科的

[①] 杨云香：《当前美国社会科学研究的特点及发展趋势》，《中国高等教育》2014年第23期，第58页。

[②] 郑海燕：《英国社会科学发展特点》，《江南论坛》2001年第12期，第21页。

[③] 江小平：《面向21世纪的法国社会科学》，《国外社会科学》2001年第1期，第46页。

研究。应对这种发展要求，国外跨学科研究机构、跨学科研究项目不断增多，跨学科的学术报告、研讨会盛行，学科刊物向综合性跨学科方向转变，这些都体现了国外社会科学的跨学科、综合化发展趋向。国外一些知名的研究机构，如美国著名的兰德公司、布鲁金斯学会、斯坦福大学胡佛中心等，均以开展交叉学科研究而著称，其研究团队中的专家学者来自各个学科领域，或者是实务界经验丰富的资深人士；再如，英国的经济和社会研究理事会也有相当比例的研究是由跨学科研究小组承担，其组成成员除了人文社会科学领域的研究人员之外，甚至还有医学和自然科学领域的研究人员。正因为如此，这些研究机构在攻克本国发展中的重大热点难点课题时，才能集合多个学科视域，向政府提供全方位的研究服务，才能在多种思想碰撞的基础上提出富有创见性的主张，成为本国政府的强有力的智囊。

3. 研究的国际化趋势增强

随着经济全球化和知识信息国际化的发展，世界各国的相互依赖性增强，文化交流也不断增加，这带动了各国社会科学研究的国际化发展趋势。这种国际化趋势主要表现在两个方面：一是研究的国际化视野增强。各国在研究经济、社会、文化、生态、环境资源等诸多问题时，大多带有比较强烈的国际化视野，关注世界不同国家和地区的研究，或者是进一步展开跨国或跨文化的比较研究。二是都非常重视国际化的交流与合作。所采取的具体措施很多，如举办国际性的研讨会、论坛，鼓励研究人员参与国际化的流动，积极开展各种正式或非正式的国际学术交流合作，等等。有的国家还确定了具体的对外交流量化目标，如法国确定目标"有国外研究或教学经历的博士后人数比例应占教学—研究人员总数的80%"[①]，充分反映出对国际化的合作交流的重视。当然，在看到人文社会科学国际化趋势的同时，也要看到各国对自己主流意识形态的维护和巩固，人文社会科学研究的国际化发展，是在"世界体系"关照下的"国家"分析[②]，带有强烈的国家特色和民族特色。

---

① 李惠国、何培忠主编：《面向21世纪的国外社会科学》，武汉大学出版社2003年版，第166页。

② 余以胜、邱均平：《国外人文社会科学的演变及其发展趋势》，《评价与管理》2007年第4期，第13页。

4. 研究的信息网络化趋势增强

信息网络的快速发展和普遍应用，给社会科学领域带来了革命性的变革。从各国的社会科学研究来看，无不受到信息网络技术的影响。这种影响也体现在两个方面：一是带来了研究信息的采集或者检索的更新。目前美国、英国、法国及其他国家，为数众多的社会科学研究机构、学术团体及公共部门都建立有自己的资源中心信息网络，为社科研究提供了便捷的数据采集和检索途径。二是带来了研究方法和研究思维的转变。基于信息网络发展所出现的大数据、云计算等，深刻地影响了各国特别是发达国家的发展战略。美国在2012年宣布了"大数据研发计划"；欧盟力推《数据价值链战略计划》增加就业机会；日本积极谋划利用大数据改造国家治理体系，对冲经济下行风险。[①] 与之相应，信息网络的发展带来了社会科学研究方法和思维的更新。英美等发达国家已经开始了以信息网络发展的数据科学和数据思维为支撑的社会科学研究方法革新，大大推进了应用社会科学的研究。

二　国内主要城市繁荣发展哲学社会科学的实践与探索

社会科学的繁荣发展有其共同性的规律，也有国情的差别和地方的差异。在我国，党和国家历来高度重视哲学社会科学，不断加强和改善对哲学社会科学工作的领导。国内各个层级的社科研究机构，也积极探索创新，在构建中国特色哲学社会科学、建设中国特色新型智库方面积累了宝贵的经验。在此，为了给成都地方哲学社会科学的发展提供经验借鉴，我们在全面观察国内各地哲学社会科学发展的基础上，立足于成都建设"全面体现新发展理念的城市"的定位，综合考虑各地社科研究机构的

---

① 王吉全：《国家大数据战略——习近平与"十三五"十四大战略》，2015年11月12日，人民网，http://politics.people.com.cn/n/2015/1112/c1001-27809382.html。

影响力[①]，选择了北京、上海、广州、南京、重庆这五个中心城市进行分析与总结。

（一）国内城市促进哲学社会科学繁荣发展的实践创新

各个层级的社科院和地方社科联是国内各地促进哲学社会科学繁荣发展的重要主体。特别是近年来，自中央提出加快建设中国特色新型智库的要求以来，各级社科院和地方社科联结合地方实际，围绕新型智库建设，完善社科管理制度政策、创新社科体制机制、发展社科人才队伍，各地哲学社会科学发展呈现出"百花齐放、百家争鸣"的盛景。在此，为了对从国家到地方不同层级社科研究机构的创新实践进行全面观察与分析，我们在北京、上海、广州、南京、重庆这五个城市，分别选择了不同层级的社科院、社科联，对其近年来在繁荣发展哲学社会科学中的体制机制、人才队伍、政策保障等方面的创新进行梳理和分析。

1. 北京实践

北京是我国的首都和重要的政治、经济、文化中心，不仅有北京的地方社科研究机构、地方社科联，而且还汇聚了众多国家级的社科研究机构或智库。特别是中国社科院，作为国内顶尖的哲学社会科学研究机构和智库，社科领域的改革创新更是走在全国的前面。

在2011年，基于充分调动科研积极性创造性、激活科研生产力、增强理论学术话语权和影响力的改革目标，中国社科院开始启动和逐步实施创新工程，在学科体系、组织方式、阵地建设、理论学术传播平台打造、科研对外合作与交流、人才队伍培养等多个方面积极探索创新，努力构建哲学社会科学创新体系。而这些创新举措中，最关键的是进行了制度创新和

[①] 样本城市的选择参考了上海市社会科学院智库研究中心发布的《2016年中国智库报告——影响力排名与政策建议》。其对地方社科院系统智库的影响力排名前六位分别是：上海、北京、广东、四川、江苏、重庆。考虑到省会城市在各省经济社会文化发展中的示范引领地位，我们将考察对象定位于直辖市或非直辖市的省会城市。除了成都之外，最终决定将比较研究的对象定为北京、上海、广州、南京和重庆五个城市。

体制机制创新[①]：一是用人制度创新，探索建立了竞争择优、灵活高效的创新岗位管理制度。率先制定出台了《创新工程人事管理办法》《创新工程薪酬管理办法》及一系列配套细则。根据创新任务和需要设置创新岗位，不同层级的创新岗位享受不同层级的报偿。所有创新岗位人员以公开竞聘的方式产生、差额进入，在符合岗位条件的情况下允许高职低聘和低职高聘。对创新单位创新岗位人员实行严格考核，建立了能上能下、能进能出、考核严格、奖惩严明的准入和退出机制。二是资源配置方式创新，加强了科研规划、资源配置和经费管理的衔接与匹配。一方面，实行研究经费总额拨付制度，将相当比例的研究经费按年度总额拨付到进入创新工程的研究单位，扩大研究所的经费自主权；另一方面，发布创新工程研究领域指南，对不同类型研究单位分别提出加强重大理论和现实问题研究的强制性资源配置要求。在资源配置权下放的同时，探索建立了创新经费检查常态化、制度化机制。除此之外，对一些重大研究任务进行单独资源配置，比如，设置跨学科研究中心和重大研究项目，对研究单位的特殊需求进行补充配置，实行"一事一议"制度，对确有特殊需要的单位进行支持。三是科研评价和资助创新，探索建立了全新的绩效评价和后期资助紧密连接的制度。科研评价制度的主要创新点是，建立了针对最终科研成果、工作绩效的注重结果的评价指标体系，具体以学术影响力、决策影响力、社会影响力、国际影响力为架构，确定了28大类研究成果作为评价对象，尽可能地涵盖全院各种形式的研究成果，努力体现社科院"阵地""殿堂""思想库和智囊团"的功能定位。此外，还扩大了后期资助成果的方式，对好的绩效、成果采取后期购买的方式，提高了资金使用的有效性，建立形成了对资源使用主体的有效激励约束机制。[②]

除了以上核心制度和体制机制的创新之外，中国社科院还在科研组织方式、科研手段和方法、传播方式、人才培养以及学科体系、思想理论学术观点等方面积极创新。比如，根据创新工程的目标和任务，加强了跨学

---

① 王伟光：《继续实施三大强院战略　全力启动哲学社会科学创新工程——在2011年中国社会科学院哲学社会科学创新工程专题工作会议上的讲话》，2013年8月29日，中国社会科学院网，http://cass.cssn.cn/yuanlingdao/lingdaoyanlun/201308/t20130829_398066.html。

② 《中国社科院创新工程发展报告（之六）：改革推动发展，创新引领未来》，《社科院专刊》2015年11月13日总第319期。

科、跨领域的综合研究,汇聚国内外相关力量组建了财经战略研究院、亚太与全球战略研究院、社会发展战略研究院、信息情报研究院等创新型研究院,兴建了一批重点实验室;推进深度信息化进程,积极打造"数字化中国社会科学院",运行创新工程科研管理信息化系统,全面提高科研手段和科研方法现代化水平;改革国情调研项目体系,与地方合作建设国情调研院所两级基地;加强社科专业性特色的名报、名刊、名网、名社、名馆、名库、名坛建设;实施各类人才培养、扶持和提升计划,选派年轻干部参加实践锻炼;制订实施《学科调整与建设方案》,完善学科建设机制,等等。

通过这一系列的制度创新和体制机制创新,最大限度地解放和发展科研生产力,起到了激励多出人才、多出成果的作用,促使中国社科院近几年来,在加强马克思主义坚强阵地建设和党的意识形态工作、开展综合性战略性问题研究、加强基础学科建设和中国特色新型智库建设等方面取得了显著成果,学术影响力、决策影响力、社会影响力和国际影响力都在不断提升,对全国哲学社会科学界的改革创新起到了重要的示范和引领作用。

北京作为首都,除了汇聚国家层级的社科研究机构之外,还有隶属于地方、直接服务北京改革发展的地方社科研究机构。北京市社科院是北京市属的社科研究机构之一。近年来,北京市社科院服务于首都"四个中心"的战略定位,在致力建设具有首都特色、首都风格、首都气派的新型智库上面也作了积极的探索与实践。北京市社科院确立的总体目标是"在2020年以前,按照首都智库建设的标准要求,在首都区域经济、社会、文化、法规等发展领域,结合各学科发展的不同优势,重点开展首都城市战略定位发展研究与评估、京津冀协同发展研究与评估、城市治理政策(能力)研究与评估。到2020年重点建成3—5个政府倚重、社会信任、特色鲜明、权威性强、具有参与首都战略决策咨询能力和国内外一定知名度的首都高端智库"[①]。

围绕这一目标,北京市社科院确立了几大重要创新举措:一是建设首

---

① 李雪:《北京市社科院新型智库建设的探索与实践——北京市社会科学院党组书记、院长王学勤访谈录》,《经济师》2017年第3期,第6页。

批"3+3模式"的研究团队。除了发挥既往优势,在中关村创新发展研究中心、知识产权研究中心、首都安全稳定研究中心这三个立足北京特色的领域拓宽发展之外,还将依托涉及不同领域和研究主题的研究中心、研究所等科研力量,建立"京津冀协同发展研究中心""城市治理能力评估研究中心"和"首都城市战略定位发展研究中心",分别加强对京津冀产业对接及协同发展战略、北京治理水平与治理能力现代化、北京古都保护与可持续发展、北京文化中心发展等诸多问题展开研究,为北京市委市政府决策提供高端智力支持。二是探索有利于促进竞争发展的开放流动型用人制度。特别是在发挥现有科研机构学术优势的基础上,尝试推行"跨越管理边界"的高端智库专业研究团队组建方式,努力打破人才使用上的部门分割、身份分割。三是加快科研管理制度创新和体制机制改革。主要有两个方面的创新点:一方面,针对考核评价和人才岗位聘任进行了制度创新,制定出台《北京市社会科学院高端智库成果评价办法》,按照高端智库成果的决策影响力、学术影响力、媒体影响力、公众影响力、国际影响力等,制定具体量化评价指标体系;实行用户评价、业内评价和社会评价相结合原则,建立科研立项评价、中期评价和结项评价制度,严格评价奖励淘汰机制,探索智库工作人员能上能下的竞争机制和退出机制。另一方面,针对经费管理和科研质量以奖代补进行制度和机制创新,制定实施《北京市社会科学院高端智库专项经费管理办法》《北京市社会科学院高端智库建设智力报偿管理办法》,建立高端智库建设智力补偿机制,建立和完善基础资助、人才资助和后期成果资助等创新机制;建立智库建设报偿专项基金,通过以奖代补方式,给予科研人员智力报偿。这两方面创新的实质,是为了强化规范管理的同时充分地调动科研积极性,释放科研活力。除此之外,北京市社科院还非常重视社科院智库建设的组织、人才、经费和学术生态方面的保障,值得一提的是,除了加强组织领导,完善内部管理制度,建立多元化、多渠道、多层次智库资金保障体系之外,还在地方层面上注重整合资源和借力国际高层次智库力量来促进发展。譬如,建立健全智库研究人员到党政机关、驻外机构、地方和基层挂职锻炼,派本院高端智库研究人员和工作人员到国际知名智库进修访学,等等。这对于在地方层面上打造高端研究智库、提升研究能力都有较为重要的意义和作用。①

2. 上海实践

上海是长江三角洲的首位城市，也是我国改革开放的前沿城市。在上海市快速发展的历史进程中，上海市的哲学社会科学界起到了重要的推进作用。而上海市社科联和上海市社科院则是上海市推进哲学社会科学繁荣发展的两大重要主体。其中，上海市社科院是全国最大的地方社科院，也是上海综合性很强的人文和社会科学研究机构。近年来，上海市社科院大力实施智库建设和学科发展"双轮驱动"战略，重点以创新工程为主要抓手，创新社科体制机制，促进科研、管理和人才的全面发展，推进国内一流的高端智库建设，为国内地方社科院加强哲学社会科学创新基地建设和新型智库建设提供了较好的示范引领。

上海市社科院的智库研究和建设充分体现了"着眼全国、突出特色"的发展特点。一方面，推进了全国性的智库研究平台建设。在2009年，上海市社科院成立了全国专门开展智库研究的学术机构"智库研究中心"，专门围绕智库发展的重大问题展开研究，加强国际交流和国内合作，打造智库研究平台，建设"智库的智库"。从2011年起，上海市社科院智库研究中心与美国宾夕法尼亚大学建立合作交流关系。从2013年起，中心积极借鉴麦甘"智库与公民社会研究（TTCSP）"项目的研究方法，专门研制了中国智库的评价标准与方法，设计了从决策影响力、学术影响力、社会影响力、国际影响力、智库成长能力五个方面对智库进行评价的"中国智库影响力评价指标体系"，并从2014年起，每年初定期发布年度《中国智库报告》，对部委直属事业单位智库、地方党政智库、地方社科院智库、高校智库、社会（企业）智库按系统进行了排名，获得了政府部门、智库、学界，以及国内外媒体的热烈反应和积极评价，对全国的智库建设和发展起到了积极的导向和参考作用。② 另一方面，加强了上海市社科院智库建设。上海市社科院是全国地方社科院中唯一一家进入首批国家高端智

---

① 李雪：《北京市社科院新型智库建设的探索与实践——北京市社会科学院党组书记、院长王学勤访谈录》，《经济师》2017年第3期，第6—8页。

② 上海社会科学院智库研究中心：《2017年中国智库报告——影响力排名与政策建议》，2018年3月19日，上海社会科学院网，http://www.pjzgzk.org.cn/upload/file/20180319/20180319142204_402.pdf。

库建设试点单位的智库。其智库建设定位是"'国家战略'的地方版",坚持服务国家战略,聚焦上海实践。智库建设中突出了几个重视:重视智库的项目立项,主要瞄准高端课题,紧密围绕国家和上海改革发展的重大问题,积极承担中央以及各部委交办的重大课题,在一大批重大攻关项目和学科前沿系列研究中取得了较显著的成果。重视政研交流协作机制的建立,特别是建立起了常态化的智库建设座谈制度,积极邀请上至国家部委、上海市级部门,下至街道社区的领导和实务工作者,与智库管理人员、研究人员进行座谈,明确国家、上海发展战略以及改革实践中面临和存在的困难、问题,增强智库研究选题立项的针对性和有效性。此外,还高度重视智库平台建设,譬如编撰《新智库专报》,就智库的重大研究成果及时向中央、国家部委以及上海市委市政府领导班子呈送;举办智库论坛,如"世界中国学论坛"、"四新"经济沙龙暨上海发展论坛、当代中国马克思主义研究创新论坛等,就前沿性、前瞻性和重大性问题展开研讨;积极组织、参与各种形式智库交流,推进国内外智库合作交流,等等。

　　上海市社科院将创新工程作为智库建设和学科发展的重要抓手,以此来促进全院管理、科研和人才队伍的总体推进。在创新研究所体制机制、调整处室职能部门机构、建立以科研核心竞争力为内容的研究考核机制的基础上,上海市社科院2014年在地方社科院中率先启动"哲学社会科学创新工程"。首先,建立了整套完善的创新工程制度规范,如《上海社会科学院哲学社会科学创新工程总体方案》《上海社会科学院创新型智库管理办法》《上海社会科学院创新型学科管理办法》《上海社会科学院创新型人才管理办法》《上海社会科学院创新工程经费管理办法》《上海社会科学院新型技术支撑人才管理办法》等,对创新工程的申报、经费、考核、人员进出机制等作了全面详尽的规定。其次,构建了公开择优竞争的创新工程进出机制。上海市社科院创新工程的申报主要确立了创新学科、创新智库和创新人才三大类别。创新学科,主要是针对基础理论研究项目的创新型学科团队申报;创新智库,主要是针对应用决策研究项目的创新型智库平台团队申报;创新人才,则主要是特色人才和优秀青年人才的个人申报。为确保公开择优竞争,确立并严格实施了"申报—资格初评—院外专家评审(由上海市哲学社会科学规划办负责第三方评审)—院创新工程学术委员会无记名投票表决—院党政联席会议终审—全院公示"的程序,从而较大程度地保证了入选团队和个人的研究创新能力。到2016年底，上海市社科院完成了三批创新工程申报，共确立了60个团体。针对入围的创新团体和创新个人，提供了为期五年的资助。在推行创新工程的智力报酬机制的同时，也加强了对创新工程的管理，创新团体实行首席专家负责制，以确保创新工程出实效。在资助期间，所有创新团队都签署绩效任务协议书，确保团队五年规划实施，并要求有明确完整的工作路径、进度、标志性成果等。此外，强化了绩效导向，对创新团队进行年度成果检验、中期评估和终期考核，对中期评估中明显无法完成预期任务的团队将实行退出机制，对终期考核中表现突出的团队给予重奖。[1] 在管理过程中，上海市社科院非常重视先进科技的运用，年终考核已实现了信息化系统管理，极大地缩短了科研成果"申报—考核"的流程，提高了管理效率，也确保了成果考核的公开公正。上海社科院的实践反映出，创新工程带动社科体制机制革新，较好地激活了社科研究动力。通过创新工程的深入实施，近年来，上海市社科院一批对接国家重大问题的研究成果正在显现，很多应用研究呈报进入上海市委市政府乃至中央的决策；一批国家级平台不断形成、具有国际影响力的项目也在不断成熟，在增进国际国内学术交流的同时，为"讲好中国故事""传播中国声音"发挥了积极作用。

上海社科联则是在全市的层面上加强了社科资源的整合和运用。在整合过程中，高度重视社科院、学会、高校等不同机构的特点，实施差异化发展战略，推进上海新型智库建设和社科普及宣传。

在新型智库建设方面，上海市社科联发挥联系高校、党校、社科院、部队院校、党政部门研究机构的桥梁纽带作用，积极推进了研究机构建设和体制机制创新。代表性的创新举措：一是加强机构建设，如成立了上海市改革创新与发展战略研究会，专门对上海和我国改革创新发展的战略、动力、体制、机制等问题开展研究；加大民间智库的培育，对于上海党建文化研究中心、上海华夏社会发展研究院等能力出众的民间智库，通过购买服务的方式促进其展开相关课题研制。二是创新了智库建设信息交流与沟通机制，搭建了"官学互动"平台，建立上海市领导与沪上社科工作者的常态化对话交流机制，交流内容涉及上海经济社会发展中的重大问题。

---

[1] 《上海社科院创新工程正式启动》，《社会科学报》2014年6月12日第4版。

三是打造智库品牌,如创办《上海思想界》内刊、追踪热点问题、关注敏感话题,形成专报、内参和月刊三个研究成果转化载体,推动学术传播和决策咨询;创设"上海发展沙龙",每月围绕国际、国内政治经济新形势和社会发展新情况,邀请国内外具有影响力的顶尖学者作演讲、开展研讨;举办"学术茶座",设"上海思想""沪上学人""四个中心建设"等系列,围绕上海全面深化改革的重点领域组织专题研讨,等等。①

在社科普及传播方面,除了出版科普读物,开展科普活动周、学会特色科学活动、科普交流活动之外,还高度重视科普监测评估。在 2015 年,与新华社上海分社合作推出了"上海市民时政关注指数"项目。通过调动全媒体监控平台,运用先进的舆情分析系统,对每个月的时政话题进行活跃度、影响力、传播层次、价值因子等多维度的数据整理与分析,预选出关注度较高的时政话题,再精心设定调查问卷,对上海市民群体开展抽样社会调查。在综合时政话题监测数据和市民群体抽样调查结果的基础上,形成月度指数报告,并进而对一些重要的科普平台、科普活动进行导向。如上海在全国具有较大影响力的科普平台"东方讲坛",依据每月发布的市民时政关注指数,创新推出了"东方讲坛·时政关注系列论坛",邀请社科界著名专家学者进行分析点评,并回答现场听众提问,为市民提供更科学理性、针对性更强的指导。②

3. 广州实践

广州一直是我国改革开放的前沿阵地之一。近年来,在中央强调实施哲学社会科学创新工程、建设中国特色新型智库的发展战略中,广州市社科联充分发挥"联"的优势和"合"的作用,凝聚广州地区高校、党校、社科研究机构以及学会等资源力量,在社科基地建设、项目研究、舆论引导和成果转化等方面进行了积极探索。③ 广州市社科院作为综合性专门性的社科研究机构,聚焦广州城市发展战略,组织开展重大课题研究,积极

---

① 刘世军:《上海市社科联探索建设新型智库》,2015 年 10 月 28 日,红网,http://ldhn.rednet.cn/c/2015/10/28/3825009.htm。

② 上海市社会科学界联合会、新华社上海分社:《上海市民时政关注指数报告》,2015 年 2 月 5 日,上海市社会科学界联合会网站,http://www.sssa.org.cn/gzdc/676129.htm。

③ 广州市社科联:《凝聚社科智慧力量 发挥咨政建言作用》,全国大中城市社科联第 28 次工作会议交流材料。

打造新型智库平台，实施科研品牌建设工程，培养引进高层次人才，创新成果发布平台与宣传模式，等等。① 广州市社科联和广州市社科院的这些探索为推动广州经济社会科学发展做出了积极贡献，也为地方城市社科发展和智库建设积累了创新经验。概括起来，广州的社科创新主要体现在以下几个方面：

第一，在社科项目研究中重视和突出"问题引领""需求引领"导向。广州市社科联在科研项目立项和选题方向，表现出了强烈的问题意识，始终围绕着市委、市政府的中心工作组织规划课题研究，课题立项重点瞄准广州重大发展战略或经济社会发展中亟须解决的热点、难点问题，如建设枢纽型网络城市、建设有全球影响力的资源配置中心、构建高端高质高新现代产业体系等立项课题，体现了很强的服务决策咨询的针对性和有效性。在此过程中，还采取了一些重要举措来增强规划课题的问题导向引领。例如，发挥市委书记、市长圈题招标课题的引领效应，组织应用决策研究，到2017年，连续举办了28届市委书记、市委圈题招标课题，将"广州建设枢纽型网络城市和提升全球资源配置能力研究""广州改革开放40年的历史和经验研究""广州特大城市社会治理能力现代化研究"等直接由广州市委书记和市长圈题的招标课题纳入广州市社科规划项目组织管理，加大课题经费投入，实施跨部门跨学科的协同研究，不断提高招标课题的研究质量，为广州市委、市政府决策服务；再如，对接各部门各区实际需求制定课题指南，每年初向广州市委、市政府主要职能部门及各区委、区政府广泛发函征求研究题目，多次召开课题规划座谈会征集意见，反复修订课题指南，确保课题规划研究对症下药、满足需求；围绕经济社会发展中的突出问题，组织专家学者进行深入研究探讨，等等。这些举措促进了社科规划课题覆盖面和影响力的拓展，增强了研究的针对性。

第二，打造和建设新型智库平台。广州市社科联以新型智库建设为契机，创新了一批特色鲜明、优势明显的重点研究基地，仅2016年，通过与中山大学、华南理工大学、暨南大学、华南师范大学、广东外语外贸大学、广东工业大学、广州大学、广州市社科院等16个高校和研究机构共建

---

① 广州市社会科学院：《建设新型城市智库　服务国家中心城市发展——广州市社会科学院建设城市新型智库的实践与探索》，全国城市社科院第十二次院长联席会议暨城市智库联盟第二届年会交流材料。

了35个研究基地，进行大力资助，推动人文社科重点研究基地向新型专业智库转型，积极参与重大现实问题研究，促使这些研究基地研究成果整体水平得到较大提升，很多研究成果被中央和当地省、市有关部门吸收，得到转化应用。不仅如此，广州市社科联还加强了基础性和枢纽型学会组织、智库人才队伍的创新培育。例如，结合广州实际，建设广府文化学会等具有地方历史文化特色的学会组织；创办"城市观察"智库交流平台，围绕广州重大发展主题举办圆桌会议，研究和探索城市发展的科学规律与路径，等等，通过搭建丰富的载体和平台，不断凝聚学术团队、推动理论创新。

广州市社科院，在智库平台建设方面，体现了更开放、更广阔的视野创新，既充分地发挥广州作为国家中心城市和改革前沿城市的引领作用，促进了全国的地方社科院的开放式、多层次、跨领域的智库联盟建设，又重点立足广州，加强了服务广州的新型智库建设。2015年，由广州社科院牵头，邀请全国副省级城市社科院共同发起成立了"全国城市智库联盟"，以实现"共享研究资源，汇集咨询成果，提升社会影响，引领城市发展"为发展目标。主要推进举措包括：举办学术论坛，打造城市发展高端智力峰会，以召开"全国城市智库联盟年会"或支持各城市社科院主办全国性的学术会议的形式，围绕当前城市发展和智库建设中的重大问题展开深入研讨；积极运用新媒体、网络技术，建设运营传播平台，打造城市智库的门户网站，作为宣传推广城市智库的重要平台；统筹协调各城市社科院，促进基础数据的共建，建设中国城市发展数据库；加强院际合作、协同开展大型联合调研课题，推进地方社科院更好地服务于地方发展，为宏观决策提供参考。而立足于广州这个层面上，广州市社科院明确确立了"建设与广州国家中心城市地位相匹配的有国际影响的专业化新型城市智库"的发展目标，具体构筑了院智库、专业化智库两个层面的智库体系。其主要做法，一方面，集聚优势资源，把社科院建设成为与广州国家中心城市地位相匹配的有国际影响的综合性新型城市智库，成为广州新型智库建设的典范；另一方面，组建广州城市战略研究院、广州国际城市创新研究中心两个专业化智库平台，重点在改革试点，探索实施更为灵活的体制机制。其发展构想是建成开放式新型智库平台，立足全球视野，对接城市发展战略研究与实践前沿，重点围绕广州城市发展重大战略需求开展前瞻性、长期性决策研究，及时有效地为市领导提供具有前瞻性和实用性的战略参考，为全球化背景下广州城市发展重大战略制定提供智力支持。

第三，大力推进社科品牌的建设。广州市社科院从2015年开始，实施科研品牌建设工程，以五年为建设周期，对研究团队每年投入20万元，重点打造"城市竞争力比较研究""中心城市与区域合作""社会变迁与社会治理""广州产业经济"四大院级科研品牌研究团队，着力优化科研人才梯队，加强对外交流与合作，大力宣传优秀科研成果和专家，着力提升社科院综合实力、学术影响力和社会美誉度。广州市社科联则围绕学术研讨、学术交流和社科普及，积极创办影响力大的社科品牌。例如，创办"广州新观察"学术研讨品牌，从2015年到2017年，基本达到月均一次的频率，广泛邀请北京、上海等全国知名专家学者和广州地区政界、学界、企业界和媒体界的精英，共同探讨广州改革发展和现代化建设中面临的重大理论和现实问题，此外，还通过创作大型纪录片《穿越海上丝绸之路》、广州文献典籍《广州大典》等文化精品，做大做强"开卷广州"市民阅读活动品牌，以及创办"广州学术季"品牌，积极组织开展创新企业家进高校系列讲座、广州地区高校校长访谈活动、系列学术研讨活动、创新创业纪录片公益展影等，扩大社科交流和普及，提高广州市人文社科科研的整体水平和影响力。

第四，重视和加强创新型人才的培育培养。广州市社科院非常重视高层次创新人才的培养引进。在博士后创新实践基地基础上，积极筹备博士后科研工作站申报工作，并于2015年10月，正式获批设立博士后科研工作站，成为目前全国设立博士后科研工作站的六家地方社科院之一。自此，广州市社科院将博士后科研工作站作为广州高层次人才培养的重要基地，在促进高层次创新人才培养引进和对外学术交流合作上面发挥了较大的作用。一方面，通过博士后招生面试工作，择优录取博士后研究人员入站开展博士后研究工作，促进了国内外高层次创新型优秀人才的吸引、培养和使用，也增进了优秀社科人才的储备；另一方面，通过与中国社科院经济研究所、中国社科院社会学所、北京大学经济学院等单位签署合作协议，与上海大学安泰管理学院、中山大学社科学系达成合作意向等，强化了与国内外科研院所的学术交流合作，从而间接地促进了社科人才能力的提升。广州市社科联在推进新型智库建设进程中，大力实施"羊城青年学人"计划,通过资助研究项目,组织广州地区 40 周岁以下的青年社科工作者积极开展决策咨询研究,探索推动广州地区青年学人学术共同体机制,重点发挥青年学人在学术交流、课题攻关等方面的潜能和积极性,锻造青年社科人才队伍。

第五,不断推进科研手段和方法创新。顺应信息化快速革新发展的趋势,广州市社科院积极推进哲学社科方法和手段的创新。主要做法:一是完成了广州研究综合数据库系统整合,对前期开发的经济社会数据库、文献资源库、外购资源库进行梳理与整合,形成了统一入口的广州研究综合数据库系统并投入使用。二是在 2015 年底建成城市智库数据交换平台,以先进的可视化技术开发了一个可供全国城市社科联盟进行数据交换、数据共享、数据调查、数据挖掘以及数据展示的海量数据库,打造了一个可为地方政府提供决策参考、面向社会服务的专业城市数据交换平台。这一平台为各城市社科院间数据的交流与汇聚、实现数据和研究成果的共享提供了方便。三是建立了"城市智库观察""广州社科在线"两个微信公众号,具体涵盖了前沿观察、国际视野、新政解读、热点聚焦、转型与重构、数据透析、广州瞭望、决策纵览等专栏,为社科研究提供了广阔的视域。四是启动社科院英文网站建设,对外推介院里专家学者及最新科研成果,扩大了对外宣传和对外交流的平台载体。

4. 南京实践

南京是我国东部重要的中心城市,也是国内社会科学学科建设、理论研究综合水平处于全国前列的地方城市之一,其所主办的《南京社会科学》在副省级城市社科联(院)主办的期刊中持续保持第一,是国家社科基金资助的唯一城市社科期刊。而且,南京市社科院和南京市社科联也是一种合署办公体制,在全国地方城市当中极具代表性。近年来,南京积极探索,现代新型智库体系建设的特色化、专业化、国际化与集成化特点非常明显,为各地新型智库建设提供了较新的路径与启示。主要体现在几个方面[①]:

一是服务南京城市发展战略,全面转型应用对策研究。与国内其他城

---

① 南京市社会科学院:《从体系到机制的再造——以南京为例探讨中国特色新型城市智库的建设》,全国城市社科院第二十六次院长联席会议暨城市智库联盟第二届年会会议交流材料。

市一样，南京对于社科研究的定位和发展方向十分明确，把服务于南京发展的应用对策研究作为社科研究的主攻方向，努力提升决策咨询能力。为了保证应用对策研究的针对性和实效性，南京市社科联（院）探索实施了命题研究制度。从2005年起，每年初由南京市委、市政府主要领导圈定当年的重大决策咨询课题，然后组织科研人员深入开展调查研究，到2016年，先后完成了《苏南现代化指标体系研究》《美丽中国标志性城市的监测评估与建设战略》等200多项省、市主要领导下达的重大社科咨询课题，在江苏省委省政府和南京市委市政府决策过程中发挥了重要的咨询作用。此外，还通过与当地省市党委政府及众多基层部门联合开展研究、组织"南京发展高层论坛"等方式，加强纵向和横向的咨询科研协作、打造学术活动咨政平台，提升决策咨询能力。

但是值得注意的是，向应用对策研究的转型，并不意味着对学科建设和基础理论的弱化。南京市社科联在突出应用对策研究的同时，也十分重视和学科建设和基础理论研究。一方面，充分发挥南京高校云集、基础理论研究力量强大的优势，在巩固加强哲学、史学等传统优势学科的同时，大力培育发展区域经济、生态经济、空间规划、城市文化、和平学等一批新兴学科和交叉学科，出版了很多有影响力的理论研究丛书和学术专著；加强了研究基地建设和以《南京社会科学》为代表的学术期刊建设，并且大力鼓励申报国家社科基金项目、江苏省社科规划课题等，完成了一大批学术理论精品。

二是加强多层次的协同合作，构建政、产、学、研一体的智库发展格局。具体从三个层面强化了合作和平台建设：第一个层面，加强与江苏省内外高校、研究机构的合作，譬如，南京市社科联（院）先后与江苏省内外的高校、研究院所联合成立了"中国（南京）城市发展战略研究院""长三角国际经济文化研究中心""南京历史文化研究中心""宁镇扬协同创新研究中心"以及"创新型城市发展与评估研究院"等，共同承担和推进重大项目研究。第二个层面，与各级实际工作部门合作，譬如，先后与当地部分区县、街道以及市级部门联合成立了"河南新城发展研究院""江宁人口与发展研究中心""新街口街道社会管理创新研究中心""一带一路（中国—文莱）历史文化研究中心"等一大批研究基地和中心，努力让社科研究的触角向基层延伸、向一线拓展。第三个层面，加强与国内其他城市的横向交流。每年在冬夏两季安排集中交流调研月，鼓励单独与联合外出调研，与国内各城市社科界以及国外的一些高校建立广泛的互访交流关系，并且建立外聘研究员制度，面向江苏省内外聘请100多名不同领域的专家学者，促进合作研究。

三是构建多形式的平台载体，促进社科成果应用转化。南京市社科联发挥"联"的优势，利用专家学者建言、优秀成果集中包装转化、报送内参、新媒体平台等多种形式的咨政成果转化平台载体，促进了社科成果应用转化。例如，鼓励在市、区的人大、政协及各种专家咨询委员会中担任代表和委员的专家学者，充分运用权责，在实际工作中建言献策、推介研究成果；年度性地召开驻宁各大媒体参加的课题研究发布会，集中宣传当年重大课题研究成果，并集中出版发行在国内有较大影响的社科著作；合并改版了《咨政专报》《民调专报》等内报，把学界最新理论研究成果和学术前沿动态报送党委政府领导参阅；建立"成贤智库圈"微信公众号，借助新媒体的影响力来提升社会公众对社科研究、社科普及的关注度等等，促进社科研究成果多层次、多角度地应用转化。

5. 重庆实践

重庆是西部重要的国家中心城市之一。自重庆直辖之后，重庆市社科院、社科联加快发展，对推进重庆哲学社会社科的发展做出了重要贡献。重庆市社科联坚持问题导向和需求导向，分层推进各类社科项目研究，改革项目管理方式，大力夯实基层社科组织和基地建设，探索建立常态化的社科普及宣传，推进了重庆哲学社会科学的繁荣发展。重庆市社科院也围绕建设"有中国特色的新型智库"，立足于重庆经济社会发展的现实需求，深入研究重庆市委市政府所面临的重大理论和现实问题，为重庆市委、市政府决策提供了重要的参谋助手。而且，重庆市社科院紧紧抓住制度创新这一核心，探索创新了"四大平台""五大机制"，为地方新型智库建设提供了重要的经验借鉴。

四大平台，主要包括"论坛、项目、奖项和学科建设"四大科研平台。重庆市社科院通过创设这四大平台，全面整合了市内外社科研究资源的能力。具体举措：一是在2003年由中共重庆市委、重庆市人民政府、国务院发展研究中心发起创设，中共重庆市委宣传部、重庆社会科学院、重庆市人民政府发展研究中心联合承办"重庆发展论坛"这一高层次、权威性的常设论坛。通过聚焦国内外知名专家、业界精英、政府官员和主流媒体，打造了一个共商热点问题、畅谈各家观点、发布最新信息的高端互动交流平台，使其成为推动学术交流和高层对话，展示重庆乃至西部形象、促进重庆对外交流与合作、推进西部地区加快发展的一张都市名片。二是2004年创设了重庆市重大决策咨询研究项目这一省级项目平台，每年面向市内外的大专院校、科研院所、党政机关、大型企业、行业协会、国际组织及其他符合条件的机构或组织公开招标围绕重庆发展战略的重大、重点项目研究课题。三是在2006年创设了重庆市政府发展研究奖这一省级政府奖励平台。这一平台和前面提及的重大决策咨询研究项目平台，对于整合全市社科力量，围绕重庆经济社会发展开展研究起到了极为重要的推进作用，至今仍是省级社科院、政府发展研究中心中唯一的省级项目平台和奖励平台。四是在2014年搭建了两个学科建设平台：通过成功申报市级公共政策博士后工作站，搭建起了培育和汇集决策咨询研究人才的重要平台；与西南大学共建重庆公共政策研究中心，在决策咨询、科学研究、人才培养等方面实现资源共享、优势互补、发挥合力，共同培养"政治哲学与公共政策"方向的博士研究生。

"五大机制"，主要包括：重大决策咨询课题运作机制、调研工作机制、成果转化激励机制、科研成果发布机制和对内对外学术交流合作机制。

第一，通过完善重大决策咨询课题运作机制，增进地方智库对党委政府的服务能力。重庆市社科院重点在抓选策划、研究组织、成果转化三个方面着力，建立起了较为完善的重大决策咨询课题运作机制。在选题策划上，着重突破了闭门拟定科研选题的工作模式，通过走出去开展调研和请进来且织召开专题研讨的形式，提升对重庆经济社会发展问题的把握能力。全年围绕重庆市社会经济发展的"重点、难点、热点"问题，分专题、按季度地滚动式发布重庆市重大决策咨询招标课题，组织市内外专家展开研究。在研究组织上，围绕产出高水平资政研究成果的核心目标，建立完善"发展研究中心＋政府部门＋咨政专家"三方协同研究的工作机制。在成果转化上，完善"刊物编辑部＋职能部门＋咨政专家＋院内专家＋作者"五方参加的稿件会商制度，变"背对背"的交流为"面对面"的沟通，保证资政成果问题准、建议新和招法实。同时及时将资政研究成果转化成为《决策建议》《决策建议要报》《领导决策参考》等报送市领导，为市委市政府科学决策提供参考。第二，通过规范调研工作机制，增强新型智库研究成果的现实指导性。重庆市社科院在鼓励科研人员深入基层调查研究方面采取了多种激励和规范措施，譬如，积极搭建平台，通过与华龙网联合共建了重庆民情调查研究中心，在全市确定固定社情调研点；健全管理制度，制定《重庆社会科学院重大调研课题组织管理办法》，并编制工作手册，指导、督促各课题组及时、规范、深入地开展研究，采用公告通报方式，定期通报研究进度进展情况；鼓励吸纳有关市级部门和高校的研究人员参与到各课题组，共同开展研究，等等，鼓励科研人员在课题研究中深入全国有关省市以及全市有关区县调研。第三，通过强化成果转化激励机制，增强新型智库的决策影响力。重庆市社科院高度重视成果转化激励机制建设，在2015年，修订了《重庆社会科学院咨政成果配套资助实施办法》，加大了物质激励力度，对研究成果获得党和国家领导人肯定性批示，获得中央和国家部委、重庆市委、市人大、市政府、市政协主要领导肯定性批示，被采纳转化为工作安排，获得中央和国家部委、重庆市委、市政府分管领导肯定性批示，被部门采纳转化为工作安排的相关研究成果分别给予不同的配套资助，以激励社科研究直接服务于党委政府决策。第四，通过拓展科研成果发布机制，增强新型智库的社会影响力。为扩大和提升科研成果的影响力，重庆市社科院建立了形式多样的成果发布平台和载体。例如，围绕一些重大研究成果，如《重庆农产品电商产业发展研究报告》《"一带一路"相关国家的贸易关系研究报告》等重大研究，以项目研究为载体，通过大众媒体和学术研讨会等方式及时发布研究成果，打造富有特色的研究品牌，推出权威发布，来扩大影响力。再如，通过策划重庆智库圆桌会、咨政研究大家谈，组织重庆改革发展形势讲座、咨政建议讨论会、咨政成果发布会等学术研究活动，为党委政府决策提供参考。此外，还积极借助重庆智库网、微信公众号等网络媒体，搭建学术交流与开放合作平台，及时充分发布各类信息和研究成果。第五，通过创新对内、对外的学术交流合作机制，扩大国际学术影响力。重庆市社科院成立了对外学术交流中心，通过加强与一些国外研究机构的合作、参加国际国内理论研讨会、学术论坛和政策形势分析会、组织学术交流团赴国外交流等多种方式"走出去"。目前，重庆市社科院已与美国、日本、澳大利亚、英国、印度、巴西、智利、匈牙利等国家的高校和研究机构，建立了较为稳定的学术关系，并开展经常性学术活动。

通过平台和机制的创新，近年来重庆市社科院在课题研究、省部级以上获奖、成果应用以及理论宣传、学术交流等诸方面有了较为明显的提升。在最近两年光明智库评价的国内智库排行榜和上海社科院的全球智库排行榜中，重庆社科院在全国地方社科院系统的影响力都位居前列。①

（二）国内城市社科创新发展的总结启示

除了以上五个典型城市之外，全国其他各地的社科院、社科联也在围绕地方新型智库的建设，实践哲学社会科学发展新理念、深化社科理论和应用研究、推进社科体制机制创新，在此过程中，彰显了各地社科发展的地域化、特色化和专业化特点。但是，全面梳理各地社科院、社科联的实践举措，可以发现，各地推进社科发展创新也存在着诸多共同点。概括起来，主要有以下几个方面。

1. 社科研究总体上呈现出重应用、强合作的发展趋势

从全国各层级社科院、地方社科联的社科研究来看，都将"服务于各级党委、政府、社会的重大政策和公共决策"作为重要宗旨，相关课题研究都紧密围绕党和国家重大发展战略、地方经济社会发展中面临的重大问题展开，呈现出了较为强烈的应用对策研究趋向。应用对策研究的比重随着社科研究机构层级的降低而不断增大。在省级或者"较大的市"级的社科研究机构，由于服务的党委政府决策层级距离基层更近，面对的应用对策研究需求更多，社科基础理论研究的目的更倾向于为应用对策研究提供依据和支撑。实践中，各地方社科院对本地和区域的经济社会发展状况较为熟悉，进行应用对策研究领域的优势相对比较明显。而且，为了更紧密地对接地方党委政府需求，为地方党委政府提供具有较强现实意义的决策咨询服务，很多地方城市社科院在课题选题、立项机制方面进行了探索，推行的一些重要制度、机制，如地方党委政府主要领导圈题制度，邀请党

---

① 重庆社会科学院：《推进城市社科院新型智库建设的一些探索》，全国城市社科院第二十六次院长联席会议暨城市智库联盟第二届年会会议交流材料。

政部门领导、基层街道社区等不同主体参加的智库选题座谈制度等，都可圈可点，为地方社科研究机构确定科研项目、确保科研服务地方经济社会发展的方向不偏离提供了保障，具有较为强烈的现实性和可操作性。

从地方改革发展战略的需要来看，地方社科院、社科联等地方性的社科研究机构往往具有学科领域单一、研究力量薄弱的特点，独立承接完成本地重大课题项目的能力受限。为此，很多地方社科院和社科联在研究问题时，高度重视资源力量的整合。从北京、广州、南京等地看，当地社科院（联）在发展中不局限于自身力量，而是秉着"不为所有，但为所用"的理念，突破行政区域框架的束缚，通过借力其他高端智库力量实现合作攻关。一是在具体的课题项目攻关过程中，很多地方社科研究机构非常重视组建课题研究团队的学科人员配置，积极采取"引起来"的措施，吸引国家层面或省级层面的高端智库研究人员，整合研究资源和充实研究力量，提升协同合作攻关的能力和水平。二是在研究基地建设、学术交流合作等非具体课题项目推进中，重视打通纵、横向部门和相关机构的联系，鼓励和实施"走出去"的各种举措，促进思想和文化交流，为社科平台建设、社科研究发展奠定广泛而坚实的基础。

2. 社科研究与管理面临着信息网络加快发展带来的机遇和挑战

从国内社科研究与管理的发展来看，信息网络化的快速发展与应用带来的机遇与挑战并存。各地、各层级的社科研究机构对此都有着较为清醒的认识。各地的社科院、社科联目前正逐步将信息网络技术应用于科研管理、社科学术交流平台建设，以及社科研究信息的采集检索等方面，如推行科研年终考核的信息化系统管理、整合社科研究综合数据库系统、建设智库数据交换平台、打造科研院所的微信公众号等，这些都对提升社科管理与社科研究效率起到了积极正面的促进作用。但是，信息网络化的快速发展也带来了更大挑战。在信息网络化时代，打破地域分割、加强信息资源合作与整合、实现信息资源共建共享是各领域互促共赢的发展要求。而目前，国内很多社科研究机构对新的信息网络技术的应用还不到位，而且各地社科系统之间合作不够、信息数据库建设滞后、信息数据资源的共建共享机制非常缺乏。不仅如此，信息网络发展也必然带来社科研究思维和方式的改变。适应信息网络发展新形势，要求在社科研究中引入大数据、云计算等新技术，融入依托于信息网络的数据科学和数据思维，推进社科研究的革新发展。在新形势下，进一步加强理论知识学习、加强跨学科的交流与合作、不断提升社科研究能力和水平是国内社科界，特别是新型智库建设面临的一个重大课题。

3. 创新社科体制机制成为激发社科研究活力的核心要素

社科管理体制的僵化是影响和制约社科研究创新的重要因素，这是目前国内社科界较为普遍的共识。正因为如此，在各地的社科改革创新中，都把制度和体制机制的创新作为解放和激活科研生产力的重要抓手。如中国社会科学院、上海社会科学院等国内一流的社科研究机构，持续多年推进创新工程，其中最核心、最关键的创新就是制度创新，力图通过在用人制度、科研体制机制、组织管理方式、资源配置等各方面进行突破，最大限度地调动科研队伍的积极性、激励多出人才、多出成果。

从国内众多城市来看，位于不同层级的社科联或社科院所受到的体制束缚也有较大差异。在社科体制机制改革创新中，中国社科院和部分发达地区的省级社科院、社科联总体上走在前列，在构建灵活高效的社科管理体制机制方面积累了一定的经验。而大部分地方城市社科院、社科联，体制机制改革的掣肘之处仍然较多。特别是各城市社科院多为公益类事业单位，其现有管理制度一般仍是按照行政机关的办法进行管理，管理制度一刀切，没有充分考虑社科院作为社科研究机构的特殊性和社科研究特有的发展规律。譬如，刚性管理编制不能满足和体现按需设岗的发展要求、课题经费管理缺乏激励机制、科研经费使用的效率和合理性不高、评价手段简单和指标单一等，这些问题严重地影响到了地方城市社科院的智库功能的提升和发展，与地方城市加快建设新型智库的定位和要求存在较大的差距。对此，很多地方社科院也正在尝试通过争取地方政府的支持，制定或修改新的科研经费管理办法、科研考核管理办法，分类推进改革，等等，来破除旧有的体制机制束缚，促进社科资源的合理配置，以最大限度地发挥激励作用，释放更大的科研创造力，保障和实现社科研究手段与方法创新、社科学术观点和思想理论创新，推进地方哲学社会科学的繁荣发展，更好地发挥地方党委政府的"思想库"和"智囊团"作用。

4. 突破人才瓶颈是智库建设和发展面临的关键问题

各地社科界在发展中都意识到，在哲学社会科学进入创新发展的新阶段后，人才问题已经成为制约社科创新，特别是新型智库建设的重要瓶颈问题。国内各地社科院、社科联进行体制机制创新的中心实际上是各类社科人才，创新的实质是为了广泛地调动社科人才的积极性。除此之外，各地还非常重视创新型人才的培养和引进，譬如广州社科院通过博士后科研工作站作为高层次人才培养的重要基地，加强优秀社科人才的培养和储备；北京、上海、南京以及国内其他地方也都在实施各类人才计划，加强青年社科人才队伍的锻造和高层次复合型人才的吸纳。在未来各地的新型智库建设中，人才仍将是地方智库竞争胜负的决定性因素。加快新型智库建设，必须积极推进实施哲学社会科学人才工程，加大社科人才队伍培养力度，重视和加快高层次人才的引进，同时还要从制度着手，健全人才保障体系、搭建人才发展平台、优化科研考核评价体系、完善职称评聘制度等，探索形成有利于哲学社会科学人才发展的良好激励机制，培养和造就种类齐全、梯队衔接的哲学社会科学人才队伍，为新型智库的加快建设和哲学社会科学的进一步繁荣发展奠定坚实的人才基础。

第 三 章

成都哲学社会科学的发展历程回顾

改革开放以来的近 40 年时间，成都经历了历史上前所未有的经济快速发展、社会结构深刻变化和城市面貌巨大改变。适应并回应时代的发展，成都的哲学社会科学也步入了前所未有的繁荣发展阶段。在成都经济社会深刻变革的进程中，哲学社会科学关注对象不断扩大、研究领域不断拓宽，哲学社会科学的研究机构、管理体制、普及宣传等支撑社科研究的组织、制度和载体不断地发展和完善。立足于新形势，回顾和反思成都哲学社会科学的发展，是对成都改革实践的社科视野的关注，是新时代深入推进成都哲学社会科学大繁荣大发展的现实需要；同时，作为西部重要的国家中心城市，成都的哲学社会科学的发展是中国特色哲学社会科学体系建设和发展的重要组成部分，对成都哲学社会科学发展的概括与总结，对于进一步丰富地方哲学社会科学史料、促进中国特色哲学社会科学体系的完善和发展具有重要意义。

一 1978—1991 年:成都哲学社会科学的迅速恢复

1978 年党的十一届三中全会是新中国发展历史上的重要里程碑，它标志着我国从"阶级斗争为纲"向"以经济建设为中心"发展道路的转向，由此，哲学社会科学冲破了十年"文革"的极"左"思想的束缚，迎来了百花绽放的春天。就成都而言，在经历"文革"期间社科研究机构基本瘫痪、社科研究工作基本停止的状态之后，哲学社会科学也终于拨乱反正，迎来了快速复苏和发展的新阶段。这一时期，党和政府开始重视哲学社会科学，社科机构不断壮大、学科建设空前发展，社科研究前所未有的活跃，哲学社会科学发展一派欣欣向荣的景象。

（一）社科研究机构和团队迅速恢复并壮大发展

在1978年改革开放之后，成都地区开始建立了省、市两级的专门社会科学研究机构。1978年6月，四川省社会科学院成立，下设经济、哲学、历史、文学、科学社会主义、社会学、毛泽东思想研究等15个研究所。1980年2月，成都市社会科学所成立，下设经济、社会学、历史3个研究室，成都自此有了市属的社会科学专门研究机构。1986年，成都市经济信息研究中心成立，市属研究机构进一步发展壮大。与此同时，凭借文化积淀和地域优势，依托省高校、市高校、党校、党政部门等，成都的社科类学会如雨后春笋般成长。1978年后，陆续成立了成都经济学会、教育学会、杜甫研究会、企业联合会等一批社科类的学会和研究会，到1991年，社科类学会迅速达到35个。1991年12月底，成都市社会科学界联合会宣告成立，成都市属的研究机构和团队粗具规模。[①]

此外，位于成都区域范围内的高等院校和研究机构也加快重建与发展，很多高校新设立了特色较强的教学、研究机构。譬如，1978年成都大学创建，实行"省市共建、以市为主"办学体制；1979年四川财经学院人口研究所成立，1985年扩建为四川财经大学人口研究所；1984年四川大学法律系恢复开设政治学课程，哲学系成立社会学研究室；1982年四川省社科院成立研究生部，等等。在高考制度改革之后，这些高等院校招收并培养了一大批文科学生，恢复和创办了《四川大学学报》（哲学社会科学版）、《四川师范大学学报》（哲学社会科学版）、《财经科学》等一大批学术刊物，逐渐形成了人口学、政治学、社会学、法学等门类比较齐全的社会科学学科体系，为整个成都和四川的哲学社会科学发展储备了大量人才、提供了丰富的成果。有学者评论，"哲学社会科学人员的培养、哲学社会科学研究机构的组建、哲学社会科学学术刊物的创办、哲学社会科学

---

① 成都市社会科学院：《成都市志·哲学社会科学志》，巴蜀书社2006年版，第13页。

学术团体的成立,这四项历史性事件,应该视为四川省哲学社会科学走向繁荣发展的显著标志"①。同样,这也是成都哲学社会科学走向繁荣发展的显著标志。虽然这些高校及其研究机构在行政上不隶属成都管辖,但是由于其地处成都地区,成都的改革发展实践往往成为其重要的研究关注点之一,对成都的改革发展有着直接或间接的影响,对成都的社科建设也起到了强有力的助推作用。

(二) 社会科学研究前所未有的活跃和增长

党的十一届三中全会之后,随着思想解放的不断深入和改革开放的全面铺开,成都哲学社会科学界的思想空前活跃。20 世纪 80 年代,《四川日报》、成都《先锋》杂志等在媒体上就开展了长达数月的"盆地意识"反思的大讨论,提出克服"盆地意识",增强开放意识。② 在开放创新精神的支持下,原有的研究"禁区"有了较大突破,研究成果急剧增多。特别是由于党委政府的工作重点转向经济建设,经济学研究成为社会科学中最为活跃的学科,经济体制改革的诸多重点,在社科研究成果中得到了生动的体现和回应。这一时期,社科界对经济学领域的关注点主要集中在对经济体制改革和经济效益的讨论。既有较为宏观的经济体制改革的战略性思考,如《四川经济体制改革》③ 等,也有在中观或微观层面,对发展农村家庭经济、农村商品经济、统分结合双层经营等研究,以及后来改革重点由农村逐渐向城市转移中的搞活经济、扩大企业自主经营权、推进国有企业自负盈亏等方面的研究,对成都乃至全国以家庭联产承包制为发端的农村改革和以国有企业和经济责任制为发端的城市改革做出较为重要的贡献。在农村层面,随着家庭联产承包制的深入推进,社科研究关注的问题由土地承包逐步向土地转包、农商联营、农副产品流通以及发展市郊农村商品生产等方向扩展,形成了一批代表性论著,如《转包土地是农村商品

---

① 王均、梁守勋、唐永进编:《与改革开放同行——四川哲学社会科学三十年》,西南交通大学出版社 2008 年版,第 4 页。

② 曹顺庆、张金华:《天堂与天府:当代吴、蜀文化之比较——以苏州、成都文化建设为例》,《中华文化论坛》2011 年第 1 期,第 26 页。

③ 林凌主编:《四川经济体制改革》,四川省社会科学院 1984 年版。

生产发展的必然趋势》①《农商联营是发展农村经济的必由之路》②《成都农副产品流通方式在变革中发展》③《发展市郊农村商品生产的几个问题》④ 等，对改革开放初期成都农村更深入地推动家庭联产承包责任制以及搞活经济起到了积极的指导作用。在城市层面，从增进企业活力、扩大企业自主权以及企业效益结构等方面，对国有企业发展作了积极的关注，形成了一批代表性论著，如《扩大企业自主权的改革应积极进行——成都肉联厂扩权试点情况调查》⑤《从成都量具刃具厂的扩权看体制改革方向》⑥《成都轴承总厂实行效益结构工资的调查与思考》⑦《论社会主义企业命运共同体》⑧ 等，真实地反映了市场经济初兴初建的时代特征，对提升国营大中型企业经济效益起到了重要的指导和推动作用。

随着改革深入推进特别是成都1983年开始市管县体制改革、1984年被列为全国第二批综合改革试点城市之后，劳动力转移、少数贫困地区的问题、劳动与社会保障问题等内容，逐渐进入社科研究的视野，成为改革开放之后社科研究关注的早期社会热点，出现了一批代表性的论著，如《成都市郊农村剩余劳动力转移的调查》⑨《成都流动人口》⑩《成都调查：农村家庭形式适应城市生活问题》⑪ 等，对改革发展中的诸多社会问题进行了关注。除此之外，对成都历史文化资源的保护、利用和挖掘也为社科界所关注。在1982年成都被国务院确定为全国首批历史文化名城后，历史

---

① 金钟：《转包土地是农村商品生产发展的必然趋势》，《农村经济》1983年第11期。
② 李兴富：《农商联营是发展农村经济的必由之路》，《农村经济》1984年第6期。
③ 成都市农委调研室、成都市社科所、成都市工商局：《成都农副产品流通方式在变革中发展》，《农村经济》1985年第8期。
④ 覃加昌、潘禄高：《发展市郊农村商品生产的几个问题》，《农村经济》1984年第10期。
⑤ 周银南：《扩大企业自主权的改革应积极进行——成都肉联厂扩权试点情况调查》，《商业研究》1981年第4期。
⑥ 张泽荣、吴慧婵、王玲玲：《从成都量具刃具厂的扩权看体制改革方向》，《经济管理》1982年第8期。
⑦ 杨钢：《成都轴承总厂实行效益结构工资的调查与思考》，《经济体制改革》1987年第6期。
⑧ 陶岳潮主编：《论社会主义企业命运共同体》，成都科技大学出版社1990年版。
⑨ 张鹤鸣：《成都市郊农村剩余劳动力转移的调查》，《财经科学》1988年第11期。
⑩ 郭付人主编：《成都流动人口》，成都出版社1990年版。
⑪ 马丁·K.怀特：《成都调查：农村家庭形式适应城市生活问题》，《社会学研究》1990年第3期。

文化名城的保护被正式提上议事日程。社科界对成都历史文化的研究进一步加强。这一时期的代表论著,如《成都旅游资源》①《成都城市文化的性质及特征》②《从出土的战国漆器文字看"成都"得名的由来》③ 等,都从不同层面反映出社科研究对成都城市文化发展的研究和思考。但总的来说,这一时期的研究成果具有直观反映和总结实践的特征,"稍加留意就会发现,在改革的最初几年,成都社科研究中大量的是关于改革实践的调研成果,至于前瞻性的改革理论探索,在这个时期还鲜有成果问世。改革的实践探索领先于改革的理论探索,理论紧跟在实践后面加以总结的现象,正好体现了中国改革开放总设计师邓小平关于改革初期'摸着石头过河'的改革策略"④。

二 1992—2002年:成都哲学社会科学的探索发展

1992年初,邓小平同志视察南方并发表重要讲话,为中国的改革开放注入了新的活力。1992年8月,成都被国务院批准为内陆开放城市,实行沿海开放政策;1993年11月,成都又被国家体改委确定为国家综合配套改革试点城市,加快了社会主义市场经济体制的探索。从1992年起,成都改革开放和社会主义现代化建设进入了一个新的历史时期。这一时期,成都哲学社会科学进一步发展,社科研究机构也进一步建立健全,并且在整合社科资源、建立大社科机制方面开始了初步探索,与此相应,社科研究在研究领域、研究数量、研究质量方面都有了极大的扩展和提升。

---

① 刘海潮主编:《成都旅游资源》,四川科学技术出版社1988年版。
② 谭继和:《成都城市文化的性质及特征》,《四川大学学报》(哲学社会科学版)1988年第3期。
③ 沈仲常、黄家祥:《从出土的战国漆器文字看"成都"得名的由来》,《四川文物》1985年第8期。
④ 林成西:《从一扇独特的窗口回眸成都60年》,载《社会科学视野下的成都60年》,四川人民出版社2010年版,第4页。

（一）社科机构和社科研究管理体制机制改革加快推进

1992—2002年，成都社科机构改革加快推进，社科研究的相关体制机制建设不断健全完善，为社科研究大发展提供了较强的机构支持和制度支持。

1. 社科机构改革深入推进

自1991年年底，成都市社科界联合会成立并履职，翻开了成都社科建设的新篇章，社科联团体建设进一步规范，团体成员数量进一步增加。1992—2000年，成都市社科类学会加强了清理整顿，完善解决了学会注册登记等问题，社科类学会发展步入良性运行轨道，增加了成都行政学会、科学社会主义学会、政协理论研究会、古都学会、法学会等学会。这些学会的成立较大程度地推进了成都社科学术交流与宣传的发展。这一时期，市社科联和各个学会积极组织并相继开展了"前后蜀历史与文化学术讨论会""国际清史学术研讨会""群众艺术暨群众文化美学研讨会""城市建设与发展"专题研讨会等多个主题的学术交流活动，增进了社科研讨和交流；在国家作出西部大开发战略决策之后，市社科联又积极推动召开"西部论坛"，主办"西部大开发战略对话暨首届西部经济研究所所长会"，出版"西部大开发100问""WTO百题"等科普读物，这些活动的开展，对于成都深入实施西部大开发，扩大成都影响力和知名度起到了积极的助推作用。

此外，市社科联大力推进了机构改革，经成都市委、市政府批准，于1997年正式实施《成都市社会科学联合会机关机构改革方案》。方案本着转变职能、理顺关系、精兵简政、提高效率的指导思想，和"精简、统一、效能"的原则，将成都市社会科学联合会调整为独立建制的学术性人民团体，并对其主要职责、内部机构以及人员编制作了具体规定。2000年，成都市社会科学研究所改建为成都市社会科学院，下设经济研究所、社会学与法制研究所、历史与文化研究所以及区域经济研究中心。党的十五大召开以后，为了加强邓小平理论研究和成都改革开放、现代化建设中的重大理论问题与实践问题的研究，1998年12月又成立了成都市邓小平理论研究中心，与成都市社科院、成都市社科联合署办公。市级科研机构的建制进一步健全，力量进一步壮大。加之成都是四川省会城市，地处成都的很多高校和研究机构加快发展，培养、吸纳和引进了一大批社科人才，队伍不断壮大、成果丰硕，确立了成都在四川的"社科首位城市"地位。

在机构改革深入推进的同时，相关的制度规范开始建立健全。1998年，市社科联制定实施《成都市社科界联合会章程》。之后，为了加强对成都市社科联所属学会、协会、研究会和区（市）县社科联的管理，充分发挥学会繁荣和发展成都社会科学事业的作用，市社科联制定了《成都市社会科学界联合会管理办法》，对社科联团体成员的内部组织机构、管理制度以及学术研究、学术交流、课题调研、科普培训、宣传咨询服务等工作开展作了规定。这标志着市社科联管理开始走上法制化、规范化的轨道。

2. 社科研究管理体制机制建设健全和发展

这一时期，社科研究管理体制机制建设的一个重大突破是社科评奖工作制度的建立和推进，这体现了成都社科研究成果的评价和奖励机制建设的进步。1992年，成都首次启动市级哲学社会科学优秀成果评奖工作。评奖活动每两年进行一次，与四川省哲学社会科学优秀科研成果评奖活动同步进行，每次授予政府奖100项、社会科学界优秀成果奖50项。凡在成都工作的从事哲学社会科学理论研究的人员，完成的基础理论成果、应用研究成果、科普读物和工具书等多样成果，均可申报参评。社科评奖工作制度的建立起到了很好的激励作用，较高程度地调动了成都社科研究的积极性，引导和促进了全市社科工作者紧紧围绕成都经济社会发展实际展开研究，出成果、出精品。2000年2月25日，成都市委、市政府通过并下发了《关于加强成都市哲学社会科学评奖工作的意见》（成委发〔2000〕19号），就评奖范围、评奖标准、评奖制度与评奖等级、申报、评审程序和办法等进行规定，进一步保障了评奖工作的程序化和规范化发展。

（二）社会科学研究的广度和深度大大扩展

科研机构的繁荣和研究管理体制机制的健全完善激励了社科研究，1992年到2002年的这一期间，成都社科研究成果爆发式增长，各领域都结出丰硕成果。

经济建设仍然是这一时期社科研究的重中之重，与 20 世纪 80 年代比较，其涉及领域更广、研究层次加深。具体体现在以下几个方面：

一是对深化成都国企改革和发展非公有制经济的研究更加深入。国企改革的研究重点从"扩大企业自主经营权"转换到"企业经营机制、产权制度、国有资产流失、企业公司制改造和企业资产重组"等，其中，产权制度这一核心问题，以及由此衍生出来的机制构建、改革方式选择等，受到高度关注。这一时期涌现出大量的涉及国有企业改革的代表性论著，如《产权新论》《经济体制改革中的企业分析》《国有资产流失研究》等。其中，有的依照逻辑层次对财产权的核心、具体形式、基本制度，特别是对支配权（经营）作了深入研究，提出国有企业改革重点是法人财产权的建立，建立起一种能有效地实现国家所有权和保证企业经营权的新产权制度[1]；有的深度探讨了国有企业改革的动因、出发点、形式和内容等问题，分析了企业改革的外部条件如转换产业组织、建立宏观调控体系等[2]；有的提出了改革、完善和创新国有资产管理体制、建立和完善国有资产法律体制的对策建议。[3] 此外，一些研究成果对改革实践产生了直接影响，如《国有企业上市后的第二次危机》，对 1993 年至 1998 年四川 52 家上市公司的基本情况进行了全面调查研究，提出了重组上市公司的一些建议。文章引起了中国证监会等有关部门的重视，证监会为此在成都召开了"四川部分上市国企座谈会"，对国有企业的资产重组进行了专题研讨。[4] 除了国企改革外，对非公有制经济的研究明显加强。一些学者对阻碍非公有制经济发展的因素进行了分析，提出了大力发展成都非公有制经济的对策。[5] 非公有制经济发展中，激活中小企业活力是一个重点，针对这一要点，学者

---

[1] 参见刘诗白《产权新论》，西南财经大学出版社 1993 年版。
[2] 参见丁任重《经济体制改革中的企业分析》，四川科学技术出版社 1994 年版。
[3] 参见赵一锦、刘军、张宁俊、吕先锫、罗济沙《国有资产流失研究》，西南财经大学出版社 1999 年版。
[4] 参见王健《国有企业上市后的第二次危机》，《社科论坛》2000 年第 4 期。
[5] 参见杨明娜、张林、黎斌《把握区位优势　发展成都市非公有制经济》，《中共成都市委党校学报》1999 年第 3 期。

们提出成都中小企业发展战略和相关建议。① 对比20世纪80年代对公有制经济的研究来看,这一时期,社科研究对于非公有制经济在经济发展中的重要性已经摒弃争议,研究重点不再是"要不要发展",而是"如何更好发展"。

二是产业经济研究侧重在第二、三产业发展方面,产业结构调整和主导产业链发展是最为核心的内容。这与成都经济发展中的产业结构调整要求相吻合。从成都产业发展的总体趋势看,第一产业比重大幅度下降,第二、三产业比重逐步提高,同时各个产业重点也在不停地调整和发展。因此,回应实践要求,1992年后特别是90年代后期,社会科学中关于产业结构调整、发展主导产业和新兴产业的研究成果明显增加。具有代表性的论著,如《试论主导产业理论及成都发展经济的政策取向》②《成都产业结构调整态势分析》③ 等,着眼于当时成都市委、市政府提出的实现跨越式发展战略,从提升全市产业整体竞争力的核心目标出发,对成都产业结构调整的趋势,工业化中的主导产业非平衡发展,主导产业链发展的相关关系、关键因素和薄弱环节等展开了研究,提出了调整优化产业布局、改进企业组织结构、推进企业技术进步等相关意见建议。进一步梳理发现,在农业方面,研究者开始正视农业与第二、三产业在劳动生产率方面存在的天然差距,农业效益低下、增收困难等问题,加快农业的产业化发展成为研究重点,有相当部分研究成果关注农村耕地的集约经营,强调创新农业经营模式、走高产优质高效农业发展道路。④ 在工业结构调整和品质提升方面,研究的视域则主要集中在电子工业、信息产业等成都发展部署的重

---

① 参见郑卫国《激活成都中小企业——成都中小企业发展问题研究》,四川大学出版社2001年版。

② 程果:《试论主导产业理论及成都发展经济的政策取向》,《中共成都市委党校学报》2000年第1期。

③ 杨国良:《成都产业结构调整态势分析》,《四川师范大学学报》2001年第6期。

④ 代表性论著有宋明友、廖耀先、刘成玉、丁佶《成都平原农耕地集约经营的现状、发展方向及主要骨干模式的调查研究》,《西南农业学报》1992年第2期;刘海潮、宋吉三《成都发展高产优质高效农业的思路》,《财经科学》1993年第3期;毛志雄、苟正礼、何荣波《农村新型生产经营模式的分析与思考——"郫县种子公司+农户"生产经营模式研究》,《中国农村经济》1996年第2期等。

点产业或新兴产业。① 同时,"成都造"(即成都工业企业及其名优产品的发展)问题也受到社科界的关注。一些学者对"成都造"特定的内涵与外延进行了界定,提出要以"成都造"作为成都经济的"带头羊",在第二产业尤其是其中的制造业领域中寻找突破口②,并立足于当时的形势发展,提出了加快发展"成都造"的近虑和远思。③ 在第三产业方面,商贸流通业、电子商务、房地产业、旅游业、金融业等新兴行业,是成都调整产业结构、振兴地方经济的重大战略,也是社科研究关注的重点。④

三是针对区域经济的研究加强。这一时期,成都在区域经济发展中展示出了较雄厚的地方实力和强大的区域辐射能力,在四川乃至整个长江流域的地位凸显。这在社科研究上也得到了体现。20 世纪 90 年代中后期,关于成都平原经济区、大成都经济圈、长江经济带建设的研究数量大幅增加,出现了诸如《构建大成都经济圈战略研究》⑤《略论成都在长江流域中的地位和作用》⑥《成都经济区的现状及发展思路初探》⑦《中国西部成都的区域经济特征》⑧《成都平原经济区经济地位及发展前景分析》⑨《成都经济区的层次刍议》⑩《成都平原经济圈的构建及其产业发展重点研究》⑪

---

① 代表性论著有丁任重《关于振兴成都东郊电子工业问题研究》,《经济体制改革》2000 年第 3 期;李仕明《成都市信息产业发展若干思考》,《电子科技大学学报》2001 年第 3 期;《成都高科技产业的跨世纪机遇——川西高新技术产业带的形成与成都高科技产业发展战略》,《中共成都市委党校学报》1999 年第 1 期。

② 参见杨继瑞《WTO、西部大开发与"成都造"的再思考》,《工厂管理》2000 年第 3 期,第 4 期。

③ 参见文大会《关于"成都造"的近虑与远思》,《中共成都市委党校学报》1999 年第 3 期。

④ 代表性论著如何绍华主编《成都商贸中心发展战略研究》,西南财经大学出版社 1997 年版;邵昱《成都商贸业:走向支柱产业的选择》,《四川商业高等专科学校学报》1999 年第 2 期;罗钧《成都发展电子商务的对策研究》,《成都行政学院学报》2002 年第 2 期;周殿昆《加快成都商贸流通业发展的对策建议》,《决策咨询通讯》2002 年第 1 期。

⑤ 刘诗白主编:《构建大成都经济圈战略研究》,西南财经大学出版社 1997 年版。

⑥ 李树桂:《略论成都在长江流域中的地位和作用》,《长江论坛》1996 年第 3 期。

⑦ 黄晓玲:《成都经济区的现状及发展思路初探》,《理论与改革》1998 年第 2 期。

⑧ 梁奎:《中国西部成都的区域经济特征》,《资源开发与市场》1999 年第 1 期。

⑨ 陈钊:《成都平原经济区经济地位及发展前景分析》,《中共成都市委党校学报》1999 年第 2 期。

⑩ 黄炳康:《成都经济区的层次刍议》,《国土经济》1999 年第 Z1 期。

⑪ 谢圣赞:《成都平原经济圈的构建及其产业发展重点研究》,《探讨》2000 年第 1 期。

《长江经济带建设与成都的经济发展》[1]《成渝产业带产业结构的相似性及其结构转换力分析》[2] 等一大批研究成果。这些研究成果,依据经济核极和经济辐射的发展理论,提出了"依托一个点(成都)、构建一个圈(大成都经济圈)、带动几大片"的区域经济发展战略,以及未来的发展目标和带动全省经济的对策建议。部分研究成果将研究视角拓展更广,对成渝产业带的产业结构特征或者长江经济带的区域经济发展进行了研究。这些研究成果体现了社科研究对成都领先发展、区域带动的前瞻性思考,对成都经济区的加快发展,以及成都参与长江经济带发展起到了助推作用。

四是对外开放的成果明显增多。由于成都地处西南内陆,对外开放起步较晚,社科研究在相当长一段时间内都是关注自身发展,对外开放方面的研究成果较为薄弱。到了20世纪90年代后,随着国家从东到西梯度推进战略的逐步实施,成都在1993年提出建设现代化国际大都会的宏伟目标。这是成都发展史上的一个重要转折点,在社科研究领域也引起了巨大反响。从此,社科研究中关于对外开放、现代化国际化城市建设的研究成果开始明显增多。具有代表性的论著有《建设国际大都会初探——以成都为例》[3]《西部大开发战略与成都改革和发展的思路》[4]《抓住西部大开发历史机遇,加快实施城市向东向南发展战略》[5]《面对新世纪的思考——成都走向"开放强市"》[6] 等。这些研究成果中,有的旗帜鲜明地提出,面对21世纪,要坚持"开放强市",认为世界经济重心多极转移和中国将成为新的经济增长极,为成都对外开放提供了良好的国际环境。如何开放强市?围绕全市工作重心开展的投资环境建设是一个非常重要的研究领域。相关研究在客观分析成都市情的基础上,提出了优化投资环境(包括硬环境和软环境)的建议。

---

[1] 张炜:《长江经济带建设与成都经济发展》,《长江论坛》1998年第5期。
[2] 方一平:《成渝产业带产业结构的相似性及其结构转换力分析》,《长江流域资源与环境》2000年第2期。
[3] 何一民:《建设国际大都会初探——以成都为例》,《四川大学学报》1994年第3期。
[4] 林凌、刘世庆:《西部大开发战略与成都改革和发展的思路》,《中共成都市委党校学报》2000年第1期。
[5] 朱长胜等:《抓住西部大开发历史机遇,加快实施城市向东向南发展战略》,《工作与研究》1999年第96期。
[6] 何绍华:《面对新世纪的思考——成都走向"开放强市"》,《中国外资》1998年第10期。

除了经济发展研究外，对于城市建设、城市历史文化保护、民主政治及社会发展等多个社科领域的研究，也随着成都改革向纵深的推进不断深入发展。

在城市建设方面，1992年之后，成都城市建设进入全面快速发展阶段，反映在社科研究上面，涉及城市建设的研究成果数量明显超过以往，涉及的内容也更为广泛，包括城市环境综合整治、城市道路与基础设施建设、旧城改造与新区建设、历史文化名城保护以及城市可持续发展等诸多方面。特别是城市环境综合整治备受关注，出现了一大批关于二环路改扩建工程、府南河综合整治工程、三环路修建、城市轨道建设的研究成果[1]，对成都20世纪90年代开展的以城市道路建设为先导，以城市环境综合整治为重点，以房地产开发和旧城改造为突破口的城市建设进行了如实的记载、研究和剖析，有力地推进了成都城市综合整治工程，促进了城市环境的改善和城市面貌的美化。同时，在城市综合整治过程中，出现了一批较具分量的城市特色文化研究，研究内容涉及"五路一桥"工程文化特色[2]、成都城市公共环境风貌特色、[3] 城乡建设艺术[4]等多个方面，就城市建设中的生态与文态、历史感与现代化、工程设施与人文景观的结合问题，展开了多层面多学科的研究，对成都城市建设中的历史文脉和地方特色弘扬起到了积极的作用。透过相关研究成果，还可以发现，对经济与社会、生态、环境全面协调可持续发展的研究在世纪之交社科研究中占据着重要地位。一些研究成果在综合分析成都经济、历史、文化、资源、生态、环境等因素的基础上，着眼于可持续发展的战略方向，明确提出加快实施城市向东向南发展，体现了与成都迄今的城市发展规划的一致与契合。[5]

---

[1] 参见夏春《成都府南河整治工程与城市建设可持续发展》，《世界科技研究与发展》2001年第5期；隗瀛涛《成都府南河整治精神简论》，《西南交通大学学报》（社会科学版）2000年第2期；牟家忠《适应西部大开发的要求 加快城市轨道交通建设——对成都发展城市轨道交通的探讨》，《综合运输》2001年第6期；邓立新《成都市三环路建设的经济价值考察》，《社科论坛》2002年第4期。

[2] 参见谭继和《"五路一桥"工程文化特色研究》，《中共成都市委党校学报》2001年第1期。

[3] 参见刘玉成《论成都城市公共环境风貌特色》，《城乡建设》2001年第9期。

[4] 参见刘玉成《追赶完美——三论城乡建设艺术》，四川人民出版社2002年版。

[5] 参见杨继瑞、寇亚辉《成都建立"高新西区"与城市向东、向南关系的探讨》，《决策咨询通讯》2002年第2期。

在政治建设方面，随着国家机关深化体制改革和国家公务员制度的逐步推行，体制改革特别是如何加强行政管理和人事制度改革的相关理论与实践问题成为社科研究的新领域，并日益受到重视。同时，由于城市化快速推进进程中，社会矛盾的内容结构和特点发生深刻变化，与利益调整直接相关的社会矛盾与社会稳定、政府职能转变、基层民主政治建设等问题，也开始受到社科研究的重视和充分关注，代表性论著如《体制转轨时期的社会矛盾与社会稳定》①，对转轨时期难以避免的各种社会矛盾进行实证分析，探讨了社会矛盾产生的根源、特征表现、类型，提出了正确处理和协调社会矛盾，寻求变革的稳定与发展的思路。此外，利益格局和关系的调整要求理顺和厘清政府、市场、社会关系，转变政府职能，"市场的归市场、社会的归社会"的呼声日重，社科研究也对此予以重视，针对政府管理体制不顺、"越位、缺位、错位"现象严重，运行机制不健全、依法行政不规范等问题进行分析研究，提出加快转变政府职能，建设开放政府，以引领和促进跨越式发展。②政社关系的理顺；在基层尤其是农村基层，则更多地反映在乡政村治上面。摆正乡政村治的关系，以基层民主政治制度创新来推动村民自治的完善，是社科研究关注的重点。总体上看，涉及村民选举制度、村级民主决策制度、民主管理制度、监督制度等村民自治的制度化、程序化和规范化研究成果较多，如《建立和完善农村基层民主建设刍议》③《村民自治与成都农村新世纪发展》④ 等，这些研究在观察记录村民自治状况的同时，为完善农村基层民主制度提供了诸多意见和建议。

在社会建设方面，社科研究热点纷呈，改革发展过程中出现的流动人口增加、下岗职工再就业、在城农民工分层、婚姻家庭关系、社区功能建设，以及社会保障体系建设、基础教育资源优化等问题，几乎都在为社科研究所关注，也出现了一大批相关的研究成果。具体来看，在城市人口规模变化的研究中，流动人口增长迅速受到高度重视。学者们从社会学、人

---

① 康超光：《体制转轨时期的社会矛盾与社会稳定》，四川人民出版社1998年版。
② 参见成都行政学院课题组《入世后成都市转变政府职能的对策》，《政务通报》（内刊）2002年1月11日。
③ 王有权：《建立和完善农村基层民主建设刍议》，《民主法制建设》2000年第5期。
④ 张建国：《村民自治与成都农村新世纪发展》，《中共四川省委党校学报》2001年第1期。

口学、城市学等多学科视角，对成都市城市人口发展规模进行了关注，总结分析了流动人口的发展状况、特征及其对城市经济社会发展的影响，对流动人口管理以及人口发展带来的社会问题应对提出了对策建议。[①]而在人口流动中，农民工群体是社科研究关注的一个重要群体。特别是随着第一次民工潮的出现，社科界特别是社会学界展开了对农民工的广泛研究。农民流动的趋势、动机、特点以及群体结构等都是研究的重点，代表性的论著如《中国农民的社会流动》[②]《农民工代际差异——成都市在城农民工分层比较》[③] 等。此外，社科研究也对成都改革中的其他各类社会问题展开了较深入的研究。譬如《发展的创伤：成都市下岗女工现状报告》[④]《成都地区女工下岗问题研究》[⑤] 等成果，从社会支持的层面对国企改革下岗职工面临的危机和生活方式进行了关注和研究；《构筑具有中国特色的社会主义保障体系》[⑥]《成都社会保障体系建设现状及对策》[⑦] 等成果，对构建中国特色的多层次保障方式、多渠道资金来源、社会化管理服务的社会保障体系作了较深入的探讨，关注和总结了成都社会保障制度的成效、问题；《成都市婚姻家庭追踪调查研究》[⑧]《改革开放以来的成都家庭——成都市家庭调查报告》[⑨]，对改革中成都婚姻家庭的变化进行了追踪和比较研究；《成都市基础教育资源优化配置研究——社会主义市场经济条件下基础教育资源优化配置研究报告》[⑩]，对基础教育资源优化配置问题进行了探

[①] 参见郭付人、陈锋等著《流动人口对成都市经济社会发展的影响及对策》，载《大城市流动人口研究》，中国社会出版社1992年版；曾九利《成都市城市人口发展规模研究报告》，调研报告1997年5月完成报送市委政府，1998年获成都市社科优秀成果市政府三等奖。

[②] 袁亚愚：《中国农民的社会流动》，四川大学出版社1994年版。

[③] 王东、秦伟：《农民工代际差异——成都市在城农民工分层比较》，《人口研究》2002年第6期。

[④] 陈昌文主编：《发展的创伤：成都市下岗女工现状报告》，四川人民出版社2001年版。

[⑤] 李桂东、白帆：《成都地区女工下岗问题研究》，《劳动理论与实践》2002年第2期。

[⑥] 蔡明秋：《构筑具有中国特色的社会主义保障体系》，《理论与改革》2001年第4期。

[⑦] 成都市劳动保障局课题组：《成都社会保障体系建设现状及对策》，《劳动理论与实践》2002年第12期。

[⑧] 吴本雪：《成都市婚姻家庭追踪调查研究》，《社会学研究》1995年第2期。

[⑨] 李东山：《改革开放以来的成都家庭——成都市家庭调查报告》，载《世纪之交的城乡家庭》，中国社会科学出版社1999年版。

[⑩] 成都市教育委员会课题组：《成都市基础教育资源优化配置研究——社会主义市场经济条件下基础教育资源优化配置研究报告》，《成都教育学院学报》2000年第7期。

讨和研究。

社科研究的相关动态，反映出了成都以经济建设为中心的同时，开始重视用全面持续协调发展的理念来统率改革，发展逐步趋于理性和成熟。

三 2003—2011年:成都哲学社会科学的全面提升

2003年，党的十六届三中全会提出坚持"统筹城乡发展、统筹区域发展、统筹经济社会发展、统筹人与自然和谐发展、统筹国内发展和对外开放"五个统筹的新要求。同年，成都提出"三新三最"[①]奋斗目标，针对成都典型的"大城市带大郊区"、城乡二元分割严重的状况，在双流、大邑等五个区县开始试点，拉开了推进"城乡一体化"的序幕。自此，成都进入全面推进城乡一体化、开创城乡同发展共繁荣格局的新时期。这一时期，成都社科界围绕市委市政府"三新三最"和"城乡一体化"战略的实施，积极整合社科资源、探索"大社科"体系、组织和引导全市乃至国内知名社科专家参与成都改革发展研究，社科活动开展空前活跃、社科研究视野空前开阔、社科研究成就斐然。

(一)"大社科"体系和机制初步建立健全

在成都开始实施"三新三最"和"城乡一体化"发展战略的时候，成都哲学社会科学迎来了加快发展的重要机遇。2004年，继中央颁发《关于进一步繁荣发展哲学社会科学的意见》（中发〔2004〕3号）和中共四川省委颁发《关于努力推进哲学社会科学事业繁荣发展的意见》（川委发〔2004〕13号）之后，成都市委出台了《关于繁荣发展哲学社会科学的实施意见》（成委发〔2004〕55号），提出"树立大社科观念，建立健全大社科机制，充分调动各方面的积极性，大力繁荣和发展哲学社会科学"。

---

① 2003年，中共成都市委第十次党代会提出成都发展的"三新三最"奋斗目标，即实现工业新跨越，增创服务业新优势，开拓现代农业新局面；将成都建设成为中国中西部创业环境最优、人居环境最佳、综合实力最强的现代特大中心城市。

"大社科"概念的提出，体现了成都对地方层面发展哲学社会科学的理论研究层次局限的认识，明确了借助资源整合来提升社科研究整体能力和质量的战略性定位。这标志着成都哲学社会科学进入整合社科资源、构建大社科体系的新阶段。之后，成都市社科联牵头，努力推进全市大社科组织体系的建立健全，并且在成都社科界围绕全市经济发展若干重大问题研究的过程中，积极发挥作用，充分调动可以调动的社科资源，搭建平台、提供载体，策划组织重大社科活动、课题攻关，开展社科宣传普及，使地方党委政府"思想库""智囊团"的作用发挥得更为充分。

1. 建立健全大社科组织体系

建立各区（市）县社科联是贯彻落实市委关于树立大社科思想、建立大社科体制的第一步措施。在成都市委〔2004〕55号文件出台后的两三年时间里，市社科联指导协助各区（市）、县全面推进了社科联组织建设工作。2005年，全市19个区（市）县成立了社科联组织，到2007年底，所有成立的区（市）县级社科联机构都实现了有编制、有人员、有经费、有办公场地的"四有"目标，在全市形成了以市社科联为核心，各区（市）县社科联为重要联结点的大社科组织体系，为广泛联系省高校、市高校、党校（行政学院），各级学会、协会、研究会，以及市内外各层级的社科研究工作者提供了组织载体和平台。除社科联组织体系健全之外，市级科研机构进一步壮大。2005年8月，经成都市委宣传部和市编办批准，成都市文化咨询中心在市社科院成立，其主要职责是研究成都市文化产业发展战略、规划和相关政策，组织文化产业发展方案设计和项目论证，为市委市政府提供文化建设类咨询服务，等等。次年，在成都市经济信息中心增挂市经济发展研究院这一机构，目的主要是为政府和社会提供高品质的经济和信息化发展方面的咨询服务。市文化咨询中心和市经济信息发展研究院的设立，表明市级的政府性智囊机构设置进一步发展和完善。

2. 依托大社科体系的社科协作和普及宣传机制创新更加明显

在社科组织体系建立之后，市社科联开始探索建立与各区（市）县社科联、学会之间的常态化联系协作机制。一方面，市社科联每年度持续针对各区（市）县社科联负责同志和相关学会秘书长开展集中培训，就社科发展宏观形势、基层社科联和学会发展定位、业务管理等进行学习培训；另一方面，市社科联基本形成"下基层"制度，每年会陆续到各区（市）

县社产联和各学会调研，具体指导区（市）县社科联和市属学会工作开展，对于区（市）县社科联组织召开的一些重大理论研讨会，如非物质文化遗产国家公园可持续发展研讨会、充分就业问题调研座谈会等，派出专家进行出谋划策，给予人力、智力等方面的支持，较好地促进了学会工作的开展。此外，市社科联还通过抓学会"双先"评选工作，对先进学会及其先进工作者进行表彰，鼓励学会积极开展工作；通过在市级层面统一组织区（市）县社科联和学会干部外出考察、调研、参加全国社科联年会等方式，加强对各类学会的分类指导，不断强化"联"的作用。

实践表明，常态化协调协作机制的建立，在一定程度上改变了学会管理的松散状态，对于整合和凝聚学会力量、基层社科联力量来进行社科研究和社科普及宣传起到了积极的推进作用。根据年鉴统计，在每年3月的"科普月"或5月的"科普活动周"，市社科联及所属各学会、协会、研究会发挥各自的优势，采取了办讲座、开专题报告会、编辑出版科普读物等，进行了各种层次、多种形式的社科知识宣传和普及咨询活动。比如2004年，举办"成都东、西新区规划建设报告会""建设文明、科学、现代化社区"宣传日活动、"弘扬社会科学，建设精神家园"主题科普活动，赠（发）送科普资料2000余份，图书520余册，知识手册100余册；2005年，组织开展"提倡科学精神、构建和谐社区"主题科普宣传日活动，赠发科普资料2万余份，图书600余册，知识手册180余册；2006年，开展30余场次，受众达7000余人的社科知识巡讲活动，启动"科普画廊"试点工作，举办各类家庭教育讲座；2007年，开展社科普及惠民巡讲活动，联系了省、市100多位专家学者，从构建和谐社会、新农村建设、理论辅导、创业与居家4个专题，开展了80多场讲座，等等，经年如是。这些活动，整合市社科联、基层社科联、各学会研究会乃至市级各部门的力量，具有参与广泛、实效性强的特征，较受基层群众的欢迎。

此外，这一阶段，社会科学普及宣传还取得一项突破性进展，即创办了"金沙讲坛"和"成都学术沙龙"这两个公益性社会科学普及品牌活动。由成都市社科联牵头，充分汇聚国内优秀社科专家、整合社科资源，于2009年3月7日正式开讲。"金沙讲坛"以创新打造"名家荟萃的大讲坛，老百姓自己的文化沙龙"为目标，以"讲成都、谈天下，通古今、论人生"为基本思路，以"弘扬社科人文精神，传播社科学术文化，提高市民文明素养，提升城市文化品位"为宗旨，每年公开面向成都市民举办50场社科普及讲座，引起了社会巨大反响和高度关注，深受老百姓喜爱和拥护。到目前为止，"金沙讲坛"的品牌效应已经凸显，经过多年的经营，已经成为成都社会科学普及和成都文化名人培养造就的重要平台、成都文化特色彰显的重要窗口。借助于这一平台，市民、政府、学者三方实现了较好的良性互动，社会科学逐步走向社会，走近百姓生活。

3. 聚合大社科资源推进社科创新研究不断深入

规范和创新是自2003年以来成都社科研究管理和发展的两个重要方面。一方面，在社科项目管理上，进一步建立健全了管理的规范化制度建设。首先，建立了市科规划项目从申报到评审立项、中期检查、鉴定结项、资料存档的全程信息化管理。在项目推进过程中，对项目评审入口关和项目结题出口关进行了严格控制，从而促进了历年规划课题的按时按质完成；其次，进一步规范了两年一次的社科规划评奖，坚持评奖标准，形成了一整套从组织发动、成果申报、学会初评、学科组评审、复审、终审及公示、广泛征求意见的全市社科界优秀成果评选工作程序，促进了优秀社科成果的及时发现和推介。另一方面，非常注重聚合全市乃至全国的大社科资源力量来推进社科创新研究和转化应用。建立了"成都社会科学人才库"，吸纳了国内600余名知名专家，并且积极探索了"以课题和学术活动为纽带，以研究成都问题、解决成都问题为对象"的大社科研究机制。具体以各种学术交流、学术会议为平台，持续与川大、西南交大、川师大、市经济发展研究院、市委党校（行政学院）、成都大学等省、市高等院校、科研院（所）联系与合作，召开各种学术交流研讨会；同时，加快推进了市社科联（院）与中国社科院、省内重点大学、省市科研院所战略协作关系的建立，以重大课题（包括市社会科学规划课题、邓研中心课题、市社科院重大课题、文化事业建设课题项目资助等）为纽带，围绕成都改革发展中的充分就业、城乡一体化、农村产权制度改革等重大问题，组织联系市、省乃至全国一大批专家联合攻关，完成了一批社科研究精品，具有代表性的如市社科院与中国社科院在2005年联合完成了《成都市城乡一体化模式探索及其普遍意义》，产生了较大的影响力。

在整合资源推进重大社科问题研究之外，对社科成果的转化和应用也上升到了一个新的高度。这一时期，成都社科界不仅通过积极运用《光明日报》《人民日报》《中国社会科学报》省社科《重要成果专报》以及其他媒体、重要期刊或出版物,推进社科研究成果的转化和应用,而且更加重视本市社科研究成果转化平台和载体的建设。主要做法包括:设立市社科《重要成果专报》,辑录历年成都地区完成的重要社科研究成果,向市委、市政府、市人大、市政协以及市级有关部门、区(市)县党委、政府报送,以促进优秀成果进入党政部门决策;在新办文化咨询中心的基础上,增加舆情信息中心,调研群众关心的热点、难点问题,并形成提交党委政府决策参考的对策建议;成立成都大学"城乡协调发展中心",开展面向市级部门和各区(市)县的培训学习与研究;建立健全"成都社科在线"网站;加强《成都行政学院学报》《成都市委党校学报》《成都大学学报》《社科论坛》《杜甫研究学刊》《中国西部科技》等出版物的建设,等等。通过这些措施,有力地促进了社科研究成果进决策、进基层。

(二) 社科研究围绕市委市政府中心工作全面展开

2003 年后,党委政府对哲学社会科学的重视,以及哲学社会科学体制机制的建立与相关平台载体的完善,都极大地调动了全市哲学社会科学界的积极性。这时,成都开始全面推进的"三新三最"现代特大中心城市建设和城乡一体化改革实践,又为哲学社会科学研究提供了鲜活的案例和丰富的思考。全市社科理论工作者积极参与,同时吸引国内、省内的社科知名专家和优秀团队参与改革实践研究,研究的整体能力和质量大幅提升,涌现出了一大批时代特征鲜明、理论指导意义和实践应用价值较强的哲学社会科学优秀成果。

围绕城乡一体化展开研究,是这一时期哲学社会科学研究的最重要特征。在 20 世纪 90 年代中后期改革发展中呈现出的城乡差距扩大、"三农"问题凸显等,这时候已经受到成都实务界与社科理论界的高度关注。在市级层面,全域统筹破解壁垒森严的城乡二元结构、解决"三农"难题的"城乡一体化"战略酝酿提出。2003 年 10 月,成都市委、市政府出台《关于全面推进规范化服务型政府建设的意见》,率先从管理体制着手开启了城乡一体化改革的大幕;2004 年 2 月,成都市委、市政府出台《关于统筹城乡经济社会发展推进城乡一体化的意见》,随后陆续发布了 50 多个配套文件，其中涉及城乡规划、户籍制度、乡镇机构改革、产业布局、公共财政、就业社保、教育培训、医疗救助等多个领域。① 这意味着，成都以推进城乡一体化为核心、以规范化服务型政府建设和基层民主政治建设为保障的城乡统筹工作全面推开。在城乡一体化战略提出和实施中，社科研究各个领域一直密切关注着改革进程，一方面不断地总结实践创新，加以理论概括；另一方面也不断地发现问题、分析问题、提出发展建议，为改革实践提供了大量的理论支撑。从相关社科成果的内容来看，这一时期关于城乡一体化的研究成果占据了很大比重，特别是在全市各级各类的课题项目中，涉及城乡一体化以及与其直接相关的规范化服务型政府建设、基层民主政治改革、村级治理机制建设等内容的课题约占到总比重的70%，充分反映出了社科理论界对城乡一体化改革的关注。

汇总这些研究成果，可以发现，研究重点主要在以下几个方面：

一是围绕城乡一体化中"钱从哪里来、人往哪里去"难题的研究。成都城乡一体化推进初始时期，即面临着"钱从哪里来、人往哪里去"的重要难题。对此，实务界和理论界做了大量的探索和研究。成都双流区提出并实施的"三个集中"（即工业向园区集中，农民向城镇集中，土地向规模经营集中）是对这一难题破解的新探索。经过理论概括和提炼，被成都市委、市政府确定为城乡一体化战略的突破口。社科研究中的很多成果，包括全国知名专家陆学艺著《关于成都市破解城乡二元结构难题的报告》②和倪鹏飞等著《中国新型城市化道路——城乡双赢：以成都为案例》③，以及众多成都本土专家的论著，如《成都推进城乡一体化的思路和实践》④《走城乡统筹科学发展之路——成都推进城乡一体化研究文集》⑤《成都市

---

① 梁小琴：《探索城乡一体化之路》，《人民日报》2007年8月23日第001版。
② 陆学艺：《关于成都市破解城乡二元结构难题的报告》，《学术动态（北京）》2005年第21期。
③ 倪鹏飞、骆克龙、李高产、晋海博：《中国新型城市化道路——城乡双赢：以成都为案例》，社会科学文献出版社2007年版。
④ 成都市发展和改革委员会：《成都推进城乡一体化的思路和实践》，《宏观经济研究》2005年第9期。
⑤ 成都市社会科学院编：《走城乡统筹科学发展之路——成都推进城乡一体化研究文集》，四川人民出版社2007年版。

推进农民向城镇集中的调查与思考》①《土地资源特征决定模式选择——关于成都市"推进农民向城镇集中"的调查与分析》②《农村劳动力转移方式及影响因素的实证研究——兼论农村劳动力转移的"成都模式"》③ 等,对"三个集中"进行了深度关注,围绕城乡一体化推进中的工业产业的集中集群集约发展、农民向城镇的梯度化转地、土地规模经营以及与之直接相关的农村土地流转等改革重难点问题展开了深入研究。这些成果通过对成都模式的城乡一体化进行总结分析,大多对成都创新探索城乡一体化机制,把工业和农业、城市和农村、居民与农民作为一个整体来统筹兼顾、协调推进的思路进行了肯定。

但同时,随着改革实践向"深水区"推进,改革实践面临着理论支撑、国家政策支撑缺失的难题进一步凸显,社科研究一度出现了少见的激烈争论。特别是围绕农村土地流转和规模经营问题的争议很大。在规模经营方面,部分社科研究者深入基层,对不同规模经营与农业劳动生产率的关系进行实证调研,提出发展"适度规模经营"。而在农村土地流转方面,农村土地等生产要素流动不畅,成为制约和影响着土地规模经营和农村剩余劳动力转移的瓶颈。如何突破这一瓶颈,成为社科研究特别是经济及法律研究领域关注的焦点。这时,部分专家将研究视角开始转向对农村土地制度改革的关注上,认为推进农村土地制度改革是破解发展困局的重要出路。这一观点为成都时任市委、市政府领导所接受,开始在市级层面酝酿推进农村土地产权制度改革。在市委、市政府的领导下,市社科界也积极投身研究农村产权制度改革的相关问题,为改革实施和推进提供准备。恰逢其时,成都迎来了城乡统筹改革的重大机遇。2007年6月,经国务院同意,国家发改委确定成都、重庆为全国"统筹城乡综合配套改革试验区",要求成都、重庆两地根据统筹城乡综合配套改革试验的要求,全面推进改革并在重点领域和关键环节率先突破、大胆创新。经过前期的全面深入调

---

① 程显煜、吴建瓴、魏世军、肖良、王建军:《成都市推进农民向城镇集中的调查与思考》,《成都大学学报》2007年第3期。

② 吴建瓴:《土地资源特征决定模式选择——关于成都市"推进农民向城镇集中"的调查与分析》,《经济体制改革》2007年第3期。

③ 陈永正、陈家泽:《农村劳动力转移方式及影响因素的实证研究——兼论农村劳动力转移的"成都模式"》,《财经科学》2007年第4期。

研和周密准备，利用试验区可以先行先试的有利条件，成都在2008年1月启动了以"确权赋能"为核心内容的农村产权制度改革，试图通过建立健全归属清晰、权责明确、保护严格、流转顺畅的农村产权制度，来推动农村资源资产的资本化，促进农村剩余劳动力的转移和农村生产生活方式的转变，从而更深入地推进城乡一体化。

在成都被设立为"统筹城乡综合配套改革试验区"和推进农村产权制度改革期间，成都社科研究积极跟进，同时也主动邀请和吸纳了国内社科知名专家参与对成都统筹城乡综合改革，特别是农村产权制度改革的研究，产生了一批在全国具有较大影响力的成果。其中，具有代表性的是中国社会科学院与成都市社会科学院共同组成课题组联合完成的《城乡一体化——成都统筹城乡综合配套改革研究》[1]，系统总结了成都包括农村产权制度改革在内的城乡统筹综合配套改革办法、举措和特点，揭示了成都统筹城乡的理论意义和示范价值。这一研究报告，在2008年11月双方联合举办的统筹城乡理论研讨会上公开发布，产生了较广泛和深远的影响。除此之外，《成都经验：土地级差收入向农村倾斜》[2]《农地流转与土地的资本化》[3]《成都统筹城乡综合配套改革重大理论和支撑体系研究》[4]《成渝"实验区"背景下的农村土地股份合作模式研究——以成都市郊区为例》[5]《成都"试验区"建设中的农村土地产权流转制度创新——以成都市温江区"两股一改"为例》[6]《论改革中国农村土地集体所有制的实现形式》[7]

---

[1] 蔡昉、程显煜主编：《城乡一体化——成都统筹城乡综合配套改革研究》，四川人民出版社2008年版。

[2] 周其仁：《成都经验：土地级差收入向农村倾斜》，《中国财经报》2009年6月23日004版。

[3] 陈家泽：《农地流转与土地的资本化》，《社科论坛》2007年第3期。

[4] 刘从政、阎星主编：《成都统筹城乡综合配套改革重大理论和支撑体系研究》，四川人民出版社2007年版。

[5] 林冬生：《成渝"实验区"背景下的农村土地股份合作模式研究——以成都市郊区为例》，《农村经济》2008年第5期。

[6] 郭晓鸣、廖祖君、宋相涛：《成都"试验区"建设中的农村土地产权流转制度创新——以成都市温江区"两股一改"为例》，《农村经济》2009年第9期。

[7] 钟怀宇：《论改革中国农村土地集体所有制的实现形式》，《当代经济研究》2007年第3期。

《成都市农村土地流转制度创新的实证研究》[1]《土地流转应维护农民权益——四川成都农村土地流转调查分析》[2]《还权赋能：奠定长期发展的可靠基础——成都市统筹城乡综合改革的调查研究》[3]《成都农村土地确权和流转的实践与探索》[4]《统筹城乡发展与创新农村土地制度——成都市农村产权制度改革试点研究》[5] 等一大批研究成果从不同层面对成都农村土地产权改革、土地流转制度创新中的若干经验和问题进行了关注，在为成都城乡统筹发展从重点领域和关键环节突破提供了决策依据和理论支持的同时，也极大地丰富了国内城乡统筹综合配套改革的理论和实证研究。

二是围绕城乡统筹发展中的政府职能转变和基层民主政治制度创新的研究。在成都城乡一体化推进中，转变政府职能、建设规范性服务型政府、创新基层主政治制度，作为一个重要的制度保障，引起了政府层面的高度重视，同时也获得社科研究层面的高度关注。从2000年开始，成都先后强力推进行政审批制度改革、投融资体制改革、机构改革等"三项改革"，并邀请四川大学、西南财经大家等院校专家组成课题组，对改革情况进行调查和评估。在此基础上，于2001年底，委托四川大学课题组在深入调研的基础上，设计出"市规范化服务型政府"建设试点工作方案，开始试点。2003年，在总结试点工作经验的基础上，召开全面推进"规范化服务型政府"建设动员大会，下发了《关于全面推进规范化服务型政府建设工作的意见》，开始探索通过创新政府管理服务方式，提高行政效率和降低行政成本，为成都的深化改革提供保障。[6] 在此过程中，社科界积极参与了此项工作。中国社科院、四川大学、成都行

---

[1] 王国敏、刘润秋、罗静、赵莎：《成都市农村土地流转制度创新的实证研究》，2007年四川省哲学社会科学重大招标课题。

[2] 于代松：《土地流转应维护农民权益——四川成都农村土地流转调查分析》，《国土资源科技管理》2003年第3期。

[3] 北京大学国家发展研究综合课题组：《还权赋能：奠定长期发展的可靠基础——成都市统筹城乡综合改革的调查研究》，北京大学出版社2010年版。

[4] 陈家泽等：《成都农村土地确权和流转的实践与探索》，成都时代出版社2011年版。

[5] 王习明：《统筹城乡发展与创新农村土地制度——成都市农村产权制度改革试点研究》，《西南交通大学学报》2011年第5期。

[6] 参见姜晓萍《成都市的"规范化服务型政府"》，《中国行政管理》2004年第11期。

政学院、成都市委党校以及成都市社会科学院等一批社科专家,从提升地方可持续发展能力的角度,对规范化服务型政府建设展开了理论研讨和实证研析。相关代表性的论著如《关于全面推进成都市规范化服务型政府建设的几点建议》[1]《成都市规范化服务型政府建设评价》[2]《成都市政务服务中心的调查与思考》[3]《成都市规范化服务型政府建设存在的主要问题与对策思路》[4] 等,对成都推进规范化服务型政府建设的成效和经验进行了总结,对推广和落实过程中的问题进行了分析,并提出相关的对策建议。其中,部分成果如《关于全面推进成都市规范化服务型政府建设的几点建议》,被市委、市政府采纳和施行,实现了很好的社会转化应用效果。基层民主政治制度则是成都推进城乡一体化进程的又一制度创新着力点。特别在农村产权制度改革进程中,成都积极探索建立了村民议事会等村民自治组织机构,构建了在党组织领导下,以政府管理为基础、村民自治为核心、社会组织广泛参与的多元基层治理机制,社科理论界对此进行了积极关注。随着城乡统筹的深入推进,涌现出了一大批涉及基层党建创新、基层政府选举制度创新、城乡基层治理机制创新的相关成果。代表性论著如《营造党内不同意见平等讨论的环境》[5] 非常直观地对党内民主存在的各种弊病进行了剖析,指出发展党内民主重在制度创新;《成都探索党内民主示范带动人民民主的实践及成效》[6]《以党内民主推动人民民主——基于成都市基层民主政治建设的调查》[7]《成都市乡镇党委书记"公推直选"的

---

[1] 姜晓萍:《关于全面推进成都市规范化服务型政府建设的几点建议》,成都市委、市政府2004年委托课题。
[2] 牛凤瑞:《成都市规范化服务型政府建设评价》,《中国行政管理》2004年第11期。
[3] 毛正刚、路小昆、陶万辉、梁丽娟:《成都市政务服务中心的调查与思考》,《成都行政学院学报》2004年第5期。
[4] 成都行政学院课题组:《成都市规范化服务型政府建设存在的主要问题与对策思路》,《成都行政学院学报》(哲学社会科学)2006年第4期。
[5] 刘益飞:《营造党内不同意见平等讨论的环境》,《中共中央党校学报》2006年第4期。
[6] 王凡:《成都探索党内民主示范带动人民民主的实践及成效》,《中共四川省委省级机关党校学报》2009年第1期。
[7] 尹学朋、任中平:《以党内民主推动人民民主——基于成都市基层民主政治建设的调查》,《理论与改革》2008年第2期。

调查和思考》①《加强基层党组织建设 推动社会管理创新》② 等党建研究成果，更是以成都基层党建和基层民主选举制度创新为研究对象，对成都基层民主政治实践创新、困难进行了剖析。这些研究成果的价值不仅在于对成都基层党内民主、"公推直选"的实践创新进行了高度肯定，而且在于通过社科研究的介入，向外界揭示了成都基层党建和基层民主实践的普遍性价值所在，提出"由党内然后党外，由基层逐步向上扩展，是我国渐进生成民主秩序的最可控、最有序的转型方式"，对在全国范围内发展党内民主、基层民主具有方向性引导意义。《完善农村基层治理机制的思考》③《成都市构建新型基层治理机制研究》④《民主化村级治理模式初探——以成都市农村基层治理中的村民议事会为切入点》⑤ 等成果，对成都城乡基层社区治理机制创新进行了关注和研究，综合成果来看，在农村层面，主要是对村民议事会这一新型村级治理机构建立，以及"三分离、二完善、一加强"⑥ 村级治理机制改革，进行了重点关注，结合基层民主的实现对改革的创新价值、争议与完善等进行了探讨和研究；在城市层面，则主要围绕城市社区治理中的政社分离、职能归位、社会力量广泛参与等进行了探讨。

这一时期，无论是规范化服务型政府建设的相关研究，还是基层民主政治制度改革的相关研究，都开始注入和彰显法治元素。部分学者开始思考区域行政法治机制建立的必要性与基本思路，⑦ 对规范化政府建设和新

---

① 程显煜、王凡、钟毅：《成都市乡镇党委书记"公推直选"的调查和思考》，《社科论坛》2008 年第 4 期。

② 中共成都市委党校课题组：《加强基层党组织建设 推动社会管理创新》，《中共四川省委党校学报》2012 年第 7 期。

③ 王凡：《完善农村基层治理机制的思考》，《四川党的建设》2009 年第 7 期。

④ 成都市社科院、成都大学联合课题组：《成都市构建新型基层治理机制研究》，2010 年 4 月。

⑤ 唐文娟：《民主化村级治理模式初探——以成都市农村基层治理中的村民议事会为切入点》，《前沿》2012 年第 18 期。

⑥ "三分离、二完善、一加强"，即村级事务决策权与执行权分离、社会职能与经济职能分离、政府职能与自治职能分离；完善农村公共服务体系、完善集体经济组织运行机制；加强和改进党组织领导。

⑦ 参见孟大川《区域行政法治机制建立之必要性与基本思路——以成都经济区为例》，《四川文理学院学报》2011 年第 7 期。

型基层治理组织机制改革实践中的地方法治路径,[①] 以及地方法治建设绩效测评体系等进行了探讨,[②] 提出了较强理论性和现实针对性的发展建议。

除了城乡一体化这一主题之外,2003—2011 年,成都在区域经济发展、产业结构调整、城市建设与管理、环境综合整治、社会建设、文化建设等领域的改革也在不断深化,对这些领域的社科研究也持续深入。

在区域经济发展方面,不仅在宏观层面上对经济区的形成、发展进行了总体性论述,而且针对成都平原产业带、城市群发展以及具体的产业发展作了更加深入和细致的研究,代表性论著如《成都平原产业带及城市群发展若干战略问题》[③]《成渝经济区与成渝城市集群、成内渝经济带》[④]《成都市城镇集聚效益及都市圈分工模型研究》[⑤]《成渝城市群研究》[⑥] 等,对城市群和产业带发展在新的历史时期所受到的制约因素、城镇集聚经济效益、城市群的等级规模结构及效益、城市群的产业集聚特征及发展趋势等进行了研究,并尝试从制度保障的角度提出经济区经济一体化的实现路径。除此之外,在 2006 年国家"十一五"规划开始从行政区计划逐步向区域规划转变的改革部署之后,社科界的一批专家学者对成渝经济区构建以及在此基础上的成渝城市群建设进行了积极关注和深入研究,形成了一大批成果,具代表性的有《共建繁荣 成渝经济区发展思路研究报告——面向未来的七点策略和行动计划》[⑦]《成渝经济区:比较优势、发展不足与

[①] 参见周友苏、李新平等《新型城市化进程中的地方法治路径选择——以成都法治城市建设的实践为例》,《社会科学研究》2011 年第 5 期。

[②] 2009 年,成都市政府组织力量研究形成"城市法治建设标准和测评体系",应用于目标管理并根据客观实际情况进行了调整。在 2010 年由成都市委、市政府、司法部宣传司、四川省司法厅等联合主办,成都市司法局承办的"法治城市创建·成都论坛"上,对《创建法治城市考核与测评操作标准》进行了发布和研讨。

[③] 毛刚:《成都平原产业带及城市群发展若干战略问题》,《规划师》2005 年第 4 期。

[④] 戴宾:《成渝经济区与成渝城市集群、成内渝经济带》,《重庆工商大学学报》2005 年第 6 期。

[⑤] 张果、任平、黄强、江建平:《成都市城镇集聚效益及都市圈分工模型研究》,《四川师范大学学报》2006 年第 6 期。

[⑥] 钟海燕:《成渝城市群研究》,中国财政经济出版社 2007 年版。

[⑦] 林凌主编:《共建繁荣:成渝经济区发展思路研究报告——面向未来的七点策略和行动计划》,经济科学出版社 2005 年版。

治理对策研究》①《成渝经济区与三大经济区区域差距比较》②等,对成渝经济区的区域特征、比较优势、战略定位、战略目标等提出了新的构想。其中,以林凌为首的川渝数十位专家的研究成果受到中央高层重视,对"成渝经济区"获批及至后来的"成渝城市群"规划起到了重要的推动作用。

在产业经济发展方面,社科成果除了对新型工业、电子信息、物流、会展、房地产业在内的主导产业进行跟踪研析之外,这一时期,更加突出了对产业集群、产业可持续发展的关注和研究。部分研究成果,如《成都市产业集群与城市竞争力研究》③《产业集群理论与成都高新区"二次创业"的路径选择》④《成都市产业可持续发展研究》⑤等,将研究重心转向产业集群及产业的可持续发展,提出和强调了集约型的产业发展道路。除此之外,产业结构调整是社科研究的重要关注点。特别是针对成都市东郊工业区的调整改造,社科界积极展开研究,提出了很多可资借鉴的经验和启示⑥,为市委市政府重点工作起到了重要的决策参谋作用。

在环境综合整治方面,除了对府南河工程、沙河综合整治工程、中心城区雨污分流工程与中小河道整治等环境问题的研究外,社科界对资源环境承载力问题更加关注,譬如对能源消费强度变化的调查分析⑦对经济人口与资源环境承载力进行实证调查和分析。⑧社科研究所关注的环境污染

---

① 何雄浪、杨继瑞:《成渝经济区:比较优势、发展不足与治理对策研究》,《西华大学学报》(哲学社会科学版)2009年第6期。

② 张建升、冉建宇:《成渝经济区与三大经济区区域差距比较》,《经济体制改革》2011年第4期。

③ 刘泽仁、刘莉丽、潘春跃:《成都市产业集群与城市竞争力研究》,《经济论坛》2005年第7期。

④ 邵昱、陈家泽、李霞:《产业集群理论与成都高新区"二次创业"的路径选择》,载《成都区域经济社会发展——考察与研究》,四川科学技术出版社2005年版。

⑤ 阎星等:《成都市产业可持续发展研究》,成都时代出版社2006年版。

⑥ 代表性论著如谢瑞武《老工业基地改造的"成都模式"》,《财经科学》2005年第3期;成都市东郊工业结构调整办公室《"东调":成都发展的成功典范》,《经营管理者》2007年第7期;丁任重《关于振兴成都东郊电子工业问题研究》,《经济体制改革》2000年第6期。

⑦ 参见江涛、吴耀宏《成都能源消耗强度因素分析》,《中共四川省委机关党校学报》2005年第1期。

⑧ 参见臧旭升、刘雪飞《经济人口、资源环境承载力实证分析——以成都市为例》,《改革与开放》2009年第5期。

问题更为广泛，除水污染、土地污染之外，还对中心城区的机动力排放污染、市郊畜牧业有机污染物的危害和控制进行了研究。① 在生态建设和环境保护的研究中，"零碳城市"的概念被提出，并且开始探讨通过建立排污权交易制度的重要机制创新来促进成都环境保护治理。②

在城市文化建设方面，社科界围绕成都特色文化的发展与保护开展了系列研究，其关注视域极为广泛，既有整体层面上对成都城市特色、城市品牌、城市形象塑造的研究，如《成都城市文化与城市经营抉择》③《成都城市特色塑造》④ 提出城市特色塑造的定位、城市文化资源的保护与利用等，也有具体围绕成都水文化、园林文化、吃文化、茶文化等休闲文化，以及其他非物质文化遗产、民间文化元素等开展的研究⑤，从不同角度、不同层面展现了成都多元化的特色文化，为成都历史文化名城的保护与发展提供了丰富翔实的社科史料和理论支撑。除此之外，从2004年开始，成都社科界开启了成都文化传承与发展中的一项重大工作——提炼研究成都城市精神。这项研究以成都市社科院为主要牵头力量，鼓励和引导了上百万市民参与讨论、邀请省市众多专家反复研究提炼，本着植根历史、引领未来的原则，最终概括出了"和谐包容、智慧诚信、务实创新"12字成都城市精神。⑥ 由于城市精神反映的是城市文化的灵魂，因此，对成都城市精神的研究，在成都文化传承与发展中具有深刻和长远的意义，对成都经济社会发展具有重要的精神引领和促进作用。

在社会建设方面，随着城市化进程的不断加速，社会转型的要求更为迫切。社科界围绕社会转型发展的要求，对人口发展与社会变迁、就业、

---

① 参见张宏《成都市中心城区机动车排放污染现状及控制对策研究》，成都市环境保护研究所2008年委托课题；尤琦《成都市郊畜牧业有机污染物对城市环境的危害及解决途径》，《当代畜牧》2007年第12期。

② 参见杜受祜《建设"零碳成都"》，《四川省情》2007年第5期。

③ 谭继和：《成都城市文化与城市经营抉择》，《四川党的建设》（城市版）2004年第2期。

④ 翁大伟主编：《成都城市特色塑造》，四川人民出版社2006年版。

⑤ 代表性论著有许蓉生《水与成都——成都城市水文化》，巴蜀书社2006年版；张哲乐《成都园林的文化特色》，《中华文化论坛》2005年第4期；谢伟《川园子：品读成都园林》，成都时代出版社2007年版；张晓远《成都名小吃》，中原农民出版社2003年版；翟峰《成都的茶文化》，《城乡建设》2004年第3期；文绍琼《浅析成都非物质文化遗产的保护与开发》，《天府新论》2008年第6期等。

⑥ 参见刘从政、王苹主编《成都城市精神研究》，四川人民出版社2006年版。

社会保障,以及社会纠纷解决、基层公共服务等重点问题进行了一以贯之的关注和研究。譬如,高度重视人口加速流动集聚及其带来的城市资源、环境的承载力问题,对外来人口空间集聚的特点和形成机制、城市最大人口容量与适度人口规模、统筹城乡的户籍制度改革等展开前瞻性思考[1];重视社会转型中的阶层结构变化,对转型发展中城乡收入差距、居民生活质量进行关注,对市民消费结构与休闲活动关系展开研究[2];对城郊失地农民、城市失业人口的就业状况进行调查和分析[3],等等。与此同时,社会转型发展中一些特殊群体的需求和保障也逐步引起社科界的重视和关注,特别是在广州发生影响极为恶劣的"孙志刚"事件之后,成都社会学领域的相关学者积极回应这一热点事件,对成都流浪人员救助问题进行了调查研究。[4] 同一时期,其他特殊群体,譬如进城务工农民的社会保障、留守儿童保护、孤残儿童寄养、弱势群体救助等问题逐渐进入社科研究视野。[5] 此外,特别值得一提的是,随着经济快速发展中诸多社会问题的凸显,加快社会建设不仅仅停留在社科理论界的呼吁阶段,成都市委、市政府开始重视城乡社会建设的顶层设计和协调推进。2011 年,成都市委、市政府制定《关于深化社会体制改革加快推进城乡社会建设的意见》《成都市深化社会体制改革加快推进城乡社会建设五大实施纲要(2011—

---

[1] 代表性论著有蒋若凡、赵万江《成都市金牛区外来人口空间集聚特点、形成机制及其调控对策》,《成都行政学院学报》2005 年第 5 期;张果《成都市最大人口容量与适度人口规模的系统研究》,四川大学人口研究所 2005 年委托课题;何景熙、李晓梅《成都市人口变动态势的预测及其含义》,《人口与经济》2007 年第 1 期等。

[2] 代表性论著有吴燕、黄国华《从阶层结构的变化看文化观念的变迁——转型时期成都郊区农村阶层结构及文化观念变化分析》,《中华文化论坛》2003 年第 3 期;刘忠《当前成都城乡居民收入差距的分析》,《社科论坛》2008 年第 2 期等。

[3] 代表性论著有刘宝驹《成都市失业人口再就业问题研究》,《社会科学研究》2003 年第 4 期;中共成都市委党校课题组《成都城郊失地农民就业状况的分析与思考》,《中共四川省委省级机关党校学报》2007 年第 2 期等。

[4] 参见王健《流浪乞讨人员的社会救助与社会控制——以成都为例》,《社会科学研究》2005 年第 4 期。

[5] 代表性论著有罗蓉《进城务工农民社会保险制度设计的因素分析——以成都的实践为例》,《人口研究》2005 年第 2 期;蒋远胜、申志伟《建立农民工医疗保障的两难困境与对策——基于四川省成都市五城区农民工的调查分析》,《农村经济》2008 年第 1 期;魏建华、汤一苏《孤残儿童城乡家庭寄养模式探讨——四川成都家庭寄养》,《社会福利》2004 年第 4 期;和谐社区课题组《和谐社区建设中的弱势群体救助研究》,《西南民族大学学报》2005 年第 12 期,等等。

2015)》，标志着成都社会建设开始进入政府主导推进的新阶段。在此过程中，以成都市社科院为主的社科研究力量发挥了重要推动作用，组织选拔科研骨干并联合部分级以上专家组建"成都市社会建设专家研究咨询小组"，积极参与研究和起草这两个文件，同时与著名社会学家陆学艺教授率领的团队密切合作，积极围绕成都市社会建设具有全局性、战略性、前瞻性的重大问题研究，形成了《成都社会结构状况调研报告》《成都市社会建设指标体系》《成都社会建设的十大建议》等系列研究成果和评估报告，为成都市委、市政府决策提供了重要的依据和参考。

这一时期，社科研究的贡献和作用在"5·12"汶川大地震的灾后恢复和重建之中也得到了充分体现。2008年5月12日，四川发生了举世瞩目的"5·12"汶川大地震，成都彭州、都江堰遭受重创。地震发生之后，成都社科界第一时间介入灾后救援与灾后重建的调查研究工作，编纂出版了《汶川大地震灾后重建研究》①，这是国内第一部系统研究灾后重建的著作。针对"5·12"汶川大地震使重要旅游地都江堰市遭受重创的情况，社科专家多次讨论研究，大胆创新，提出都江堰旅游区重建新设想，撰写完成了《以水为魂的"蜀文化之都"——都江堰旅游区重建创意方案》《都江堰旅游区重建概念性规划工作方案》，报市相关领导作决策参考。同时，在灾后紧急救援之后，社科研究者在第一时间将视角投入到受灾群众安置就业、社区管理服务等长远性建设上来，调研完成了《地震灾区受灾群众过渡安置与就业问题调研的初步分析》《过渡安置点社区化管理的对策建议》《都江堰市地震受灾群众思想状况调查》等研究报告②，为成都市委、市政府安置受灾群众提供了极好的借鉴参考。

四 2012年以来：成都哲学社会科学的深入拓展

2012年，党的十八大召开，标志着我国进入全面深化改革的新阶段。

---

① 程显煜主编：《汶川大地震灾后重建研究》，四川人民出版社2008年版。
② 相关研究报告由成都市社会科学院组织开展完成。

而成都，在2012年4月全市第十二次党代会上确定了实施"交通先行""产业倍增""立城优城""三圈一体""全域开放"五大兴市战略，建设"西部经济核心增长极"的发展目标。2016年5月，成都获批国家中心城市。2017年4月成都市第十三次党代会进一步确立了"努力建设全面体现新发展理念的国家中心城市"总体目标，逐步深入地推进了深化改革开放、聚力创新发展的新里程。改革的纵深推进为社科领域的创新发展提出了新要求，成都在社科管理领域的制度机制进一步完善和创新，社会科学研究的广度和深度也进一步加深，取得了新的进展和成绩。

（一）体制机制不断创新和新型智库加快建设

自2012年以来，成都社科联进一步贯彻"大社科"发展理念，推进社科资源整合和社科体制机制的改革创新。特别是在2013年习近平总书记首次提出"建设中国特色新型智库"、2014年中央文件明确提出"建设中国特色新型智库"之后，市社科联紧紧围绕市委、市政府中心工作，从思想观念、组织形式、运行机制、管理方式、制度规范等方面进行创新改革，加快了"新型智库"的筹建、社科研究和普及平台的创新搭建，推动了一系列社科重大理论与实践课题研究。

这一阶段，在"大社科"发展理念的引导下，成都社科体制机制实现了三个重大创新突破，主要体现在：

一是社科规划项目管理进行了较大改革。与过去相比，更加突出规划项目指南选择的引导性、前瞻性和科学性，使其与成都经济社会发展战略契合更加紧密。同时，加快了管理方式的创新。一方面，完善立项程序规定，推进信息公开、强化了监督机制，以确保规划立项中的公平公正、公开透明；另一方面，在项目立项中更加突出和强化了对优质社科资源的组织利用，创新设立了"特别委托项目""招标委托项目"等项目管理方式，围绕市委、市政府急需和交办的课题，组织长期研究成都问题的本土专家进行集中攻关，或者是定向选取国内一流权威专家后以重大课题招标委托的方式立项。通过规划项目管理方式的变革，汇聚中国社科院、北京大学、西南交通大学、四川省社科院以及市级相关部门完成了《成都打造西部经济核心增长极的人力资源支撑研究》《成都加快建设国家创新型城市的对策研究》等一批具有较大影响力的课题成果，为市委政府重要决策提供了依据。

二是积极创建新型智库、健全智库合作交流机制。在全国各地落实中央文件，加快智库转型、建设新型智库的大背景下，成都也开始在"大社科"体制机制的基础上探索和创建新型智库。目前，社科类的新型智库主要有两个。其一是"金沙智库"，是在成都既有社科机构和组织的基础之上，按照专业化、特色化方向的发展思路，以成都市社科院为主发起人，广泛整合资源，吸收驻蓉高校和科研院（所）学术领军人物入会创建而成。"金沙智库"经过长达两年左右时间的筹备，于2016年8月初发起成立，并于2016年11月14日召开了成立大会，著名经济学家杨继瑞教授当选为首届会长。这是成都市第一家名称带有"智库""金沙"这两个鲜明品牌的学会组织。其二是"新型城镇化研究智库"，是四川省委对地市州授牌的唯一智库，于2016年申报获批。在这两个智库发起成立的同时，成都市社科联积极地推进智库交流合作机制建设、促进智库功能提升，譬如，与市级行政部门联合开展重大课题研究，建立智库与决策、行政部门之间的交流机制；启动社科研究骨干前往瑞士、德国、中国台湾等国家或地区的著名高校、科研机构进行学术交流与合作；组织策划和承办成都市人民政府"国际咨询顾问团年会""中瑞低碳项目国际研讨会"等智库交流研讨会，为智库的良性运行与发展积累了较好的经验。

三是创建社科基地、推进社科普及创新。除了持续多年地围绕成都经济社会重大发展方略，举办"成都社会科学学术年会""成都学术沙龙活动"、做大做强"金沙讲坛"品牌以及举办各类研讨会、座谈会、例行开展"科普活动月""科普活动周"之外，为了更好地开展群众性、经常性的社科普及活动，促进国家中心城市建设和世界文化名城建设，2015年，成都市社科联在全市20个区（市）县、社科联和50余个学会（协会、研究会）中创新启动了市级社科普及基地创建工作，并着力从制度创新、机制创新、内容创新、形式创新、方法创新、宣传创新6个方面进行创新，以确保基地建设见成效。第一是制度创新，制定了《成都市社会科学普及基地创建管理办法》，使社科普及基地创建有章可循；第二是机制创新，争取到了成都市委宣传部的大力支持，将其纳入全市宣传系统要点工作，由市委宣传部与市社科联联合发文开展认定与授牌工作，提高基地建设的权威性、影响力和实效性;第三是内容创新,围绕中国特色社会主义理论、廉洁文化、历史文化、艺术文化、法治文化、乡村农业文化以及青少年教育等不同主题进行基地创建,全方位展示"成都特色";第四是形式创新,主动"把社科普及基地的平台建到基层去",在基层的区(市)县社科联和市级学会中创建,并鼓励利用社科基地的大礼堂、露天坝、社区公园等场地,到"离群众最近的地方"宣讲社科知识;第五是方法创新,通过学习外地社科普及基地经验、召开基地工作交流会、举办专题培训班等,做好基地创建的典型示范;第六是宣传创新,运用媒体和微博、微信、博客、网站,传播社科普及基地创建工作,多渠道营造社科普及的良好氛围。截至2016年12月,全市分两批共建成了22个不同主题的市级社科普及基地;建成了锦江、双流、邛崃、宝山4个省级社科普及基地;在武侯、温江、金堂、邛崃、简阳等地建成了45个县级社科普及基地。社科普及基地建设成效明显、形成较大影响,多位省、市领导进行了肯定批示,很多基层群众来信感谢,评价"为老百姓奉献了更多更好的精神营养大餐"。

(二) 社科研究围绕成都改革发展新战略深入推进

历经多年的发展,成都的城市能级和综合影响力都极大提升。2012年后,成都发展定位从最初提出打造"西部经济核心增长极"向建设"国家中心城市"、建设"全面体现新发展理念城市"转变,表明成都逐步在区域和全国谋求更高层次的发展。同时,这一时期也是全国深度推进转型、全面深化改革的重要时期,以习近平总书记为核心的党中央对国家经济社会发展所面临的整体形势进行科学判断,提出我国已进入"中国特色社会主义新时代",并且围绕"坚持和发展中国特色社会主义"这一时代主题,对经济、政治、法治、科技、文化、民生、生态文明以及党的建设等各方面改革进行了全方位谋划。在党和国家全面深化改革总体布局之下,成都社科界紧紧围绕国家改革发展以及成都城市能级提升中的若干重大问题,积极发挥职能作用,展开了相关研究。总体上看,这一时期研究成果极为丰硕,既对成都改革发展中的很多长期性问题进行了持续深入研究,又围绕成都新的发展定位对很多新领域、新问题进行了关注和思考。

在经济领域，契合成都从"西部经济核心增长极"到"国家中心城市"发展定位的改变，研究视野更为开放。如何在新战略实施中提质升位、打造"西部经济核心增长极"、建设国家中心城市，以及如何在区域和全国层面上有更大的突破、深度推进经济区建设、融入国家"一带一路"发展战略、加快建设内陆开放试验区等，都是社科研究的重要关注点。其中，鉴于经济发展进入经济增速减缓、结构转型调整、发展动力转向的"新常态"，转变经济增长方式、破解经济发展和结构失衡的难题，更是经济学界研究和思考的重中之重，探索和发展新经济、推动城市战略转型和竞争优势重塑成为成都经济学者的重要研究内容之一。

概括地看，这一时期，成都经济领域的研究重点主要在几个方面：

一是围绕城市战略定位和城市能级提升积极展开研究。在成都确立打造"西部经济核心增长极"目标之后，成都市社科联立项了一批重大社科研究项目，围绕经济核心增长极建设中的人力资源配置、就业结构性矛盾，创新驱动、产业体系建设、城市规划等问题展开深入研究①，为市委、市政府提供了重要的决策依据。同时，一些学者围绕首位城市的功能及发展进行积极研究，形成了一批代表性研究成果，部分成果还直接进入省、市党政决策。如四川省社科院 2014 年在深入成都中心城区调研后，完成《首位城市在提质升位中应注重旧城经济发展》的研究报告，得到了省主要领导批示；四川大学和成都市社科院联合组成课题组完成了《新形势下成都首位城市发展战略思考》②，对成都首位城市现状及发展趋势，以及如何充分发挥首位城市功能、肩负引领区域发展使命进行了战略性思考，为市委、市政府决策提供了重要参考。升级为国家中心城市之后，社科界围绕成都城市能级提升中的功能完善、产业提升、空间治理等诸多问题进行了思考和研究，代表性论著如《对成都定位为国家中心城市的思考与建

---

① 成都市社科院 2012 年度通过公开招标方式，立项了一批重大研究项目，包括《成都打造西部经济核心增长极的人力资源支撑研究》（蔡昉等，2012）《成都加快建设连胜创新型城市的对策研究》（陈光等，2012）、《实施产业倍增战略打造产业体系研究》（盛毅等，2012）、《成都现代化国际化进程中城市形象定位及规划设计计路线研究》（陈可石等，2012）、《成都建设内陆开放区域中心城市路径研究》（刘建兴，2012）等，最终形成了研究报告，提交市委、市政府。

② 四川大学长江区域发展战略研究所、成都市社科院联合课题组：《新形势下成都首位城市发展战略思考》，《先锋》2015 年第 1 期。

议》①《成都城市空间治理若干问题》② 等，提出了包括如何完善成都综合交通枢纽功能、如何形成国家新的经济增长极、如何优化城市空间形态和强化空间载体等具有较强现实性和针对性的建议举措。

二是更加重视新经济的发展研究。在我国经济整体上由高速增长转向高质量发展阶段、国家深入实施和推进供给侧结构性改革的宏观大背景下，成都部分学者结合成都经济发展状况，对成都发展新经济的重要性，以及新经济增长点培育、新动能转换中存在的问题及发展方向进行了研究，代表性论著如《"新经济"——成都发展的必然选择》③《新经济发展核心驱动力解析及策略建议》④《新常态下"四新"经济发展的现状及路径研究——以成都市为例》⑤ 等成果，对培育高成长型新兴产业、推动科技创新、促进区域新经济发展，以及加快以技术、应用和模式创新为内核的新型经济形态发展等进行了较深入研究并提出了相关建议。同时，在这一期间，成都市社科规划项目也将供给侧结构性改革、创新能力提升和新经济增长点培育纳为重要内容，部分市社科规划项目如《供给侧结构性改革背景下成都民营经济的发展选择》⑥《差异化信贷战略助力供给侧结构改革》⑦《天府新区创新驱动的路径选择》⑧《文化产业视域下文化和科技融合的路径选择——以四川省成都市为例》⑨，以及其他一些成果，分别从民营经济、信贷、文化产业、小微企业发展、旧城经济改造、农村生产经营等不同领域对创新发展进行了研究，提出了具较强应用性的对策建议。成

---

① 戴宾：《对成都定位为国家中心城市的思考与建议》，《先锋》2016 年第 9 期。
② 姚毅：《成都城市空间治理若干问题》，《开放导报》2016 年第 6 期。
③ 刘华富：《"新经济"——成都发展的必然选择》，《成都行政学院学报》2015 年第 6 期。
④ 周涛、赵明潇、张灿、曹宝林：《新经济发展核心驱动力解析及策略建议》，《先锋》2017 年第 11 期。
⑤ 余梦秋：《新常态下"四新"经济发展的现状及路径研究》，《统计与管理》2017 年第 11 期。
⑥ 课题组：《供给侧结构性改革背景下成都民营经济的发展选择》，《成都行政学院学报》2016 年第 6 期。
⑦ 刘婷婷、孙雁南：《差异化信贷战略助力供给侧结构改革》，《金融经济》2017 年第 4 期。
⑧ 于璐、韩素绢：《天府新区创新驱动的路径选择研究》，《现代经济信息》2015 年第 22 期。
⑨ 尹宏：《文化产业视域下文化和科技融合的路径选择——以四川省成都市为例》，《中共成都市委党校学报》2013 年第 6 期。

都经济领域学者的相关研究为成都市委、市政府的新经济发展决策提供了重要参考。2017年11月，成都召开全市新经济发展大会，明确了成都加快建设新时代现代化经济体系的方向和重点。这次大会对成都的新经济发展具有重要的引领意义，而经济领域很多研究的观点被吸纳其中，充分体现了社科研究对于党委、政府决策的重要性。

三是进一步加强了区域创新和区域合作的相关研究。伴随着区域经济合作效应的显现以及成都的区域影响力提升，学者们对区域创新与区域合作的发展更加深入，呈现出了针对不同区域层次的多样性研究。其中，第一个层次是立足于成都的区域研究，如《圈层融合的区域发展路径与机制创新》[1]《推进区域创新 奋力打造西部经济核心增长极——成都市县域经济发展的社会调查》[2] 等成果，着眼于成都圈层经济发展状况、县域经济发展状况，研究提出了建设西部经济核心增长极的区域创新；第二个层次是将视野放在经济区、城市群这一更宽更广的区域进行研究，如《新经济地理视角下的区域合作研究——以成渝经济区为例》[3]《成渝经济区经济发展时空变化特征》[4]《区域创新中府际合作的多重逻辑——基于成都经济区八市的话语分析》[5] 等成果对成都经济区、成渝经济区的城市合作问题进行研究，而另有一些成果如《成渝城市群协调发展机制探析——"囚徒困境"的转换及运用》[6]《成渝城市与京津冀城市群对比分析》[7] 等，对成渝城市群发展机制、成渝城市群与国内其他城市群的差异等问题进行了分析研究。

四是围绕成都参与和融入"一带一路"国家大战略的相关问题进行研

---

[1] 陈家泽：《圈层融合的区域发展路径与机制创新》，2013年4月9日，四川经济信息网，http://www.sc.cei.gov.cn/dir1009/160081.htm。

[2] 郝儒杰：《推进区域创新 奋力打造西部经济核心增长极——成都市县域经济发展的社会调查》，《晋城职业技术学院学报》2013年第2期。

[3] 李霞、王明杰：《新经济地理视角下的区域合作研究——以成渝经济区为例》，《宏观经济研究》2013年第4期。

[4] 刘运伟：《成渝经济区经济发展时空变化特征》，《中国科学院大学学报》2015年第2期。

[5] 王路昊：《区域创新中府际合作的多重逻辑——基于成都经济区八市的话语分析》，《上海交通大学学报》（哲学社会科学版）2016年第4期。

[6] 曾鹦：《成渝城市群协调发展机制探析——"囚徒困境"的转换及运用》，《成都发展改革研究》2016年第3期。

[7] 钟泽敏、彭莉莎：《成渝城市与京津冀城市群对比分析》，《时代经贸》2016年第3期。

究。基于成都位于国家"一带一路"和长江经济带战略的交汇点和核心节点城市的独特区位优势，成都社科界的一些学者非常敏锐地认识到了成都在"一带一路"新战略中的重要性和发展机会，开始思考和研究成都如何更好地融入"一带一路"战略，形成了一批较具分量的研究成果。其中，《成都积极融入"一带一路"建设战略研究》[①]《成都参与"一带一路"和长江经济带建设的战略与对策研究》[②] 等，较为宏观全面地对成都融入"一带一路"战略的机遇挑战、战略定位、战略功能、战略目标以及发展思路、发展对策等进行了研究与分析。另外，还有一些成果如《一带一路战略下成都物流发展研究》[③]《融入一带一路国家战略共建成都青白江国际糖食物流枢纽港的认识与思考》[④] 等，着眼于微观层面，针对融入"一带一路"战略急需加强的物流发展、交通枢纽建设等问题展开研究，并提出了若干促进决策的建议举措。

在社会领域，社科研究 2012 年后取得了一个较大的成绩，是突破了之前散见于各个领域的社会问题的研究束缚，完成了《成都社会建设报告》[⑤] 的编著，第一次从总体框架上建构了包括社会结构、民生事业、社会管理、社会体制等方面的社会建设的体系研究。此外，这一时期，社会领域的相关研究，出现了一些新的研究热点和趋向：

一是更加强调、重视多元共治与法治。特别是在党的十八届三中全会和党的十八届四中全会召开之后，成都社会学界围绕国家治理体系和治理能力现代化的发展目标，将多元参与、协同共治，以及运用法治思维与法治手段推进社会建设提到了一个新的高度。这在基层治理、社区治理的研究中体现得十分明显。如何有效地实现多元共治成为这些研究关注的重要问题，其主流观点是在基层治理和社区治理中实现党领导下的综合治理、多元参与的共同治理和制度规范的依法治理。相关研究对居民主动自治、

---

① 中共成都市委政策研究室课题组：《成都积极融入"一带一路"建设战略研究》，2016 年 8 月 12 日，四川经济信息网，http://www.sc.cei.gov.cn/dir1009/223959.htm。
② 成都市社科院课题组：《成都参与"一带一路"和长江经济带建设的战略与对策研究》，中国社会科学出版社 2016 年版。
③ 张洁：《一带一路战略下成都物流发展研究》，《价值工程》2015 年第 31 期。
④ 张冬书：《融入一带一路国家战略共建成都青白江国际糖食物流枢纽港的认识与思考》，《粮食问题研究》2016 年第 5 期。
⑤ 王苹、王健主编：《成都社会建设报告》，四川人民出版社 2014 年版。

社会组织深度介入,以及政府与社会关系的厘清和理顺投入了非常多的关注。代表性论著如《基层社会管理创新中的民生与自治互促共赢策略——成都村级公共服务和社会管理政策的实践与启示》[1]《城市基层社会管理体制创新研究——以成都市城市社区管理为视角》[2]《重构城市社区的社会资本——"三位一体"的参与式互助体系》[3]《旧城改造中的社会治理模式创新研究》[4]《成都市曹家巷自治改造模式的研究及建议》[5] 等很多研究成果,结合成都基层治理、社区自治改造的实际案例,对基层社区治理中的利益博弈、自治参与、社会资本进入等进行了多角度的研析,提出完善发展的相关建议。同时,透过对成都基层治理、社区治理的相关研究,可以看到法治元素更加彰显,部分成果,如《社会治理应运用的法治思维与法治方式》[6]《农村社区治理法治路径探寻》[7]《我国城市社区治理法治化比较研究——基于深圳、南京、成都、宁波实践分析》[8] 等,或者基于理论研析,或者基于实证调查和比较研究,对基层治理、社区治理应运用的法治思维与法治方式、法治化路径作了探究。这些研究成果为党委、政府提供了很多有益的建议,它们的一个共同性特点是,试图通过多元共治和法治理念的传输,促进政府决策更加科学、更加符合现代治理发展要求。此外,社科学者对成都社会领域的"十三五"规划做了大量积极有益的工作,成都市社科院等市级研究机构与市级相关部门合作,参与完成"成都市社会治理及公共安全防控体系建设'十三五'规划""成都市养老服务业发展'十三五'规划""成都市老龄事业发展'十三五'规划"等政府

---

[1] 王健、徐睿:《基层社会管理创新中的民生与自治互促共赢策略——成都村级公共服务和社会管理政策的实践与启示》,《社会科学研究》2012年第1期。

[2] 黄仕红、宋小娥、任晓波:《城市基层社会管理体制创新研究——以成都市城市社区管理为视角》,《公共行政》2013年第3期。

[3] 赵小平:《重构城市社区的社会资本——"三位一体"的参与式互助体系,社会科学文献出版社2013年版。

[4] 李月:《旧城改造中的社会治理模式创新研究》,《前沿》2014年第7期。

[5] 张雨晗:《成都市曹家巷自治改造模式的研究及建议》,《四川建筑》2014年第6期。

[6] 孟大川:《社会治理应运用的法治思维与法治方式》,《中国机构改革与管理》2014年第1期。

[7] 倪怀敏:《农村社区治理法治路径探寻》,《人民论坛》2014年第2期。

[8] 郭祎:《我国城市社区治理法治化比较研究——基于深圳、南京、成都、宁波实践分析》,《中共山西省直机关党校学报》2016年第5期。

"十三五"专项规划的研究和编制，直接推进了现代社会治理理念、治理方式在政府决策中的融入。

二是对民生保障的研究更为全面深入细致。保障和改善民主是新时代全面深化改革的核心导向，也是社会学领域长期关注和研究的重要内容。在党的十八大召开之后，成都相关研究在涉及民生保障的研究上进一步拓展，不仅是研究领域不断拓宽，涵盖户籍管理、公共文化服务、养老保障、均衡教育、医疗卫生、就业、住房等多个领域，而且研究层次不断深入，很多研究直指问题，深化到体制机制层面探讨民生保障的根源性、可持续性问题。代表性著作如《构建一元化户籍管理制度研究》[1] 突破了对户籍制度的研究停留于户籍制度本身的窠臼，从户籍制度之外观察户籍制度，并尝试提出户籍制度改革一元化的改革思路与推进步骤；《成都农村养老保险研究》[2] 着眼于农村养老保险的持续性，对成都养老保障状况特别是经济负担进行了实证研究分析，对城乡居民养老保险的财政补贴与筹资进行测算；《城乡统筹质量领先——成都青羊教育综合改革实验模式》[3]、《城乡教育一体化的成都模式：六个一体化》[4]《颠覆与重构：现代学校德育课程变革》[5] 等着眼于城乡教育资源的均衡配置以及教育体系的革新，对成都教育改革实践进行了总结和思考。同时，成都社科规划项目以及其他各类课题研究中，也广泛地涵盖了基本公共服务供给、精准扶贫、空巢老人关爱体系建设、养老保险改革、留守儿童保障等各个主题，为党委政府在各个领域的决策提供了极大的支持。一些课题成果如《成都市公共文化服务测评指标体系》《成都市利民惠民测评指标体系研究》《成都市幸福家庭建设的指标体系研究》等尝试通过精准量化的方式，对公共文化服务、利民惠民的体系进行建构和对其成效进行评估，既体现了社会领域研

---

[1] 王健、徐睿、胡燕、明亮、陈艺、卢晓莉：《构建一元化户籍管理制度研究》，四川人民出版社 2013 年版。

[2] 陈家泽、王德文、高文书、周灵、余梦秋：《成都农村养老保险研究》，四川人民出版社 2013 年版。

[3] 青羊区教育局课题组：《城乡统筹质量领先——成都青羊教育综合改革实验模式》，教育科学出版社 2012 年版。

[4] 成都市教育局、四川大学公共管理学院、成都大学课题组、成都市教科院：《城乡教育一体化的成都模式：六个一体化》，高等教育出版社 2013 年版。

[5] 岳刚德：《颠覆与重构：现代学校德育课程变革》，山东教育出版社 2015 年版。

究方法的创新,也起到了丰富社会问题研究的积极作用。

另外,值得一提的是,在 2015 年国务院出台《关于加快生活性服务业促进消费结构升级的指导意见》之后,成都将提升生活性服务业品质作为保障和改善民生的基础性工作。按照市委主要领导的批示要求,市政协联合市社科院(联)组织相关研究力量,在全面广泛调研涉及生活性服务的管理部门、企业、社区以及其他相关机构的基础上,围绕"深化生活性服务业供给侧改革,提升城市生活品质"的主题进行了研究,同时完成了针对全市家政服务、便民服务、社区治理与物业服务、养老服务、教育培训、文化服务、旅游类服务、健康城市建设以及低碳消费体系建设等多个领域的发展状况调研报告,提出了系列具有较强针对性、应用性的对策建议,并被市委、市政府吸纳采用,较好地实现了成果应用转化。

在党建和基层民主政治建设领域,对全面加强党的领导、完善各级党建的领导制度和体制机制、推进从严治党的相关研究更加深入。一方面,重视和加强了新领域党建的创新性研究。随着经济社会改革的深入推进,新经济组织和新社会组织在经济社会领域中的作用越来越突出,对此,成都在基层党建实践中,非常重视这些新领域、新组织,特别是围绕农村发展中出现的新型经营主体、村转社区的党建工作,在全市层面上制定出台了加强党组织建设的指导意见,以努力提升城乡改革新领域党建工作的有效性。在此进程中,社科界积极参与建言献策,特别是以成都市委党校为重要主体的党建研究者,围绕新型"村转社区"、农村专业合作社、"两新"组织等新领域的党建工作实践,积极展开调研,完成了《对成都市做好"两新"组织党建工作的思考》[1]《新型"村转社区"党建工作的探索与完善——基于成都市青白江区调研分析》[2]《大邑县提升农民专业合作社党建工作科学化的探索与思考》[3] 等一大批党建研究成果,对成都在"两新组织"、村转社区、农村新型经营主体等新领域、新组织的党建工作进

---

[1] 谢培丽:《对成都市做好"两新"组织党建工作的思考》,《中共成都市委党校学报》2013 年第 6 期。

[2] 钟毅:《新型"村转社区"党建工作的探索与完善——基于成都市青白江区调研分析》,《中共成都市委党校学报》2015 年第 5 期。

[3] 中共成都市委党校课题组:《大邑县提升农民专业合作社党建工作科学化的探索与思考》,《中共成都市委党校学报》2016 年第 6 期。

行总结、剖析问题、提出建议，为成都市委以及基层党建部门提供了较好的决策参考。另一方面，积极围绕各类党建学习教育活动，积极展开党建理论研究与宣传。譬如在党的群众路线教育实践活动中，市社科院（联）、市委党校、成都大学以及其他省市社科研究机构积极承担和参与了成都市委群教办、市委宣传部组织开展的"党的群众路线教育实践活动重点理论课题"研究工作，完成了11项课题研究成果，最终形成了题为《"为了谁、依靠谁、我是谁"的成都答卷》论著，并且精选成果在《四川日报》和《成都日报》等媒体发表、参加"全省党的群众路线理论研讨会"等，为全省、全市有效贯彻党的群众路线教育实践活动提供了重要理论支持。

在法治城市建设领域，随着国家依法治国重大战略部署的推进，成都的法治城市建设及其研究更加深入。2014年，成都市委十二届四次全会通过《关于贯彻落实党的十八届四中全会和省委十届五次全会精神全面深入推进依法治市的决定》，明确提出要加快建设法治成都。回应法治成都建设的要求，成都市委在2014年成立依法治市领导小组，广泛动员市级各部门、社科研究机构、高校等多种力量，积极参与成都法治实践及其相关问题研究。通过在全市范围内开展年度性的依法治市重点调研课题、社科规划立项课题，以及专家学者自主参与研究等，围绕成都法治实践，包括地方立法、执法、司法以及公民法律意识提升等方面都形成了不少研究成果。比如，在地方立法方面，市人大常委会法工委组织邀请四川大学的专家学者根据国家《立法法》的修订，结合成都市地方立法的实际需求，对城市管理的地方立法进行了研究[①]；围绕地方性法规的实施与修订，市人大常委会法工委委托市社科院对《成都市科学技术进步条例》等地方性法规进行立法后评估研究，结合相关地方性法规面临的新形势新问题，提出了立法修订思路。再如，在行政执法领域，学者就如何深入推进依法执政进行了较为全面的思考，也有学者或市级部门广泛地围绕城市管理执法能力建设、行政执法监管改革创新、行政许可权制度改革以及政府法律顾问

---

① 参见成都市人大常委会法工委课题组《城市管理与地方立法规制——以成都市地方立法的实际需求为视角》，《地方立法研究》2017年第1期。

工作保障机制建设等相关问题展开研究①；在司法领域，部分学者以及法院、检察院从事司法实务的工作者，围绕成都司法改革实践，如行政执法与刑事司法衔接机制、刑事庭审实质化改革、司法公开，以及犯罪侦查等若干具体问题开展了研究。② 同时，培养市民法治意识、为"依法治市"提供内驱动也是学者关注的重要内容之一。有的学者着眼于依法治市与市民法治意识关系、市民法治意识现状的分析，提出了市民法治意识培养路径。③ 总的来看，以上这些研究较为系统全面地反映了成都法治城市建设的方方面面，对于全方位地推进成都法治城市建设提供了领域较广的实证分析和理论支撑，同时也极大地丰富了国内法治建设理论与实践。除此之外，在法治城市建设中，以数值化的量化评估方式评价法治城市建设效果被称为"以看得见的方式"推进法治的重要举措。因此，部分学者力图通过构建科学合理系统全面的量化评估指标体系来推动法治的量化实践④，体现了法治研究的创新性。

在文化建设领域，围绕成都传承发展天府文化展开了系列深入研究。在成都从建设"西部经济核心增长极"到建设"国家中心城市"的定位转型中，文化始终是重要的一域。从 2012 年成都提出打造西部"文化之都"，到 2017 年市委第十三次党代会提出"传承巴蜀文明，发展天府文化，努力建设世界文化名城"，都体现了成都市委、市政府对改革创新中的文化支撑力的重视。对于文化建设的重要性，成都社科界给予了高度的认同，认为无论是在打造西部经济核心增长极中，还是在建设国家中心城市过程中，文化发展都为其提供了强大的支撑与动力。相关研究聚焦于天

---

① 代表性论著如黄仕红、李发戈《城市管理执法能力建设研究——以成都为例》，《成都行政学院学报》2014 年第 5 期；薛成有等《成都市深入推进依法执政研究》，该调研报告于 2015 年获市领导批示；市政府法制办《从推广"双随机、一公开"监管方式谈行政执法监管改革创新》，见 2016 年度成都依法治市调研文集。

② 代表性论著如成都市人民检察院课题组《贿赂犯罪侦查研究》，法律出版社 2013 年版；成都市中级人民法院课题组《刑事庭审实质化改革推进机制研究》，2016 年度成都依法治市调研文集；成都高新区课题组《成都两级法院深化司法公开改革之实证考察》，2016 年度成都依法治市调研文集。

③ 白杨：《依法治市进程中市民法治意识的培养路径——以成都为例》，《成都行政学院学报》2016 年第 6 期。

④ 张丽：《论构建法治城市量化评估指标体系的基本原则——以成都市法治城市建设为例》，《河北青年管理干部学院学报》2013 年第 6 期。

府文化的传承与发展，特别是历史文化的传承、城市文化认同、城市文化形象的塑造、文化资源的可持续性利用等多元主题，开展了较为全面的研究，呈现出了一批涉及面较广、研究较为深入的成果，为成都文化建设提出了可供参考的诸多建议。在这些研究中，三个特点和趋向尤为突出：一是如何传承和发展成都的特色文化是一个重要内容。很多研究如《成都市文化形象建设的思考》[①]《城乡统筹背景下的成都全域历史文化保护利用研究》[②]《从"功能城市"走向"文化城市"——我国新型城市化亟待破解的一个核心课题》[③]《城市规划中的文化要素研究》[④]《深入打造成都三国特色文化品牌的对策与建议》[⑤] 等，都对发展成都特色文化的重要性给予了强调，提出加强特色文化的保护、深入挖掘和有机整合城市的文化资源等。与此同时，很多研究成果还专门针对成都特色文化如平原都市酒文化、熊猫文化、客家文化、川剧、茶文化等各类特色文化，以及成都既有的旅游文化资源进行了研究，提出了挖掘、传承和发展这些特色文化的举措。二是重视和突出了对社会心态、核心价值的关注。代表性论著如《在蓉高校大学生政治价值观现状调查研究》[⑥]《凝聚社会心态正能量 推动小康社会全面发展——2015年成都市民社会心态调查报告》[⑦] 等研究成果，着眼于促进城市文化认同，对成都市民或在蓉大学生等特殊群体的思想文化进行了调研，提出了有利于培育正向社会心态、增强归属感和认同感的思考与建议。三是针对文化创新发展的研究日益增多。特别是传统文化产业的转型升级、新兴文化业态构建等，进入了社科研究的视界，形成了一批实证性、针对性强的研究成果，如《北城改造与"文化之都"建设》[⑧]

---

① 邓经武：《成都市文化形象建设的思考》，《中华文化论坛》2012年第3期。
② 杨潇：《城乡统筹背景下的成都全域历史文化保护利用研究》，《规划师》2013年第11期。
③ 唐旖聃：《从"功能城市"走向"文化城市"——我国新型城市化亟待破解的一个核心课题》，《经济论坛》2014年第1期。
④ 魏丹妮：《城市规划中的文化要素研究》，《四川建筑》2016年第10期。
⑤ 冯婵：《深入打造成都三国特色文化品牌的对策与建议》，2016年度成都市政协调研课题。
⑥ 成都大学课题组：《在蓉高校大学生政治价值观现状调查研究》，2014年成都大学调研报告。
⑦ 徐睿、明亮：《凝聚社会心态正能量 推动小康社会全面发展——2015年成都市民社会心态调查报告》，《四川行政学院学报》2016年第6期。
⑧ 余梦秋、孙艳：《北城改造与"文化之都"建设》，《四川文化产业职业学院学报》2012年第12期。

《文化产业视域下现代城市文化与科技融合的路径选择》①等，在综合学科的研究中反映和体现了文化的跨界融合发展，对成都政府的文化决策起到了较为积极的推动作用。

在生态建设领域，随着生态环境问题越来越受到社会各界的重视，成都社科界对城市生态环境建设的研究更加深入，部分成果还进行了开创性的探讨。从相关研究来看，构建资源节约型、环境友好型社会已成为学界的共识。有的研究，着眼于经济增长与环境保护的关系，较为宏观地提出了政府要通过有效的环境规制政策和环境规制手段促进绿色技术创新、实现绿色发展。②而有的研究，则基于实证调研，对水污染、大气污染等具体领域的环境治理进行分析，代表性论著如《成都雾霾天气成因分析及对策研究》③《沱江流域成都段水环境污染特征及治理对策》④《成都市金牛区各街道经济发展与环境污染情况调查及浅析》⑤等，基于调研的量化数据分析，对特定区域或特定领域的污染状况进行了分析并提出了对策建议。在相关污染治理的研究中，有的甚至还进一步将视角伸入到政府治理机制的层面，探讨了协作治理与整体治理的可行性举措。如《雾霾污染防治中府际协作碎片化困境与整体性策略——自成都平原城市群的观察》⑥针对雾霾治理的碎片化困境，提出了在区域雾霾污染防治中引入整体治理理论体系，为深入推进环境污染整治和生态保护提供了较为广阔的思路。近年来成都逐步全面深入实施"三治一增"（铁腕治霾、科学治堵、重拳治水、全域增绿）战略，取得明显成效，其中，社科领域的调查研究提供了重要的理论支撑。

综合成都不同历史发展时期的社科建设和社科研究状况，可以发现，

---

① 尹宏：《文化产业视域下现代城市文化与科技融合的路径选择》，《四川行政学院学报》2013年第12期。

② 参见周灵《环境规制约束下的经济增长方式转变研究——基于新常态视角》，《改革与战略》2015年第10期。

③ 钟怀宇等：《成都雾霾天气成因分析及对策研究》，2014年度成都市社科院重大课题。

④ 王波：《沱江流域成都段水环境污染特征及治理对策》，《绿色科技》2016年第4期。

⑤ 李政、魏旭、谢斌：《成都市金牛区各街道经济发展与环境污染情况调查及浅析》，《低碳世界》2017年第11期。

⑥ 张雪：《雾霾污染防治中府际协作碎片化困境与整体性策略——自成都平原城市群的观察》，《湖南社会科学》2016年第6期。

社科机构和社科队伍总体上不断地壮大发展，社科制度、管理体制机制也日渐趋于完善，社科研究成果非常丰富，其涉及领域较为广泛，而且，从不同时期的研究成果来看，社科研究与改革实践的回应关系极为明显。一方面，社科研究成果对成都的改革实践进行了较为忠实的记录，透过不同时期社会科学关注对象、研究内容，可以看到成都在不同发展阶段的状况和特点，从中反映出成都渐进的改革历程和发展道路；另一方面，成都的社科研究始终围绕成都不同时期的发展战略和改革实践，对经济、政治、社会、文化、生态等各个领域的建设作了积极的回应。多年以来，成都社科界形成了一大批理论指导意义强和实践针对性强的社科研究成果，其中，相当部分的研究成果进入了不同时期的成都市委、市政府的决策视野，得到了转化和应用，对改革实践产生了极为重大的影响和促进作用。

第四章

成都繁荣发展哲学社会科学面临新形势及其战略选择

  哲学社会科学的发展水平集中体现了一个国家、民族和地区的思维能力与创造潜力，是推动历史发展与社会进步的重要动力。改革开放以来，成都哲学社会科学事业得到较快发展，呈现出学科体系不断健全、研究领域不断拓展、优秀成果不断涌现、人才队伍不断壮大、体制机制不断创新的良好态势，为推进成都改革开放实践、促进成都经济社会发展、服务地方党委政府工作大局发挥了重要的决策咨询作用。回顾30多年来的发展历程，在改革开放道路中每次重大理论创新突破和发展道路抉择的关键时刻，成都哲学社会科学都在其中发挥着重要作用，提供了强大的舆论先导和思想支撑。[①] 而今，国际国内形势正在发生深刻变化，我国正处于改革攻坚阶段、发展关键时期和社会矛盾凸显期，成都肩负的发展使命更为艰巨。2016年4月，国家批准发布的《成渝城市群发展规划》将成都定位为国家中心城市，要求成都以建设国家中心城市为目标，增强成都西部地区重要的经济中心、科技中心、文创中心、对外交往中心和综合交通枢纽功能。2017年5月成都市第十次党代会又提出新增西部金融中心的"五中心一枢纽"功能，提出建设全面体现新发展理念的国家中心城市。由此，成

---

  ① 如20世纪80年代，《四川日报》、成都《先锋》杂志等在媒体上展开了对"盆地意识"反思的大讨论，在讨论发展社会主义计划商品经济时，首先提出了克服"盆地意识"，增强开放意识，为发展商品经济提供精神支持的建议，这场引发了历时十多年的对克服"盆地意识"的讨论，推动了成都的改革开放。1999年，成都广泛深入地开展了"农耕文化与思想解放"大讨论，通过反思来打破农耕文化和僵化体制下形成的保守观念，在这场讨论中被激发起来的开拓创新精神，极大地推动着成都的发展。

都站在了从区域中心城市向国家中心城市转型的新的历史起点,开启了建设国家中心城市的新征程。这也必将赋予成都哲学社会科学新的历史使命,提出新的发展要求。

一 成都繁荣发展哲学社会科学面临的新机遇新挑战

党的十九大开启了完成"两个一百年"奋斗目标、实现中华民族伟大复兴中国梦的新征程,改革发展的伟大实践给理论创造、学术繁荣提供了强大动力和广阔空间,这是成都哲学社会科学创新繁荣发展的时代契机,但同时成都哲学社会科学也面临着更加复杂严峻的挑战。

(一)繁荣发展哲学社会科学面临的新机遇

1. 国内外形势继续发生急剧深刻的变化

当前,国内外形势发生着急剧深刻的变化。从国际上看,当今世界正处在大发展、大变革、大调整时期,各种力量纵横捭阖,围绕综合国力、国际秩序、国际市场、地缘政治、发展模式、价值观念的全方位竞争日趋激烈。[1] 随着中国的崛起,一些国家的担忧和疑虑与日俱增,甚至联合起来遏制中国发展,从而使我国的经济安全、金融安全、能源资源安全、领土领海安全、文化安全、信息安全等问题十分严峻。面对复杂的国际形势和国际环境以及不断出现的新的国际问题,迫切需要哲学社会科学认真研究和回答,为维护国家安全和核心利益提供有价值的研究成果和建议。在国内,经济发展进入新常态,经济增长由高速增长期转向中低速增长期,转变经济发展方式、优化经济结构、转换增长动力进入攻坚期,人民群众日益增长的对美好生活需求与发展的不平衡不充分的矛盾更加突出。在当前经历最为广泛而深刻的社会变革期,社会思

---

[1] 张华:《推动哲学社会科学繁荣发展 建设具有专业优势的思想库》,《东岳论丛》2012年第1期,第6页。

想观念和价值取向日趋活跃，社会思潮纷纭激荡，各种思想文化的交流、交融、交锋更为频繁，这种快速发展的现实需要有理论创新来解释、来诠释。这些并存的挑战和机遇、这些问题都不断地给哲学社会科学研究带来新的课题，迫切需要改革、建设、发展的理论指引，要求哲学社会科学做出新的解答和回应。探索经济社会发展的内在规律，正确把握国际和国内发展趋势，加强哲学社会科学理论全局性、战略性、前瞻性的研究，比以往任何时候都更为紧迫。① 总之，新的形势、新的实践迫切要求哲学社会科学不断为经济社会的发展提供新的理论指引和支持，要求成都哲学社会科学工作必须跟上时代步伐、把握大局大势，担负起自身的责任，不断拓展研究领域和研究内容，切实发挥好党和人民事业思想库作用。新时代中国特色社会主义的伟大实践，为哲学社会科学的繁荣发展提供了宝贵的机遇，奠定了坚实的基础。沿着习近平总书记重要讲话精神指引的方向，哲学社会科学必将迎来又一个春天，实现新的升华和跨越。

2. 社会生活变迁和广大人民群众的新期待、新需求，提供了新的价值实现空间

党的十九大报告指出："中国特色社会主义进入新时代，我国社会主要矛盾已经转化为人民日益增长的美好生活需要和不平衡不充分的发展之间的矛盾。"② 主要矛盾的转变是历史性的变化，在这样的背景下，成都进入了经济社会发展的新阶段。随着成都改革与建设事业的不断推进，经济结构和社会结构深刻变革，城市人口持续增长③，市民利益日趋多元，成都的社会主要矛盾变化指向了人的全面发展和社会全面进步，人民对美好生活的新期待体现在从物质需求到就业、教育、医疗、居住、养老等公共服务的水平提升和公平正义。一是更加关注生活质量。低收入群体对就

---

① 尤鑫：《当代哲学社会科学面临的机遇、挑战与发展思考》，《连云港师范高等专科学校学报》2016年第9期，第92页。

② 习近平：《决胜全面建成小康社会 夺取新时代中国特色社会主义伟大胜利——在中国共产党第十九次全国代表大会上的报告》，2017年10月27日，新华网，http：//www.xinhuanet.com/2017-10/27/c_1121867529.htm。

③ 过去10年，成都常住人口年均净增50万左右，相当于每年新增一个中等城市人口规模。特别是四川省城镇化率为49.2%、西部地区为48.7%，预计今后一个时期还将有大量人口向成都集聚。

业、收入、社保等生活保障的期望值日益增高，高素质、高收入人群对良好保障、宜居环境、生活质量的需求日益增长。二是更加关注公平保障。数据显示，占成都市人口总量31%的流动人口，希望在社保、医疗、居住、就学等方面，享有与户籍人口同等待遇，而户籍人口则期盼有更好的工作、更高的收入、更优质的医疗教育。① 三是更加关注个人权益。数据显示，成都2017年上半年全市共受理群众信访5.5万余人次，主要涉及房产物业纠纷、征地拆迁、非法集资等领域，群众维权意识显著增强。四是更加关注人居环境。从中央第五环保督查组下沉成都督查看，截至2017年9月，成都市环保信访量达2870件，占四川省总量近50%，其中对噪声、垃圾、油烟的投诉达84%。这些发展中的不平衡和不充分性问题既是成都哲学社会科学坚持以人民群众为中心、直面社会现实深入开展研究的重要课题，同时也为成都哲学社会科学更好地发挥理论引领与实践指导作用提供了新的价值实现空间。立足成都、研究成都、服务成都，善于从成都改革发展的实践中发现问题、研究问题、回答问题，在理论研究、理论创新上有更大作为。"倒海翻江卷巨澜。奔腾急，万马战犹酣。"进入全面深化改革历史新阶段的成都，为成都哲学社会科学的繁荣与发展提供了肥沃的土壤，更让成都哲学社科工作者所做的事情越来越与时代、国家、城市的命运捆绑在一起，借助建设国家中心城市的东风，成都哲学社会科学的繁荣与发展正逢其时。

3. 时代变化和历史任务转换造就了新的发展环境，提供了更多问题场域

作为成渝城市群的"双核"之一，国家从新一轮城市战略布局的角度，赋予了成都建设国家中心城市的重大历史使命。成都正面临一系列重大历史机遇叠加：美丽宜居公园城市建设、内陆自贸区建设、国家自主创新示范区建设、全面创新改革试验区建设、国家生态文明先行示范区建设、天府国际机场建设等。积极落实中央"四个全面"战略布局，以"五

---

① 成都市优质教育、医疗资源短缺和非均衡布局矛盾仍然突出：一是教育医疗压力增大，义务教育阶段随迁子女占比达30%，每年要新增3.1万个学位才能满足需求。二是医疗资源分布不均，成都五城区和高新区集中了全市85.7%的三甲医院，每千人床位数为其他区域的1.6倍。三是人口老龄化问题凸显，2016年成都60岁以上人口已达21.41%，是国际标准的2倍，在"十三五"期间每年需新增养老床位7000多个，养老服务供给压力较大。

大发展理念"为引领加快建设国家中心城市,围绕"四中心一枢纽"的城市功能定位,从城市空间、城市动力、城市经济、城市文化、城市生态、城市民生、城市治理等方面为成都更好肩负起国家使命提供了城市面向未来发展的具体实践。随着成都融入"一带一路"行动深入实施,对外交流渠道不断拓展,成都在国际舞台上越来越活跃。成都建设西部地区重要的经济中心、科技中心、文创中心、对外交往中心和综合交通枢纽,向着中心之城奋力跃升,这些极大地拓宽了哲学社会科学的研究领域,为成都哲学社会科学研究提供了广泛的题材。成都既是哲学社会科学研究的沃土富矿,又迫切需要哲学社会科学知识变革和思想指引。成都哲学社会科学要深入研究以习近平同志为总书记的党中央治国理政新理念、新思想、新战略,加强统筹推进"五位一体"总体布局和协调推进"四个全面"战略布局实践成果的理论总结和研究阐释;要深入研究经济新常态下成都面临的重大现实问题,主动对接党委政府需求,围绕重大决策部署、重大改革项目,加强前瞻性战略性问题研究。这些既为成都哲学社会科学加强支撑学科、优势重点学科、冷门学科发展提出了迫切任务,更为加快发展具有重要现实意义的新兴学科和交叉学科,拓宽研究领域,使之成为创新突破点,提供了更多问题场域和发展机遇。

(二) 繁荣发展哲学社会科学面临的新挑战

习近平总书记就在哲学社会科学工作座谈会上的讲话中提出"五个面对"问题,这些都是哲学社会科学工作者应该正视的问题,回答并解决这些问题是他们理应承担的社会责任。当前,社会思潮纷纭激荡,经济发展进入新常态,改革进入攻坚期和深水区,世界范围内各种思想文化交流、交融、交锋更为频繁,全面从严治党进入重要阶段,新形势和新实践需要新的理论把握能力和新的思想格局。巩固共同思想基础、贯彻新发展理念、提高改革决策水平、提高国际话语权和加强党的建设,一系列重大理论问题和时代课题,都亟须哲学社会科学提供思想支持、学理支撑和科学方法,需要研究和总结经验和教训,进行深入透彻的理论阐释,认真研究治国理政和经济社会发展的客观规律,不断破解改革发展的新课题。① 习近平在 2016 年全国哲学社会科学工作座谈会上连用五个"面对"指明哲学社会科学面对的重大课题，与之相对应，是五个"迫切需要"，强调用中国特色哲学社会科学进行理论"固本"的重要性和紧迫性。这些都是哲学社会科学应该正视的问题，回答并解决这些问题是哲学社会科学理应承担的社会责任。

1. 在经济全球化和各种文化思潮的相互激荡中，哲学社会科学如何更好地坚持马克思主义，尊重和保护民族优秀文化遗产

当前，世界范围内各种思想文化交流、交融、交锋更加频繁，国际思想文化领域斗争深刻复杂，巩固马克思主义在意识形态领域指导地位的任务非常繁重。毛泽东同志曾经说过，世界观只有两种，一种是无产阶级的世界观，另一种是资产阶级的世界观，无产阶级要按照自己的世界观改造世界，资产阶级也要按照他们的世界观改造世界。我国的哲学社会科学是以马克思主义为指导的学说，而西方社会科学则大部分是非马克思主义的或反马克思主义的，宣扬的是资产阶级的理论。随着国际交往与合作的扩大，两种代表不同阶级利益的社会科学理论必然发生激烈的撞击。② 如何在这种撞击中，让中国特色哲学社会科学真正成为中国土地上成长起来的新的理论形态，体现中华民族的思维特质和文化特色，具有鲜明的时代性和先进性，并在人类文明进步中发挥引领作用，这是我国哲学社会科学走向世界面临的一个新的挑战。

2. 全面深化改革必然具体表现在它所提出的无数重大理论和实践课题的艰巨性和复杂性，如何圆满解决这些难题是哲学社会科学面临的最严峻挑战

中国特色社会主义进入了新时代，这是我国发展新的历史方位，社会主要矛盾已转化为人民日益增长的美好生活需要和不平衡不充分的发展之间的矛盾。成都改革开放以来，在户籍制度改革、土地管理制度改革、公共服务供给机制创新等重要领域走在全国改革的前沿。但是，在新的历史条件下，成都要更好地促进城市综合实力提升和人民生活质量改进提升相

---

① 张江：《伟大的实践需要哲学社会科学大发展》，2016 年 6 月 17 日，人民网，http://theory.people.com.cn/nl/2016/0617/c83846_28454343.html。

② 李鹏图：《21 世纪哲学社会科学面临的机遇与挑战》，《河北师范大学学报》（哲学社会科学版）2000 年第 7 期，第 11 页。

得益彰，仍然面临着发展质量和效益不高、区域发展不平衡、创新能力不够强、开放发展不充分、生态环境保护任重道远、社会治理现代化水平亟待提升、民生领域仍有不少短板等诸多不平衡不充分的问题，这已成为满足人民日益增长的美好生活需要的主要制约因素。破解这些重大理论问题和时代课题，解决好发展不平衡不充分问题，提升发展质量和效益，更好满足人民在经济、政治、文化、社会、生态等方面日益增长的需要，都亟须哲学社会科学提供思想支持、学理支撑和科学方法，亟须哲学社会科学要有中国立场、问题意识、实践观点、史学精神、原创追求和学理支撑。"不忘初心，方得始终"，这个初心，是继续保持传承中华民族五千年优秀文化传统，坚持走中国特色社会主义道路的自觉性和使命感。新形势下成都哲学社会科学如何切实增强"四个意识"，不忘初心、牢记使命，深学笃用习近平新时代中国特色社会主义思想，深刻把握新思想、新时代、新使命新征程，担当起为推进地方改革研究新情况、解决新问题的资政重任，既是一种挑战，更是社会科学拓展新境界、赢得新机遇的重要方式。

3. 哲学社会科学研究迈入新阶段，但哲学社会科学自身面临诸多需要解决的问题

随着经济、社会的全面进步和人类自身的全面发展，哲学社会科学独特的地位、作用和社会功能越加凸显、越加重要。哲学社会科学的研究和发展也迈入着眼创新、提升质量的新阶段。这要求哲学社会科学工作者不断创新研究方法、丰富研究内容、拓展研究领域，全面提高整体水平，以适应哲学社会科学自身发展规律，满足时代发展的新要求。因此，哲学社会科学就必须求真求是、不断创新，必须密切关注现实生活，正确把握社会发展规律。但在目前，在对经济社会发生巨大影响和社会需求不断拓展、面临较好发展机遇的同时，哲学社会科学理论明显供给不足，满足不了时代发展和社会实践的要求。成都在繁荣发展哲学社会科学方面也面临许多挑战。一是学术观念和方法面临新挑战。当代经济社会发展的规模尺度已远远大于传统社会，其内在复杂性更是不可同日而语，并且还有向本原和宏观两级发展的趋向，学术发展必须以系统论、控制论和信息论意义上的新建构才能适应需要，必须运用多学科或交叉学科理论才能比较全面地研究和解决问题，必须以"科学"思维而非"技术"思维才能进行预期分析。长期以来形成的局限于传统认识和传统格局的学术观念和方法必须

冲破，局限于区域范围的学术视野也必须拓展。二是学术创新机制面临新挑战。必须树立原创、首创、独创精神，以大学问、大学术、精深化理念，以新的问题意识切实解决经济社会发展所面临的新问题。三是区域发展研究面临新挑战。必须尽快建立区域发展思想和理论支撑体系，有针对性地解决日益突出的区域发展问题，尤其是城市化所面临的尖锐矛盾，必须跳出成都在大视野上研究成都问题，凝练符合可持续发展目标的发展优势。[1]

二 当前成都哲学社会科学发展存在的突出问题

改革开放以来，特别是进入 21 世纪以来，成都哲学社会科学迎来了前所未有的发展机遇，呈现出空前繁荣的发展局面。尽管成都哲学社会科学事业取得较大发展，但无论是在适应时代要求上，还是在适应新形势、新任务上仍有一定差距，存在一些新的矛盾和问题。

（一）社科体系建设整体水平不高

学科优势已经成为地方哲学社会科学发展的核心，承载高水平科学研究和产生创新成果的平台，造就学术大师并使拔尖人才脱颖而出的基础。从成都的情况来看，差距主要表现在学科方向相对分散，学科研究的整体水平有待提升，优势学科和特色学科不明显，学科资源没有得到合理有效的整合与利用。

一是学科门类较为齐全，但布局并不均衡，学科方向相对分散。目前我国官方公布的社会科学学科有八个大类——哲学、经济学、法学、教育学、文学、历史学、管理学、艺术学。[2] 在上述八大类学科的很多领域，

---

[1] 《杭州市"十二五"哲学社会科学发展规划》，2012 年 1 月 10 日，http://wenku.baidu.com/view/f6415dd1bqf3fqof76c61b40.html。

[2] 赵中源：《广州市社会科学学科建设的现状与发展路径》，《广州大学学报》（社会科学版）2012 年第 8 期，第 55 页。

成都市社会科学已实现基本覆盖，这从目前成都市属高校的文科专业设置可以得到体现——专业设置悉数涵盖（但各大类学科所涵盖的一级学科并未样样具备），不仅有相关专业师资队伍，而且招收了相应专业本科生或硕士生。而近年来成都社会科学优秀成果评奖所覆盖的学科面，也可以说明成都市社科界在上述领域都有了或多或少的研究。需要说明的是，现有社科的学科布局还停留在"以点带面"的层次，学科方向相对比较分散，优势学科和特色学科不明显[1]，相对于全国学科建设的水平而言，成都社会科学的特色学科和优势学科是有限的，与国内学科领军单位相比，相对处于劣势或者还尚存一定的差距。根据成都社会科学现有的学科基础和可能的社会条件，短时期内实现各个学科发展的全面开花是不太可能的，因此挑选一些具有成都特色、具有全国比较优势，并为成都市社会长远发展所急需的学科，加以重点扶持和培育，使之尽快成长为优势学科、特色学科，并为其他学科的发展起到一定的示范和引领作用，是势在必行的。

二是研究的整体竞争力还不强。首先，社会科学研究成果在国内有一定影响的不多。这从全国主流学术刊物上刊登的成都市学者研究成果的情况可得到证明。多年来在《中国社会科学》等国内最高社科学术刊物刊登成都市专家学术论文较少，成都社会科学工作者在全国一流学术刊物的发稿率、影响力需进一步提升。其次，成都学者与全国学者同台竞争的实力不突出，在全国学术界的整体话语权不够，这可以从近年来成都市属高校及社会科学研究机构申报国家社科基金项目以及其他全国性科研课题的情况得到说明，虽然数量整体呈现出渐进趋势，但仍缺乏横向比较优势；成都市社科成果在高层次的学术评奖中获奖不多，层次不高，有实实在在学术影响力的成果较少，整体水平仍然需要进一步提升。[2]

---

[1] 所谓优势学科和特色学科，是与一定范围内（可以是国际、国内、省内，也可以是同一系统，如高校、研究机构）的社会科学学科发展状况相比所呈现出的比较优势和特质。正因为这样，一定范围内的优势学科和特色学科实际上反映和代表了其在该地区与该系统的学科建设和发展中的强势地位和领先水平。优势学科和特色学科数量越多，优势越突出，特色越鲜明，其在一定范围内学科界的分量越重，话语权越大。

[2] 赵中源：《广州市社会科学学科建设的现状与发展路径》，《广州大学学报》（社会科学版）2012年第8期，第58页。

三是话语地位有待提升。成熟的话语体系是学术发展到一定阶段的产物，是学术成熟的象征。改革开放以来，成都哲学社会科学繁荣发展取得了显著成就，学术视野大为拓宽，学科建设全面发展，研究方法更加丰富多样，推出了不少新的研究成果。① 但无论是在适应时代要求上，还是在适应新形势、新任务上仍有一定差距：社会科学研究创新能力还不强，研究解决深层次理论问题、重大现实问题的成果还不多，研究结构、质量和效益需进一步优化；科研成果转化为智库成果的渠道还不够通畅，成果转化率还比较低。特别是，随着改革开放的不断深入和对外学术交流的不断扩大，与全国其他先进省区相比，成都哲学社会科学的学科水平、学术水平还不高，有较大影响的哲学社会科学精品还比较匮乏，全国有影响力的名家大师还比较稀缺，导致哲学社会科学的学术竞争力、政策影响力、社会影响力、文化影响力、国际影响力相对不足，话语地位还有待提升。

（二）科研管理与协作创新机制相对滞后

科研管理机制、学术评价机制、人才评价机制创新是地方哲学社会科学创新发展的重要保证。社会科学核心竞争力一般包括公认的学术大家和学术带头人，有利于出成果、出人才的科研管理机制，具有特色和优长的学科，具有优势竞争力的研究专长，占领某些领域的研究制高点，某些研究资源具有独享优势等指标。② 在此基础上组建的学术团队，才是真正有竞争力、战斗力的社会科学研究团队。对照这些指标，目前成都的社科研究机构很难完全达到以上标准，其中的多项指标表现出优势不明显或处于弱势状态。由于科研管理的组织平台搭建不够，很难实现科研人员的优势互补，影响了科研资源的优化配置。推进成都哲学社会科学宏观管理体制和微观运行机制改革、优化哲学社会科学资源配置等方面还有许多需要积极探讨的问题。

---

① 董云虎：《努力建设中国特色哲学社会科学学术话语体系》，《学术月刊》2016年第4期，第5页。

② 张志栋、刘典平等：《哲学社会科学管理工作创新研究》，《青岛职业技术学院学报》2003年第12期，第7页。

一是科研管理体制机制有待创新。哲学社会科学研究的规划和项目申报不完善，重申报，轻管理。目前，大多数社科研究管理模式还是根据指南申报课题，然后由研究人员进行研究，完成后鉴定、归档，这种封闭的管理模式已经不能适应社科研究与地方社会经济发展、与市场需求相接轨的新趋势。[①] 在研究资助方面，一般性研究课题较多，但在一些重点领域，如大型调查，重大现实问题的中长期研究，数据库和智库建设等方面，却没有得到集中持续的资助。

二是学术评价机制亟待改进。长期以来，由于哲学社会科学研究成果评价没有形成自身的体系，在很多方面借用自然科学评价的量化方法，尽管这些量化的方法在一定阶段、一定程度上促进了人文社会科学研究的发展，但毕竟不完全符合人文社会科学研究的运行特点和规律，以社科成果评价为核心的竞争激励机制缺乏活力。

三是政府、社会和市场之间对接交换机制有待完善。在一些大的科研领域，还没有实现社会科学研究的社会化，科研机构的民间化、企业化，政府、企业、民间在知识市场、科研市场上资源的合理配置的总的机制没有形成。应当探寻一种机制，打破行政机制的束缚，使人才、信息、课题、消费资源的合理配置，提升哲学社会科学研究服务社会的能力和水平。

（三）高素质社科人才发展机制尚不完善

造就一支高素质人才队伍，是哲学社会科学在全面深化改革中大显身手、发挥作用的基础和保证。目前，成都社科人才队伍依然面临"人才易得，大师难求"的局面，在社科人才培养、使用、评价和激励方面，也依然存在着人才体制机制上的桎梏。[②] 只有设立更符合社科人才

[①] 林萍：《地方性高校人文社会科学研究发展策略研究》，《苏州科技学院学报》（社会科学版）2008年第2期，第47—49页。

[②] 蔡秀萍：《社科人才：国家软实力的"承担者"》，《中国人才》2014年第6期，第19页。

成长规律的人才体制机制①，才能使社科人才队伍在改革的洗礼中焕发新的生机和活力。一是汇集、培养人才并发挥其作用的机制尚未建立。成都市繁荣发展哲学社会科学的各种法规未建立，制度未建成或不健全，动力机制缺乏。即暂时还没有出台以社科学科与人才队伍建设为主体的、完整统一的总体规划，同时能较全面反映成都社科优秀成果与人才队伍之"家底"的动态信息管理系统也还暂时没有，无法完整地实现社会科学学科成果与人才信息的共享。二是释放社科人才活力机制上有创新。繁荣发展哲学社会科学刚性制度尚不足，政策支持力度不强。社科人才存在理论脱离实际的弊病，深入社会、深入基层、深入实际的调查研究不够，因而解决社会重大理论及现实问题的能力有待提高，承担各级经济社会发展的重大攻关项目仍然不多，具有重大影响的标志性的科研成果数量不多，缺乏在国内或国外有较大影响的学科带头人。三是没有建立人才汇集机制，缺乏长期持续完善的发展思路与执行规划。在科研方面横向互不干涉、不同程度地存在着各自为政的现象，纵向缺乏协调、上下堵塞、互不通气，交流渠道过于单一，开放互动合作机制不健全。

（四）社科资源力量整合仍然不足

成都与全国一样，哲学社会科学力量有社科联、社科院系统，党校系统，各高等院校，党政机关的研究机构，社科类学术团体五大部分组成，五个系统各自为政，缺乏合力，封闭分散的哲学社会科学研究难以适应当前急剧变革的社会和经济发展新形势。

一是条块分割，职能交叉，运行机制碎片化。成都哲学社会科学研究

---

① 社科人才的评价标准有一定的特殊性，界定起来有一定的难度，与自然学科研究成果的唯一性相比，社会科学学科多、门类广，传统基础研究、应用对策研究两大领域存在着较大差异，很难简单地用统一的标准对不同学科领域的成果水准、人才水平给予评价和认定。即使以社会效果而非经济效果作为评价标准，人文学科成果也难以与社会科学成果做简单比较。从知识积累到观察社会、洞察国情，一名优秀社科人才的培养，至少需要20—30年的时间，一般到40岁以后才基本走向成熟。而"学术大家"的培养，除了完成学历教育、具有适当参与社会管理的实践经验以外，往往还有海外留学或适当参与国外智库合作研究的经验，只有这样，才能成为名副其实的"理论大家"或"战略型专家"。针对1993年以来592名荣获中国社科院优秀科研成果奖的社科人才的研究表明，他们的平均创新年龄高峰在51岁。

机构不少，但分散于各个"条""块"，研究力量和研究资源相对分散。从"条"看，各委、办、局归口都有自己的研究室、综合处或法规处；从"块"看，市本级主要有市委、市政府、市人大、市政协的相关研究处室，以及成都市社科院、市委党校、市党史研究室、市经济研究院等机构，区（市）县一级政府也都建有研究室。由于各研究机构的设置和职能定位不一，研究资源又没有进行有效整合，"条"与"块"封闭运行，"块"与"块"之间的交流较少，各自为战和"小而全"现象较为普遍。由于在机构设置上不仅条块封闭分割且职能交叉重复，缺少统一的协调体系，造成经费保障和人力资源普遍不足，多头组织、重复立项、重复资助、重复研究的情况时有发生，运行机制呈现无序化、碎片化，降低了社科研究资源的利用效率。同时，各研究部门研究侧重点不明确，加上信息沟通不畅，研究成果及时性、针对性不强，成果共享机制缺失，阻碍了地方哲学社科研究机构综合性优势的发挥。

二是以研究项目为纽带、以决策服务为导向的互动合作机制缺失。所谓的互动合作既存在于不同学科之间，也存在不同研究机构之间，涉及信息网络平台、课题合作研究机制、资料交换机制、人员交流机制等。然而从实际来看，不管何种类型的社科研究结构，互动意识和行为能力都比较弱，致使社科研究"散兵游勇"者居多，科研项目的转化率不高，为党委政府决策提供咨询效果不突出，影响了成都哲学社会科学研究效能和整体发展水平，迫切需要社科研究机构主体突破壁垒，整合资源、分工合作，推进横向联合与协同创新，形成集群效应。[1]

三是不同领域的社科专家优势未能互补。成都高校、党校、政府机关和研究机构等各自研究力量都比较强，但彼此缺乏沟通交流，存在理论与实践脱节的现象，导致为党委政府决策提供咨询效果不突出。部分学者不太熟悉政府工作，政府部门不够了解学术研究成果，书斋文章难以转化成为真正指导政府工作的咨询建议，这种局面亟须各部门发挥各自的能力优势，整合互补性资源，构建多层次的人才成果互补融合机制迫在眉睫。

---

[1] 江苏省哲学社会科学界联合会：《率先协同创新 建设"江苏智库"》，《新华日报》2013年8月20日第A06版。

三 在全面深化改革中推进成都哲学社会科学繁荣发展

成都哲学社会科学在新的起点上，高点定位、明确目标、自觉肩负起"干在实处永无止境，走在前列要谋新篇"的新使命，应以新时代中国特色社会主义事业的重大理论和现实问题为主攻方向，聚焦成都加快建设国家中心城市、世界文化名城和国际化大都市的重大理论和现实问题，建设具有强烈的成都地域特色，以"成都研究"和"研究成都"为核心内容，突出学术性和创新性特质，展示学术文化的魅力，立足成都、研究成都、服务成都。要着力构建以马克思主义为指导的学科体系、学术体系、话语体系，推出一批原创性、有重大价值的研究成果，培养一批德才兼备、在全国有广泛影响力的领军人才，打造一批高水准、社科界公认的优势学科、知名品牌、重点智库，把成都哲学社会科学发展提高到一个新水平，加快建设具有中国特色、成都气派的社科强市，努力为全面建成小康、全面深化成都改革提供更多有思想含量、有理论深度、有实践价值的研究成果，为建设全面体现新发展理念的城市提供思想保障、精神动力和智力支持，为建设中国特色哲学社会科学发出"成都声音"，贡献"成都智慧"。

（一）总体目标

坚持立足成都、面向全国、关注世界、着眼未来，推动哲学社会科学大发展大繁荣，加快建设具有鲜明时代特征、中国特色、成都特点，与成都经济社会发展水平相适应、具有较强综合实力的哲学社会科学大市，为建设全面体现新发展理念的城市提供强大思想理论支撑；哲学社会科学研究机构、人才、成果、资源等总体实力在全国省会城市或副省级城市中居于前列，与经济社会发展指标排位相当；研究机构和研究队伍有较大幅度增加，总体实力较大幅度提升；在学术成果质量、学术资源整合和经济社会发展可依存度方面处于全国领先水平，形成在全国具有重大影响的学术品牌；推动学术成果的普及应用，惠及更多群众，满足人民群众优质、多样的文化需求。在未来五年，成都哲学社会科学要着力构建六大体系：一是构建起方向明晰、特色鲜明的在全国具有领先地位的学科体系；二是构建起素质优良、勇于创新的哲学社会科学队伍体系；三是构建起支撑有力、成果层出的哲学社会科学创新平台体系；四是构建起团队攻关研究与个人自由探索并重的科研项目体系；五是构建起一个目标明确、贡献卓著的哲学社会科学社会服务体系；六是构建起互利共赢、平等对话的哲学社会科学学术交流体系。

（二）主要任务

1. 推进哲学社会科学理论创新能力

与时俱进和理论创新是哲学社会科学的生命。理论创新是对时代课题的深刻把握和科学解答，理论创新成果是时代精神的精华，理论研究是社会科学服务发展大局的重要方式。哲学社会科学要保持生命力，就必须跟上实践和时代前进的步伐，必须永不停顿地探索和创新，研究新问题、总结新经验、创建新理论。哲学社会科学的与时俱进具体表现为两个方面。一方面，哲学社会科学研究要实行"改革开放"政策，实现中西文化交流，取别人之长，补自己之短。另一方面，哲学社会科学要解决当前的重大理论和现实问题，如注重对人民群众创造的新鲜经验进行科学总结和理论概括，不断深化对经济社会发展规律的认识，以有说服力、战斗力的理论研究成果，回答人民群众关心和现实生活提出的重大理论和实际问题。[①]

一是深入学习、研究、阐释习近平总书记系列重要讲话精神和治国理政新理念新思想新战略，全面准确深刻领会习近平新时代中国特色社会主义思想，重点对党的十九大精神和党的理论创新最新成果的重大意义、历史地位、丰富内涵、理论体系和实践要求等进行了充分研究，在深化学习理解、深入研究阐释、辅助决策资政上取得一批有价值的思想认识成果。

二是立足本土特色，有效挖掘成都地域文化。成都有着4500多年的城市文明史，以成都为中心的长江上游地区是中华文明的发源地之一。数千

[①] 尤鑫：《哲学社会科学面临的机遇挑战与发展》，《理论学习》2016年第6期，第17页。

年来，成都城市的历史未曾中断，其发展阶段明晰，文化遗产丰富。以成都城市为中心，构成了比较完整的蜀文化体系，以成都为中心的蜀学在全国具有相当的地位和影响，名师大家辈出。立足博大精深的成都文化，加强"研究成都"与"成都研究"，以此构建与诠释具有中国气派与中国风格、成都气派与成都风格的学术话语体系，讲好成都故事，真正推出一批有影响力的理论品牌。换句话说，这不仅是要考虑哲学社会科学地域性问题，更是如何加强天府文化研究，以此真正形成成都特色，形成有别于其他话语体系的内涵与本质。例如对天府文化的源流、精神内涵、时代特征、价值观念、实践成果等进行脉络梳理、理论阐释；从不同角度、多个领域全面准确地反映天府文化的核心思想，揭示天府文化的当代价值；阐释天府文化中包含的中华优秀传统文化核心思想理念、传统美德和人文精神；围绕"创新创造，时尚优雅，乐观包容，友善公益"表述的深度解读和有效传播，以构建和丰富成都文化优良个性，打造成都文化软实力，引领成都文创产业发展，有效塑造成都在国内、国际的品牌形象。通过对成都地域文化资源的充分挖掘和凝聚，把人文精神提炼起来，打造具有地域特色的文化品牌。唯有如此，才能真正让成都社科成果具有"吸引力、感染力、影响力、生命力"，进一步传播开来，让全国乃至世界知晓、认可，成为世界大话语体系中的一颗闪亮新星。

三是围绕中心加强研究。理论研究是社会科学服务发展大局的重要方式。当前，是我国全面建设小康社会和成都深化改革开放、加快转变经济发展方式的攻坚时期，需要深入研究中国特色社会主义体系建设中具有全局性、前瞻性、战略性的重大问题。成都哲学社会科学要在以问题为导向，以人民为中心的前提下，选择好哲学社会科学理论创新发展的视角，主动融入实现"中国梦"的伟大实践，主动融入建设国家中心城市的具体实践。加强对发展基础较好、近期有可能形成突破的部分领域，如城市文化形态研究、内陆开放型经济研究、区域经济研究、国际化城市研究、社会转型和社会治理创新研究、文化创意产业研究等进行重点扶持，增强学术创新能力。在具体的研究方法与方向上，从成都改革发展的实践中挖掘新材料、发现新问题、提出新观点、构建新理论：聚焦创新发展，深入研究产业转型升级、内陆经济、军民深入融合战略等问题；聚焦协调发展，深入研究新型城镇化、供给侧结构性改革、精准扶贫精准脱贫、都市农业、城市群等问题；聚焦绿色发展，深入研究国家生态文明先行示范区建设、城市生态、绿色产业、生态补偿、生态文化等问题。聚焦开放发展，深入研究"一带一路"、内陆自贸区、国际合作园区、"蓉欧＋"、西部服务中心城市建设等问题；聚焦共享发展，深入研究基本公共服务均等化普惠化、民生保障和改善、社会治理创新、依法治市等问题，以更加丰富的研究成果和学术成就支撑起建设全面体现新发展理念城市的理论自信。

四是完善学科体系。一方面，加强马克思主义学科建设，推动形成以马克思主义理论一级学科为龙头、其他学科领域马克思主义相关学科为支撑的学科体系。提升马克思主义理论学科的引领力渗透力，把马克思主义立场观点方法贯穿到各学科各专业之中①；另一方面，结合成都改革开放的率先探索和鲜活实践，挖掘新材料、探讨新问题、构建新理论，鼓励和扶持以研究基础性、前沿性、战略性问题为主的新兴学科和交叉学科，培育哲学社科研究新的生长点和学术特色；选择成都具有一定基础或发展潜力的若干学科，培育成为学科品牌和学术品牌。

2. 加强新型智库建设

党的十九大报告提出，要深化马克思主义理论研究和建设，加快构建中国特色哲学社会科学，加强中国特色新型智库建设。近年来，智库在政府决策过程中逐渐发挥着越来越大的影响力。党的十九大召开之后，成都对表"两个一百年"奋斗目标和"两阶段"战略安排，已明确提出"三步走"战略目标②，用国家中心城市和世界城市的历史定位引领成都未来30年的长远发展。作为成都哲学社会科学特定领域核心研究平台，如何凝聚成都学术研究核心竞争优势，有效整合各项资源，建设高端新型智库，全力发挥哲学社会科学咨政启民功能，是摆在成都市哲学社会科学面前的一个重要课题。成都要突出社科智库建设，加快培养智库人才，打造聚智咨政品牌，开展前瞻性、针对性、储备性的政策咨询研究，建设一批具有成都特色、制度创新、引领发展的专业化高端智库，积极推进多层次智库

---

① 陈宝生：《发挥高校优势加快构建中国特色哲学社会科学》，2015年5月17日，教育部政府门户网站，http://moe.edu.gov.cn/jyb_xwfb/moe-176/201705/t20170517_305073.html。

② 到2020年，高标准全面建成小康社会，基本建成全面体现新发展理念国家中心城市；从2020年到2035年，加快建设高品质和谐宜居生活城市，全面建成泛欧泛亚有重要影响力的国际门户枢纽城市；从2035年到本世纪中叶，全面建设现代化新天府，成为可持续发展的世界城市。

体系的建设和发展，不断增强哲学社会科学的吸引力、感染力、影响力、生命力，在新时代为成都在建设社会主义现代化新征程中走在前列建言献策，推动理论创新和知识创新，为加快构建中国特色哲学社会科学贡献成都力量。成都打造聚智咨政智库品牌，形成集群效应，应该从以下几方面着力：一是坚持马克思主义立场观点方法，牢牢把握正确方向，在党的十九大精神引领下，从成都生动的实践总结提炼出一系列创造性的理论成果和具有成都地方特色和风格的课题研究，推出优质智库产品，为成都创新发展提供强大的精神动力和学术支撑。二是产生明显的叠加效应。通过成都金沙智库建设，整合市内社科界专家、市级机关领导专家和在蓉领导专家三方力量，使其成为成都社科协同攻关、研究创新、服务成都发展的新平台。直面成都经济社会发展中的热点、焦点和重大战略问题，精准对接市委、市政府决策需求，精准选题、精准攻关，以科学及时、专业系统的研究成果服务于党委政府；积极举办国际性的论坛和峰会，参加国内外重要学术活动，为成都市委、市政府提供更具国际化视野的决策咨询服务，对成都经济社会发展的促进作用明显增强。三是形成人才集聚的集群效应。培养造就一批高素质的学术带头人和研究骨干队伍，加快形成中青搭配、以中青年骨干为主的高层次、多专业、宽领域的核心人才库，与此同时，通过情感联谊、课题联结等方式，积极营造开放合作的智库人才体系，逐步构建由专家型领导和大批海内外知名咨询机构、实体企业、科研院所、高等院校等各领域权威专家组成的外围专家库，有力地促进成都社科队伍建设水平的显著提升，促进成都社科服务发展质量的显著提升。四是适应"互联网+"时代的需要，加快智库建设的转型。注重发展理念和组织管理方式的创新，促进跨学科、跨部门、跨地区的优化组合，不断提高智库的创新活力。建立需求对接机制，加强决策部门同智库的信息共享和互动交流，把党政部门政策研究同智库对策研究紧密结合起来。在此基础上，整合智库资源，成立成都智库联盟。可以在不改变智库单位隶属关系的情况下，充分发挥成都社科联"联"的优势，与各类智库互通链接，建立成都市社会科学界智库枢纽，成立松散型的智库联合体，形成"1+N"智库体系，实行会员加盟制，功能定位为决策咨询、资政议政、研究协作、信息共享、沟通联系、人才培养、对外交流等，集中力量研究关乎成都经济和社会发展大局的大事，为政府决策提供贴身服务，催生一批高水平论文、高质量专著、高层次咨询报告，科研实力和社会影响明显提升，把智库建设成为高举中国特色社会主义伟大旗帜的理论阵地、回答成都改革发展重大现实问题的实践基地、集聚名师大家的智慧高地，建设成为在西部乃至全国都具有重要影响的新型智库。

3. 推进哲学社会科学话语传播

创新学术话语体系是马克思主义意识形态建设的内在要求，也是推动哲学社会科学大发展大繁荣的核心内容。一个国家或一个区域的哲学社会科学的发展是一项系统化的长期过程，要在国际学术领域增强话语权就必须坚持自身独特的核心价值和文化底蕴。[1] 在经济全球化背景下，成都哲学社会科学应注重加强学术话语体系建设，应密切关注国际学术前沿问题发展置于人类社会变革和文化变迁的大背景下加以研究，提出能够体现中国立场、中国价值的理念、方案。对于成都而言，如果说理论话语的构建与诠释是一场没有硝烟的战争，在以问题为导向，以人民为中心的前提下，如何选择好哲学社会科学理论创新发展的视角，如何立足成都本土特色，有效挖掘成都地域文化才是博弈取胜的根本所在。要坚持突出特色、发挥优势，立足成都实际、面向全国、放眼世界，系统梳理和研究阐发天府文化中的优秀成分和时代价值，利用"国际表达"讲好"中国故事""成都故事"，着力构筑成都哲学社会科学高地；要服务国家"一带一路"建设，聚焦"一带一路"沿线国家，以品牌活动为载体，创新传播方式，构建全方位、多层次、宽领域的对外传播格局，讲好成都故事，提升天府文化的国际影响力。

一是坚持以马克思主义理论为指导、掌握马克思主义话语权。一个多世纪的发展史证明马克思主义在我国是适用的，它有着极强的真理性与科学性，所以其话语也有着较大的优越性。推进哲学社会科学话语传播，要把马克思主义哲学作为立家之本，学术之源，要坚持"二为方向"与"双百方针"，坚持继承性、民族性、原创性、时代性、系统性、专业性，要有中国立场、问题意识、实践观点、史学精神、原创追求和学理支撑。要在习近平新时代中国特色社会主义思想的指引下，把新时

---

[1] 蔡潇、居继清：《湖北哲学社会科学增强国际学术话语权的思考》，《学理论》2015年第6期，第31页。

代中国特色社会主义理论体系贯穿于学术研究之中，以更宽广的视野审视马克思主义在当代中国发展的现实基础和实践需要，以更长远的眼光思考和把握党和国家未来发展的一系列重大战略问题，聆听时代声音，坚持问题导向，在理论上不断拓展新视野、作出新概括，以强烈的家国责任感和担当精神，发时代先声、建言献策，让中国的马克思主义能够展现出更强大、更有说服力的真理力量，增强马克思主义话语的整体认同。

二是紧抓地域特色，提升话语权威。成都是一个有4500多年城市文明历史的文化名城，是中国现今特大城市中历史最悠久的城市之一。几千年来，成都城市虽历经战争破坏，但都能获得再生并崛起，显示出极强的生命力。成都人、成都文化、成都人文精神是成都城市发展的决定性因素。成都哲学社会科学的发展离不开生动活泼、生生不息的蜀文化、成都地域文化，离开了成都的历史地理、政治人文去开展哲学社会科学的研究是空洞无力的。只有置于人类社会变革和文化变迁的大背景下，突出成都哲学社会科学的地域特色，形成宽广的国际视野和鲜明的地域特色，在探索人类社会制度提供"中国方案"中贡献成都做法和成都经验，才能主动占领国际学术话语权高地。因为越是体现成都地域特色的哲学社会科学，越是在国际学术领域能有立锥之地，并不断获得发展。

三是整合社科资源。首先，在管理体制上，实现从"重归口"向"重统筹"的转变。优化资源配置，整合整体力量，打破"条条"与"块块"的限制，变归口管理为统筹管理，形成务实高效、协调有序的研究格局。进一步厘清党委宣传部、高校、党校、社科院、社科联及有关政府部门、民办研究机构应承担的职能关系，在体制上形成党政领导，宣传部门抓总，社科联管理，社科单位配合，基层组织和研究者、管理者共同落实的格局。其次，加强社科研究资源整合融通。充分运用和发挥在成都的部、省属院校和科研机构的资源优势，加强科研机构与各实际工作部门之间，自然科学界与哲学社会科学界之间，各社科机构的交流与合作，鼓励和支持跨领域、跨行业、跨部门、跨院校、跨学科团队研究。选择有较强研究力量的专业研究机构和民间社团，建立若干人文社会科学研究基地，承担研究课题，培育优长学科。建立研究基地，开展长期跟踪研究，将科研触角向更宽领域延伸,向基层一线延伸。① 最后,巩固发展学术交流平台。加强与国内外哲学社会科学力量开展交流与合作,借力中国社会科学院等国家一流研究机构和国内著名高校等外部高端资源合作开展研究,充分发挥好成都籍人文社科专家的优势,共同设立重大研究平台,联合进行科研攻关,加强高端研究人才培养,打造更多国家级水准的精品学术项目和决策应用成果项目。

四是大力创新社科普及,拓展话语受众。社会科学普及具有"理论贯通顶天,实践育人立地"的优势,是党的意识形态工作的重要组成部分,既守望思想灯塔,更领航时代生活,是推进哲学话语传播体系的有效途径和前沿阵地。成都推进哲学社会科学话语体系建设,必须在社科普及中向公众有效传播和推介社会科学知识和理论成果,推进马克思主义中国化、时代化、大众化,推进社会主义核心价值观大众化,开启公众智慧、铸造科学思想、增强人文道德素养、促进人的全面发展②,不断提升世界文化名城软实力,以北京、上海等中心城市为标杆把成都办成人文社会科学普及的中心。首先,在制度层面、法律层面确立其战略地位,提供强有力的法治保障。贯彻落实《四川省科学技术普及条例》赋予的职责和任务,让社科普及惠及更多人民群众。其次,动员和整合社科联体系外社会科学普及的资源,着力强化在资源共享中实现优势互补。组织社会科学普及专家宣讲团和社会科学普及志愿者到"离群众最近的地方"宣讲社科知识,宣传党的政策、传播党的声音。最后,讲究普及艺术、改进普及方式,把"大道理"变成"小故事",把学术语言转换成群众语言,把"普通话"和"地方话"结合起来,把"独角戏"转换为"交响曲",真正让党的理论政策鲜活起来,让社会科学知识生动起来,"随风潜入夜,润物细无声"。③

五是创新"官方+民间"的互动模式,构筑多元参与格局。从社会转型的发展趋势来看,企业的社会责任意识越来越强,企业的社会公益参与

---

① 李帧:整合社科资源凸显智库作用,《厦门特区党校学报》2011年第4期,第63页。

② 《大力开展社科普及工作提升世界文化名城软实力》,《中国社会科学报》2016年12月28日第8版。

③ 黄建华、王鹏等:《以社会科学普及惠及更多人民群众》,《湖南日报》2016年5月8日第3版。

行动也越来越多，民间力量、社会力量也必将成为推动话语传播体系建设的一股越来越重要的力量。① 成都哲学社会科学发展在诸多领域内可以与这些繁荣的企业实行产学结合，也可以借此培育企业、社会支持高等教育、学术发展的社会责任意识，并进一步寻求支持，形成如国外各类财团、集团设立各基金会支持社会科学发展的繁荣局面，这在成都建立西部文创中心的国家中心城市的战略决策中，注重民间社会的力量与政府共同推动成都哲学社会科学的繁荣发展似乎是可见的乐观前景。这也是日后成都繁荣发展哲学社会科学的可持续性保障之一。

六是融合新媒体技术，创新传播方式。首先，优化话语建构方式，增强话语体系的解释力。在构建哲学社会科学话语体系时，不断创新话语表达形式，将话语内容与新颖别致的话语表达方式结合起来，增强语言的可接受度，增强成都哲学话语体系内容的吸引力，从而提高传播效能。其次，抢占新媒体话语传播空间，重塑话语体系权威。"话语权威"指的是话语在大众中拥有的声誉及威望，它建立在大众对话语主体及话语内容信任的基础上，一方面，要求主体所呈现出来的话语具有解释力和说服力；另一方面，要求话语主体关注民生、信守承诺，以大众的话语利益为自身话语的价值诉求。要充分发挥传统媒体和新媒体各自的优势，将传统主流媒体公信力强、权威性高、充满正能量的内容借助新媒体无边界、传播力强及可视可感可交流的优势，通过新媒体平台快捷传播出去。② 再次，改变传统媒体话语传播范式，增强话语体系效力。注重借助自媒体、社会性媒体拓展传播广度，借助自媒体、社会性媒体速度快、范围广、互动性强、草根化等特点，培养意见领袖、红色大V，用润物细无声的方式传递正能量。提升成都的学术资源供给、传播、分享与应用的能力，促进学术资源互通互享，互学互鉴。最后，深化国际合作开放，加强哲学社会科学的交流借鉴。"善学者，借人之长以补其短。"突出特色、发挥优势，立足成都实际、面向全国、放眼世界，系统梳理和研究阐发天府文化中的优秀成分和时代价值，加强成都哲学社会科学的研究进行对内对外双向、平等

---

① 陈新华：《深圳发展学术文化的思路与对策》，《特区实践与理论》2014年第6期，第69页。

② 李凌燕：《新媒体语境下社会主义核心价值话语体系建构策略》，《社会科学辑刊》2015年第1期，第25页。

的交流借鉴，利用"国际表达"讲好"中国故事""成都故事"。

4. 深化哲学社会科学综合改革

改革创新是哲学社会科学繁荣发展的不竭动力。要坚持改革创新、完善机制，深入研究改革深层次的体制机制问题，抓住改革关键节点和症结所在，着力改进研究体制、育人体制、管理体制和投入保障机制，不断改善科研条件、优化学术环境、改进服务管理，着力激发成都哲学社会科学发展活力。

（1）健全管理机制。加强和改善党对哲学社会科学工作的领导，统筹管理好人才、阵地、研究规划、研究项目、资金分配、评价评奖活动，处理好投入和效益、数量和质量、规模和结构的关系，优化科研布局，合理配置资源，形成既能把握正确方向又能激发科研活力的体制机制。① 借鉴中国社会科学院的"创新"工程，建立健全财政投入激励约束和绩效评价机制，加大对优秀社科作品创作和对杰出优秀社科人才培养力度。一是人事管理体制创新，目标是形成人员"公开竞聘"和"公平退出"机制，建立竞争流动的创新岗位，构建与绩效挂钩的激励机制，建立能进能出、能上能下、竞争淘汰的选人用人机制。② 二是科研管理体制创新，完善学术评价体系和评价标准，坚持政治标准和学术标准相统一，建立科学权威、公开透明的哲学社会科学成果评价体系，确保正确的政治方向、价值取向、学术导向。建立分类科研评价体系与优秀成果推介制度，构建有利于多出经得起实践和历史检验的精品成果的研究机制。三是经费配置机制创新，目标是构建具有激励和约束双重功能的经费分配机制，赋予研究单位对研究经费支配的主动权，调动科研人员利用经费开展研究的积极性。③

（2）完善投入保障机制。进一步发挥公共财政对社科投入的主渠道作用，保证公共财政对社科事业发展投入的增长幅度不低于财政经常性收入增长幅度；将主要优秀产品和服务项目、公益性社科活动比如社科知识普

---

① 陈宝生：《发挥高校优势加快构建中国特色哲学社会科学》，2017年5月17日，教育部政府门户网站，http://moe.edu.gov.cn/jyb_xwfb/moe_176/201705/t20170517_305073.html。

② 刘普：《哲学社会科学创新工程在社会科学评价与激励机制方面的探索》，《社会科学管理与评论》2012年第3期，第3—10页。

③ 同上。

及等纳入公共财政经常性支出预算；创新科研经费分配、资助、管理体制，把财政拨款和专项资助结合起来，把普遍性经费资助和竞争性经费资助结合起来，把政府资助和社会捐赠结合起来，加大科研投入，提高经费使用效率；建立健全财政投入激励约束和绩效评价机制，加大对优秀社科作品创作和对杰出优秀社科人才培养力度。[①]

（3）提升育人机制。以成都正在建设国家中心城市，构筑人才高地为契机，把制定哲学社会科学人才队伍建设规划纳入地方经济和社会发展的总体规划和部署中，建立健全人才评价发现机制、人才培养开发机制、人才流动资源配置机制和知识性财产保护政策，统筹实施好各类人才计划，构建种类齐全、梯队衔接的哲学社会科学人才体系，从而建成一支与成都建设国家中心城市、经济社会发展相适应的学科优化、素质优良、结构合理、具有较强创新能力的社科人才队伍。积极营造符合社科人才成长特点的环境，培养造就一批有深厚马克思主义理论素养、学贯中西的思想家和理论家，一批理论功底扎实、勇于开拓创新的学科带头人，一批年富力强、锐意进取的中青年学术骨干，使社会科学队伍人才济济，后继有人。

（4）创新协同研究机制。一是整合学科资源。进一步强化整合社科资源，建立地方社科研究合作机制，既符合中国哲学社会科学走向世界的目标要求，也顺应目前我国经济发展方式转变的时代背景，同时还是繁荣哲学社会科学加快发展的新增长点。加强与国内外研究机构和单位的交流与合作，通过合作开展课题研究、举办学术年会、学术论坛、学术研讨会等方式，积极参加国内外、境内外相关学术会议与交流活动。与国内外优势学科所在高校、科研单位共同开展学术项目、互派访问学者、设立学术考察基地和联合申报项目，实现学科资源共享。加强市内各单位的合作，联合建设学科，进一步做大做强。依托成都市经济社会文化发展的实际构建学科群，带动相关学科发展，进一步树立国际标杆，具有全球视野，尊重学术发展内在规律，推动成都与国内外学术研究的交流、互动，保持旺盛

[①] 习近平：《在哲学社会科学工作座谈会上的讲话》，《党史文汇》2016年第6期，第4—13页。

的生机活力，彰显成都学术文化的开放、流动、包容特色。① 二是整合团队资源。通过创新组织体制、运行机制、活动方式，努力建设一批现代科研团队。促进成都哲学社会科学各单位之间研究力量的分工合作，定期沟通信息、交流成果、策划选题、联合攻关，形成整体优势。以重大工程、重点基地、重点研究中心建设、重大项目攻关为抓手，充分发挥社科院在组织开展课题调研、学术交流活动等方面的职能，打破学科之间、院校之间、地区和部门之间的界限，有效协调组织地区内各学会、协会和研究会力量，形成科研合力。② 三是整合信息资源。加强各类数据库建设，建好科研成果库、专家人才库，构建我市哲学社会科学成果、人才的信息资源保障体系，为决策咨询研究提供支撑。加快建设一批成果专题数据库，形成资源互补、共建共享的数据库，构建成都市哲学社会科学研究信息资源共建共享。四是深化区域合作。进一步利用好成都大学等高校、成都市委党校和专业科研机构的资源优势，深入开展针对成都的应用对策研究和成都历史文化研究。加强与市直部门和各区（市）县、社科学会以及大企业之间的横向合作，调动社会各界干部群众研究成都的积极性，以成都经济社会发展与预测蓝皮书和重大课题为主要载体，选准题目、选准地域、选准行业、选准对象，与相关部门和所在区政府、区社科联即研究机构联手开展调研活动，共同推出研究成果。拓宽拓深合作研究交流平台，通过举办高级别的学术会议和论坛，扩大成都哲学社会科学在学术界的影响，促进交流合作，开阔眼界，拓展思路。

（三）重大工程

推进成都哲学社会科学进一步繁荣发展，必须深刻认识哲学社会科学的社会功能，增强全社会尊重和重视哲学社会科学的意识，同时要以开拓创新精神，采取一系列重大措施予以推进。

1. 实施"哲学社会科学学术队伍建设工程"

一是实施哲学社会科学天府学者特聘教授（研究员）计划。结合成都

---

① 杨建:《完善深圳哲学社会科学人才发展体制机制》,《特区实践与理论》2016年第4期,第99—103页。
② 李帧:《整合社科资源凸显智库作用》,《厦门特区党校学报》2011年第4期,第62页。

市队伍建设和人才培养实际，设立适当数量的哲学社会科学天府学者特聘教授（研究员）岗位，面向海内外公开招聘特聘教授。天府学者特聘教授聘期以3—5年为一周期，聘任期间除享受基本工资外，给予岗位津贴补贴；另每年给予专项科研经费资助，主要用于科学研究、著作出版、学术交流等。二是实施哲学社会科学优秀青年学术骨干支持计划。设立若干优秀青年学术骨干岗位，面向海内外公开选拔，支持期为3—5年，给予岗位津贴补贴；另每年给予专项科研经费资助，主要用于科学研究、论文发表、著作出版、学术交流及购置开展工作所需的设备、资料等。三是实施哲学社会科学学术团队建设计划。在哲学基本理论研究，中华文明基本元素研究，中国与中、西、南亚文明交流，西部经济发展，西部社会管理，西部资源环境，西部艺术传承与发展，西部传媒与社会发展，西部高等教育发展等领域，积极培养以优秀学科带头人、学术骨干为核心，以优秀博士为主体的学术团队，争取形成一批在国内具有重大影响的哲学社会科学学术团队。①

2. 实施"哲学社会科学平台建设工程"

加强对发展基础较好、近期有可能形成突破的部分领域，如城市文化形态研究、内陆开放型经济研究、区域经济研究、国际化城市研究、社会转型和社会治理创新研究、文化创意产业研究等进行重点扶持，增强学术创新能力。选择有较强研究力量的专业研究机构和民间社团，建立若干人文社会科学研究基地，设立若干开放型研究室，承担研究课题，培育优长学科。一是重点支持"统筹城乡发展研究中心"，开展长期跟踪研究，确保其在西部经济发展研究方面保持国内领先地位。二是重点支持部分优长特色的研究基地建设，加快形成一批原创性成果。三是对以上平台，综合考虑研究需求，加大年度必需的平台投入。制定《成都市哲学社会科学重点科研平台管理办法》，加强管理、理顺机制，充分发挥科研平台的支撑作用。鼓励和扶持以研究基础性、前沿性、战略性问题为主的新兴学科和交叉学科，培育哲学社科研究新的生长点和学术特色。四是结合成都改革开放的率先探索和鲜活实践，挖掘新材料、探讨新问题、构建新理论，选

---

① 霍涌泉：《西北大学出台哲学社会科学繁荣计划》，2012年9月7日，http://blog.sina.cn/dpool/s/blog_615fc197010192uj.html。

择成都具有一定基础或发展潜力的若干学科，培育成为学科品牌和学术品牌。①

3. 强化"哲学社会科学项目带动工程"

一是要深入实施马克思主义理论研究和建设工程。进一步深入研究马克思主义基本原理，深入研究马克思主义的立场、观点、方法；进一步加强中国特色社会主义理论体系的研究，用发展着的马克思主义指导新的实践，及时反映马克思主义中国化的新进程、新成果。二是瞄准国家和成都区域经济社会文化建设中的重大需求和现实问题，对照国家重大项目指南，加大投入，设立重大研究孵化项目，为获批更多国家重大重点项目和产出高水平科研成果做好培育工作。三是建立哲学社会科学重大项目选题的征集、遴选和确定机制。实行项目合同制管理和项目带头人负责制，强化目标管理，规范过程管理。培育学术精品，锻造优秀人才，促进成果转化，强化社会服务。四是在文化遗产保护技术、中华文明传承创新数字化技术等领域开展试点，以项目带动方式，强化哲学社会科学与自然科学的交叉融合，积极探索跨学科、跨领域人才培养、科学研究、社会服务模式。② 五是实施《成都市社科成果奖励办法》，对已获准的哲学社会科学高水平研究项目，给予配套支持，鼓励广大教学科研人员潜心研究，把实现"两个巩固"的根本任务作为生命线，把回答和解决好重大现实问题作为突破口，把推动成果的转化应用作为着力点，把发扬良好的学术精神作为动力源，不断推出更多有思想含量、有理论深度、有实践价值的研究成果。

4. 实施"哲学社会科学应用智库和成都特色文化研究工程"

一是以金沙智库建设为契机，建立多个应用智库。通过一系列举措，统筹推进党政部门、社科院、党校（行政学院）、高校、军队、科研院所和企业、社会智库等协调发展，形成定位明晰、特色鲜明、规模适度、布局合理的新型智库体系。围绕成都重大战略需求建设一批国家急需、特色鲜明、制度创新、引领发展的新型高端智库。要把推进新型智库建设重点

---

① 习近平：《在哲学社会科学工作座谈会上的讲话》，《党史文汇》2016 年第 6 期，第 4—13 页。

② 霍涌泉：《西北大学出台哲学社会科学繁荣计划》，2012 年 9 月 7 日，http：//blog.sina.cn/dpool/s/blog_615fc197010192uj.html。

放在提高研究质量、推动内容创新上,着力围绕"一带一路""西部大开发"战略实施的"热点""难点"问题,在供给侧改革、转变经济发展方式,发展优势特色产业,保障改善民生,创新社会管理服务和文化建设等方面,强化开展前瞻性、针对性、储备性政策研究,不断推出有深度、有分量、有价值的研究成果,为党和政府科学决策提供依据,充分发挥"思想库""智囊团"的作用。二是依托成都已有的学科优势,积极参与四川省"文化精品繁荣工程"和"优秀历史文化传承创新工程"建设,在塑造四川和成都文化品牌、宣传四川和成都历史文化、推动四川和成都历史文化国际化方面发挥积极作用,推进四川和成都文化建设。三是依托成都市社科院、成都考古研究所、成都历史学会等为数众多的学会,发挥已有哲学社会科学平台和研究团队的作用,在文化产业理论指导、文化遗产规划与文化景观设计、低成本高品位青少年影视作品、文化传承数字技术等方面,形成特色与竞争优势,促进成都文化事业的发展和繁荣。

5. 实施"哲学社会科学体制机制创新工程"

一是推进研究管理创新,建立区域性哲学社会科学研究协调管理机制,从规划制定、课题设计、人才配置、经费支持、成果转化、宣传推介等方面,统筹地方的哲学社会科学研究。二是以质量为导向,注重科研成果的学术原创性和实际应用价值,建立符合学术规律、注重团队合作、有利于人才脱颖而出、有利于激励创新的多元评价体系。三是以科研体制机制改革为突破口,推进科学评价体系创新,遵循哲学社会科学研究规律,尊重哲学社会科学研究工作者的创造性劳动,探索建立以绩效为导向的资源配置与评估制度,加强绩效评估考核,建立动态管理机制,激发研究活力和人才创造力。四是建立健全成都市社会科学研究的重点项目、一般项目、青年项目等各类项目的立项体系。改进完善项目评审制度,健全完善评审专家库,对应用研究特别是对策研究项目的立项评审应引入政府职能部门领导参与评审的机制,进一步完善成果评估指标体系和评价机制,注重研究成果的原创性、科学性和实用性。

6. 实施"哲学社会科学学术影响提升工程"

一是实施《成都社科研究国际化暂行办法》,每年支持一批优秀中青年学术骨干赴海外名校开展高层次学术交流活动或访学研修。二是实施"走出去"计划。以特色文化资源和已有学术高地为依托，拓展国际视野，提升成都优势学科的对外学术交流水平和文化对话能力。加强成都学术交流平台建设，发挥"成都学术年会""成都学术沙龙"等学术品牌活动优势，建设高端学术论坛。组织力量，重点翻译介绍我市哲学社会科学优秀成果，申报传世名著外译项目。三是邀请一批海内外哲学社会科学名师大家，来成都开展合作研究、访学交流和短期任教。以金沙论坛为基础，进一步打造多个有代表性的学术交流品牌活动。鼓励和支持各院系根据学科特色和需求，开展多种形式的学术交流活动。四是"十三五"期间，设立成都市哲学社会科学学术著作出版基金，加大对成都优秀学术成果的宣传力度。

第五章

成都哲学社会科学研究的重点领域

经过改革开放以来的多年积累,成都社科研究已有一定基础,并在区域经济、农村改革、城市建设、基层党建、基层社会治理等重点领域形成研究优势。这些重点研究大部分与成都的改革开放、创新发展和城市现代化等密切相关,体现了成都地方特色,在全国产生了一定影响。对这些既有的优势研究领域,要在现有基础上进一步巩固和提高,做到"强者恒强"。同时,在中国特色社会主义事业迈进新时代、开启新征程的背景下,成都哲学社会科学更需要着眼大局、积极作为,既要聚焦全国共同关注的经济转型、产业升级、民生进步、生态保护、民主政治、从严治党等重大理论和现实问题,更要立足成都改革战略部署和发展的实际,深耕成都哲学社会科学研究的优势领域并形成特色。未来成都哲学社会科学的研究要落实中央关于繁荣发展哲学社会科学的重大方针政策,坚持正确政治方向,遵循哲学社会科学研究规律,紧扣成都发展阶段性特征,侧重政治、经济、文化、社会、生态文明建设五大方面进行研究,开展重大理论和实践问题研究,彰显区域优势和成都特色,推动成都哲学社会科学研究水平的整体提升,使既有研究资源得到整合而做强做大,带动哲学社会科学优秀成果的创造和生产,满足时代以及学术发展的要求。可以预测,紧跟时代步伐,胸怀国际视野,挖掘传统价值,夯实理论基础,专注重大热点前沿问题,服务成都经济社会发展,将是未来成都哲学社会科学研究的重点领域。[①]

[①] 徐俊、风笑天:《近十年来中国社会学研究进展——基于国家社科基金立项的统计分析》,《北京社会科学》2014年第9期,第118—124页。

一 理论前沿、重大领域问题研究应遵循的原则

哲学社会科学对重大思想理论问题和重大现实问题的研究要牢牢把握正确的政治方向，树立以人民为中心的研究导向，夯实基础理论研究，筑牢学术繁荣根基；强化应用对策研究，服务重大现实需求，着力推出更多有价值、有影响、有特色的研究成果。

（一）深化当代马克思主义理论研究，把握正确政治方向

哲学社会科学研究具有鲜明的意识形态属性。习近平总书记指出："坚持以马克思主义为指导，是当代中国哲学社会科学区别于其他哲学社会科学的根本标志，必须旗帜鲜明加以坚持。"如果离开了马克思主义的指导，中国特色哲学社会科学就会迷失方向、丢掉灵魂。成都哲学社会科学研究要坚持马克思主义在哲学社会科学领域的指导地位，始终坚持政治方向、学术导向和价值取向，树立以人民为中心的研究导向，着力巩固马克思主义在哲学社会科学领域的指导地位，发挥好社会科学研究在意识形态领域的引领作用。要坚持正确政治方向，坚持以人民为中心的研究方向，围绕中心，服务大局，不断推进理论创新和务实研究，为建设全面体现新发展理念的城市提供坚实的理论支撑、有效的决策参考和务实的攻关服务，为构建中国特色哲学社会科学贡献成都力量。深化对马克思主义基础理论的研究，特别是中国特色社会主义理论体系、社会主义核心价值体系的创新研究，侧重应用马克思主义基本原理、观点和方法探讨和解决地方经济社会发展中的重大实践问题的研究，以及对社会重大实践问题的高度概括和科学总结的研究。适应群众思想变化，推进对马克思主义中国化、时代化、大众化的实践性研究；立足成都发展改革的鲜活实践，深化对习近平新时代中国特色社会主义思想的研究，准确把握"八个明确"的主要内容和"十四个坚持"的基本方略，深刻领会新时代中国特色社会主义思想的精神实质、丰富内涵和引领作用；着力对习近平总书记系列重要

讲话精神和治国理政新理念新思想新战略的阐释研究，对党的理论创新成果在成都的具体实践进行深入科学的研究和概括，上升为系统的规律性认识；以马克思主义的理论自觉、理论态度、理论视野深入研究"五位一体"总体布局、"四个全面"战略布局、"五大发展"理念以及"三大发展战略""国家中心城市建设""五个城市""五中心一枢纽""内陆开放型经济""特大城市治理体系和治理能力现代化"等，深刻阐释其丰富内涵、内在联系和重大意义。加强对中国梦、中国道路、中国力量、中国精神和中国方案的研究，加强对培育和践行社会主义核心价值观的研究阐释，推动社会主义核心价值体系建设和社科研究的创新发展，发挥马克思主义理论研究在繁荣发展哲学社会科学中的示范带动作用。

（二）夯实基础理论研究，筑牢学术繁荣根基

基础理论研究，是哲学社会科学繁荣发展的根基。基础理论研究可以为学科发展提供理论基础，形成系统化的理论体系，为学术研究提供方法论，提供深入认识问题、把握规律性的科学方法，可以引领学科发展方向，厘清前瞻性研究的脉络，为重大对策性应用研究提供科学的理论依据，使之更具有效性与持续性。[1] 要深化对马克思主义哲学、政治经济学、科学社会主义的研究，加强对人类社会发展规律、社会主义建设规律和共产党执政规律的研究。推进政治学、法学、理论经济、应用经济、社会学、管理学以及相关二级学科交叉学科的基础研究，解决一批事关国家战略和成都实践，对推进成都经济社会"创新、协调、绿色、开放、共享"发展有重要支撑作用的基础理论问题。推进哲学、党史党建、历史、文学，以及相关二级学科交叉学科的基础研究，解决一批事关意识形态阵地巩固，对推进成都文化软实力提升、文化自信等有重要推动作用的基础理论问题。加强对传承中华文化、弘扬民族精神有重大作用的基础理论研究；积极推动事关成都哲学社会科学发展全局和学科创新发展格局的基础理论研究。深化对全面建设小康社会和成都现代化进程中重大理论问题的

---

[1] 唐红丽、王春燕：《夯实基础理论研究筑牢学术繁荣根基》，《中国社会科学报》2012年8月29日第A01版。

研究，推出对理论创新和文化创新具有重大影响的标志性成果，以加强重大理论问题研究为重点，提升社会科学服务党委和政府科学决策的能力和水平，为做好思想引领和意识形态工作提供决策咨询服务。以加强基础理论研究和促进学科建设为支撑，推出一批具有重要学术价值和文化传承意义的精品力作，形成一批具有成都气派和学术影响力的优势学科领域、知名权威学派，全面发展和繁荣哲学社会科学。

（三）强化应用对策研究，服务重大现实需求

哲学社会科学要发挥智囊咨政、服务社会的作用，绝不能忽视应用对策研究，要把应用对策研究和建言献策摆到应有的地位和高度。繁荣发展成都哲学社会科学事业，不仅要在基础理论研究中取得丰硕成果，而且在应用对策研究中也要取得丰硕成果。新时代的成都改革实践将以更高的水平、更高的品质，融入决胜全面建成小康社会、夺取新时代中国特色社会主义伟大胜利、实现中华民族伟大复兴的伟大潮流之中。要准确把握社会科学研究规律，加大对党的十九大精神的研究、解读、宣传力度，确保社科研究始终围绕中心，进一步强化"服务中心，服务决策，服务现实，服务发展"的大局意识，以成都全面建成小康社会和全面深化改革过程中的重大理论和实践课题研究为重点，深化对成都经济社会发展中的重大理论、重大实践以及重大战略布局问题的研究，更好地立足成都、研究成都、服务成都。

围绕新时代成都发展取向、战略优势问题研究。新一轮科技革命和产业变革正在深刻重塑经济社会发展格局，按照党的十九大精神，对新时代背景下成都的发展进行再审视、再明确、再提升。紧紧围绕经济发展规律、城市发展规律、现代市场规律和管党治党规律，深入研究事关成都发展的重大问题，在国家中心城市功能建设、特大中心城市治理体系、西部金融中心定位、国家科学中心发展方向等事关全局和长远的重大问题上，形成更多具有前瞻性、操作性的研究成果。

围绕成都经济建设重大问题开展研究。深入研究成都落实国家"四个全面"战略布局、四川省委"三大发展战略"方略对策，深化对成都市市情发展的跟踪研究及相关问题的研究；深化对成都经济发展软环境问题及

相关问题的研究；深化对加快推进全面体现新发展理念城市的建设，融入"一带一路"建设，加快开放发展等问题的研究；深化对区域经济发展、体制机制转型和产业结构优化升级问题，以及加快创新发展等问题的研究；深化对工业化、农业现代化和新型城镇化以及加快协调发展等问题的研究；深化对供给侧结构性改革的研究，深化对内陆自贸区建设、国家自主创新示范区建设、国家级天府新区建设、全面创新改革试验区、国家生态文明先行示范区建设发展的跟踪研究。

围绕成都先进文化建设重大问题开展研究。深化对成都文化体制改革、文化产业发展及相关问题的研究；深化对文化产业发展新趋势，地方特色文化保护抢救以及地方特色文化资源开发利用等问题的研究。夯实成都学的研究，重点研究中华优秀传统文化的传承与创新发展，加强优秀历史典籍的编撰整理和研究，加强地方史志的编纂研究，服务"一带一路"建设、地域历史文化的学术研究和阐发、天府文化研究，重点研究城市文化与城市形象塑造、城市文化资源与城市品牌、培育和践行社会主义核心价值观与成都的文明城市建设、深化政府购买公共文化服务供给侧结构性改革、创新公共文化服务供给的体制机制、扩大城乡居民文化消费研究、加快文创产业发展、扩大文化区域影响力等重大问题。

围绕成都和谐社会建设重大问题开展研究。深化对社会保障、改善民生等相关问题的研究，重点研究深化推进城乡统筹发展与新型城镇化、完善社会治理、社会管理和社会建设的机制体制创新、提升城市治理能力、促进社会建设和城乡社区建设"共建共治共享"；同时，对正在显现的社会分化、公平正义、老龄化、城镇化、城乡社区建设、重大民生保障等问题投入更多的关注，确保脱贫攻坚任务完成、营造团结和谐的社会生态。

围绕成都生态文明建设重大问题开展研究。生态文明建设是国家治理的重要内容，而国家治理体系和治理能力现代化反过来为生态文明建设提供了极大的动力。生态文明研究具有丰富的内容，结合成都的实际，主要包括加强生态环境政策研究、完善生态城市研究、深化生态补偿三个方面。深化对提升城市生态治理体系和生态治理能力现代化的研究，重点研究发展生态经济、培育生态产业、生态城乡建设，生态补偿机制、生态环境保护治理、健全生态文明制度、营造山清水秀的自然生态等重大问题。

围绕成都民主政治建设重大问题开展研究。以扩大社会主义民主，健全社会主义法制，不断推进社会社会主义民主政治制度化、规范化、程序化为重点，围绕政府转型与公共治理、全面推进法治成都建设、加快政府治理体系和治理能力现代化、深化具有时代特征的党的建设研究，推动新形势下党的建设，营造风清气正的政治生态等重大问题，为推动科学发展、促进社会和谐提供政治和法律保障。

二 围绕成都经济建设重大问题开展研究

（一）新时代成都发展战略取向

党的十九大报告用八个章节的浓墨重彩，对"五位一体"总体布局和"四个全面"战略布局进行了系统安排，全面部署。这一系列重大部署，是着眼解决新时代我国发展面临的现实问题提出来的，是新时代伟大实践的行动指南。进入新时代，成都要担起新使命、实现新作为，在新的时代坐标中加快推进成都改革发展，要着力构筑成都发展的战略优势，深入谋划好聚焦发力的重点，推动习近平新时代中国特色社会主义思想形成生动的成都实践。成都哲学社会科学研究要以习近平新时代中国特色社会主义思想为引领，围绕成都经济社会发展面临的机遇条件、发展取向、主要任务等方面进行深入研究。

1. 深化对经济发展规律的研究

一是着眼经济发展新常态下成都经济发展新阶段的特征和演进趋势，研究如何应对全球化受阻和区域竞争加剧提出的挑战；二是着眼推进供给侧结构性改革，研究如何依靠政府引导和市场力量调结构、转方式的政策体系和动员机制；三是着眼经济可持续稳定增长，研究如何提振市场主体和企业、社会的信心，强化成都在中西部地区和副省级城市中经济总量的优势；四是着眼提升经济发展质量和效益，研究如何抓住成都全面创新改革实验"一号工程"、自贸区建设的重大机遇，进一步提高成都产业层次和竞争优势；五是着眼区域协调发展，研究如何更好地发挥"首位城市"

的带动和辐射作用。

2. 深化对城市发展规律的研究

习近平总书记强调，必须认识、尊重、顺应城市发展规律，努力走出一条符合特大城市特点和规律的社会治理新路子。重点研究以下问题：一是着眼拓展成都在全国全球城市体系中的战略位置，如何更高水平推进成都"五中心一枢纽"建设；二是着眼提升城市功能和能级层次，如何重塑城市空间结构和经济地理；三是着眼发展壮大经济规模，如何构建符合成都战略定位和环境特征的新型产业体系；四是着眼赢得城市未来竞争制高点，如何培育城市转型发展新动力；五是着眼塑造城市的独特魅力，如何传承天府文化、发展现代文明；六是着眼科学应对当前挑战、推进城市永续发展，如何实现城市治理体系和治理能力现代化。

3. 深化对现代市场规律的研究

一是着眼吸引生产要素高强度进入成都，研究如何深化要素市场化改革，创造有利于资本、技术、产权等要素高效率配置的平台和环境；二是着眼建设西部金融中心，研究如何加强政策引导，吸引各类金融机构在成都创办和延伸金融服务；三是着眼扩大高端要素集聚能力，研究如何构建与国际化通行规则无差异的政务服务和商务环境，提高在全球产业体系中的有利位置；四是着眼吸引各类人才来蓉创新创业，研究如何从总体战略出发构建更有竞争力的政策体系，如保持生活成本的竞争优势，吸引大学生和各类人才来蓉创新创业；如培育休闲文化的时代风尚，吸引文化领军人才、创意人才来成都发展等。总体目标是，充分调动各方面的能动性、积极性和创造性，使一切劳动、知识、技术、管理和资本的要素汇聚成都，为建设全面体现新发展理念的城市提供坚强的动力支撑。

（二）区域经济发展

1. 构建特色鲜明的区域经济发展的理论体系

随着世界经济的不断融合发展，我国经济发展的宏观背景也随之转变，传统的拘于国家内部经济发展研究，逐渐切换到从全球尺度、区域尺度、国家尺度、地方尺度四个维度对区域经济展开系统研究，多层级多因素的交互影响，重塑区域经济社会的发展格局。[①] 随着成都开放程度的逐渐提升，区域经济一体化的程度、区域功能联系的强度将不断提升，区域边界对社会经济要素流动的约束将不断弱化。在这一过程中，经济全球化和信息化、科技发展和创新能力、社会经济转型和制度变迁、全球气候变化和低碳经济、文化因素和主体行为等影响因素从不同方面对成都区域经济增长产生多重影响，因此怎样响应社会经济变化所引起的区域经济增长外部环境的变化，探究一系列新因素对成都区域经济增长的作用机制，成为需要深入研究的重点。[②] 因此，成都的区域经济在经济全球化的影响下，致力于改善区域环境的制度创新、空间重构或融合、产业集群培育和整合发展等，成为成都嵌入全球生产体系的重要论题。同时随着新区域主义理论、区域发展的生命周期理论、流动空间—地方空间理论、新制度经济学理论等的最新发展，以及学科间的交叉融合，要在以下几个方面有一定突破：区域发展空间格局的理论研究、全球化与成都区域经济发展、新因素对成都经济增长的影响机制研究、区域产业集群转型升级的理论研究、区域城市化发展理论、区域人口资源环境与经济的协调发展、重大政策的区域经济效应研究等。

2. 区域产业发展

一是区域产业集群研究。区域产业集群是当今国内外最具特色和竞争力的经济组织形式，相关研究呈现出微观化、定量化和深度化的特点，研究主要涵盖区域产业集群形成和演化的机理研究、区域产业集群的转型升级研究、典型区域产业集群的实证研究，三个方面涉及高科技产业集群、文化创意产业集群等。二是生产性服务业与区域战略性新兴产业发展研究，研究的内容涵盖评价体系、发展对策、培育机制等方面。

3. 区域创新

一是深入实施创新驱动发展战略。研究如何推动科技创新与产业发展深度融合，通过政府有效政策制定形成对企业的商业模式创新、技术创新等方面的激励效果。如何充分发挥科技创新对产业发展的支撑作用，推动电子、汽车等优势产业向产业高端升级，使之成为成都经济新的增长点。

[①] 韩玉刚、曹贤忠：《中国区域经济学研究重点的回顾与展望》，《经济问题探索》2013年第9期，第71—76页。

[②] 同上。

二是优化配置创新资源。以加快建设国家全面创新改革试验区为重点，研究如何在科研权益初始分配、成果转移转化激励、无形资产管理、人才双向流动等环节先行先试，充分激发全社会创新引力。三是中央区域政策、重大工程项目的效应评价研究。随着国家一系列区域规划的出台以及一系列调控性的区域政策、区域重大工程建设的实施，中央区域政策和工程的效应评价，宏观政策如区域开发政策、财税政策、金融政策和投资政策的区域响应，以及基于产业空间集聚的区域发展战略和政策等，也是今后一段时期研究的重要论题。要围绕如何以种好创新改革的试验田，加强统筹规划和协调推进，既抓好中央政策的落实落地，又立足四川实际探索可复制、可推广的经验模式等问题开展研究。

4. 区域资源与环境协调发展

一是区域人口、资源与环境协调发展。主要聚焦在区域资源与环境的承载力分析，二者的相互关联分析，评价体系模型的建立与协调机制，以及资源开发与环境协调的政策建议等方面。二是区域生态补偿机制。区域生态补偿机制是协调区域关系重要的制度保证，是实现区域供需总体平衡与综合效益最大化的区域分工模式的重要支撑。研究涵盖：从生态财政的政府间责任、资金来源、资金整合、支出方向、重点领域以及管理模式等方面，完善生态补偿财政机制；区域生态补偿的理论基础、目标导向和实施机制、实施过程中补偿的范围、方式以及实施补偿的主体、补偿资金筹措、管理等。

5. 国家中心城市建设

在深入比较研究我国六大国家中心城市建设的基础上，围绕成都"五中心一枢纽"建设的绩效评价、城市空间优化、城市动力调整、城市产业升级、城市文化建设、城市生态建设、城市民生建设等问题开展研究。

6. 产业结构优化升级

围绕创新要素供给，培育产业生态，加快构建具有国际竞争力和区域带动力的现代产业体系，为建设全面体现新发展理念的城市夯实产业基础为重点开展研究。一是着眼增强成都"五中心一枢纽"的功能这个根本目的，研究如何深度融入全球产业链高端和价值链核心，加快形成高端、高质、高新现代产业体系，支撑城市能级水平全面提升，不断扩大成都在全球竞争格局中的集聚力、辐射力和影响力。二是如何进一步发展先进制造业,如何重点支持电子信息、汽车制造、食品饮料、装备制造、生物医药五大支柱产业提升能级,深度参与国际产业分工。如何支持航空航天、轨道交通、节能环保、新材料、新能源五大优势产业领先发展、规模发展,加快形成经济增长的新支撑。① 三是如何通过文化植入、创意融入和设计提升,推动文创产业和制造业、信息科技、金融服务、现代农业等重点领域的融合发展。

(三) 城市发展

1. 城市经济学基础研究

一是关注统领全局的城市经济基础理论研究,特别是在经济全球化和信息化快速发展的新背景下,对城市化和城市经济运行的规律性研究,城市经济学理论、方法、工具、经济模型的研究,完善城市经济学基础理论体系,明确城市经济学的性质、研究对象、范畴、结构等问题。创建相关经济模型,提高研究的规范性和增强其实践的可操作性。② 二是加强城市经济规律研究,包括聚集与扩散互动互促规律、产业升级与空间优化协调规律、经济发展与城市建设互补循环规律、城市价值与阶段提升规律、经济运行耦合规律等。

2. 城市化问题

一是城市化的方针政策,包括城市发展政策、城市产业政策、城市人口政策、城市户籍政策、城市土地政策以及城市社会治理的方针政策等,形成城市化问题研究的宏观视野。二是城市化进程中的具体措施,特别是政府定位及其作用的发挥。在相关政策的选择上,着重从建立一个良好的城市治理模式出发,探讨户籍制度与城市人口管理政策的改革、基于城乡统筹的社会保障制度的改革、城市化进程中土地所有权和使用权制度的改革、城市基础设施建设与发展的融投资政策的改革等。三是城市化与区域经济发展。对城市化的研究集中于城市化道路选择问题的探讨、城市化水

---

① 党鹏:《成都构建现代产业体系:一个国家中心城市的路径选择》,《中国经营报》2017年7月10日第B10版。

② 陈柳钦:《我国城市经济学研究的现实成就及未来研究取向》,《武汉科技大学学报》(社会科学版) 2008 年第 10 期,第 46—52 页。

平测度以及城市化的动力机制三个方面。尤其在研究欠发达地区的城市化问题时，要将其放在整个城市化框架及其特殊的制度背景下进行，从对其驱动机制的内涵、特征、演变趋势的解析入手进行系统深入研究。四是城市化的比较研究。如发达国家许多成功的经验和失败的教训可资借鉴，发展中国家的一些做法和经验也极具参考价值。

3. 城市可持续发展

一是可持续发展评估指标体系。城市的可持续发展是一个比较复杂的过程，内涵极其复杂，包含自然、经济、社会等各方面要素的协调发展，这就决定了其评估指标体系的建立将涉及多学科背景和复杂的方法论。可持续发展评估指标体系作为反映城市经济、社会和环境长久健康发展的根本要素和可持续发展的标尺，将对评价和调控城市可持续发展具有重要意义。二是资源、环境与发展问题。从城市资源、环境、经济和社会的角度（侧重某个方面或从综合角度），用系统的方法来分析可持续发展在城市发展中的应用，特别在分析城市现实问题的基础上，通过可持续发展原则和手段来调控和解决现实问题，以达到城市可持续发展。

4. 供给侧结构性改革

推进供给侧结构性改革，是我国适应和引领经济发展新常态的战略举措，是解决经济发展深层次结构性矛盾的必然要求。准确把握中央提出的供给侧结构性改革的内涵和实质，深入研究成都持续深化供给侧结构性改革，扩大有效供给，提高供给质量的政策性问题。重点研究如何依靠政府引导和市场力量调结构、转方式的政策体系和动员机制，研究成都经济增长动力转换问题、农业供给侧结构性改革问题、健全成都房地产业健康发展长效机制问题、成都制造业转型升级问题、降低制度性交易成本等问题。

5. 新经济发展

发展新经济是供给侧结构性改革的重要内容，强调发展新经济，是以习近平同志为核心的党中央对我国经济问题的准确判断和对世界发展趋势的深刻把握。要深刻领会习近平总书记关于新思想新战略新动能的重要论述，以发挥成都科技、教育、人才等方面的优势，塑造更多依靠创新驱动的引领型发展为重点，积极探索以研发新技术、培育新组织、发展新产业、创造新业态、探索新模式为基本路径，以发展新经济形态和培育新经济应用场景为着力重点，以营造有利于新经济发展的制度环境和社会氛围为重要保障，加快发展新经济、培育新动能，为建设全面体现新发展理念的城市打造新的动力引擎、构建现代化经济体系。重点围绕如何通过创新适应发展新常态、培育发展新动力、拓展发展新空间、构建产业新体系，研究以供给侧结构性改革为主线，大力推动经济发展质量变革、效率变革、动力变革，提升全要素生产率。研究加快建设实体经济、科技创新、现代金融、人力资源协同发展的现代产业体系，加快构建市场机制有效、微观主体有活力、宏观调控有度的市场经济体制①，完善财政、货币、产业、区域等经济政策协调机制，形成政策合力等问题。

（四）农村改革

党的十九大报告强调，农业农村农民问题是关系国计民生的根本性问题，必须始终把解决好"三农"问题作为全党工作重中之重。特别是明确提出乡村振兴战略，坚持农业农村优先发展，对加快推进农业农村现代化作出战略部署，对成都加快农村改革发展具有重要指导意义。

一是加快推进农业农村现代化。党的十九大报告提出，加快推进农业农村现代化。党的十九大提出"产业兴旺、生态宜居、乡风文明、治理有效、生活富裕"的总要求，为加快推进农业农村现代化指明了方向。系统把握十九大报告关于乡村振兴战略的精神内涵、战略布局、发展思路与具体抓手，明确新时代乡村振兴发展的"新 20 字方针"新要求，把握推进"三农"工作的发展新思路，研究如何以推进农业供给侧结构性改革为主线，以支撑产业发展为目标，以科技成果创制为重点，统筹用好乡村振兴发展中"地、人、钱"等要素资源，从内生动力上激发更强大的活力，为成都培育农业发展新动能、建设现代生态农业提供有力支撑。

二是以乡村振兴战略为遵循，巩固和完善农村基本经营制度，深化农村土地制度改革，为成都发展注入活力。党的十九大指出，要巩固和完善

---

① 习近平：《决胜全面建成小康社会　夺取新时代中国特色社会主义伟大胜利》，《人民日报》2017 年 10 月 28 日第 001 版。

农村基本经营制度，深化农村土地制度改革，完善承包土地"三权"分置制度。研究成都如何进一步深化农村土地制度改革，不断扩大改革成果；如何在完成农村承包土地确权登记颁证的基础上，在群众自愿的前提下，因地制宜、大胆创新农户经营权流转的办法，培育新型农业经营主体，吸引科技、资本、人才进入农业；如何顺应农民保留土地承包权、流转土地经营权的意愿，实现承包权和经营权分置并行，落实集体所有权，稳定农民承包权，放活土地经营权，把握好流转、集中、规模经营的"度"，进一步提高土地效益；如何在确保粮食安全的基础上，推动农村一、二、三产业融合发展，实现农民增收、农业增效、农村振兴。

三是深化农村集体产权制度改革，保障农民财产权利，壮大集体经济。重点研究如何坚持正确的改革方向，体现集体的优越性和个人积极性的完美结合，以保证农民集体经济组织和成员权益为核心，不断壮大集体经济的实力；如何以赋予农民财产权益为重点，不断增加农民的财产性收入。如何发展多种形式的股份合作，用市场的办法探索完善法人治理结构，加快农村金融制度创新等问题。

（五）内陆开放型经济

我国内陆地区与沿海之间经济发展的巨大差异，突出地表现在对外开放发展上的差异。然而内陆地区如何开放，是世界开放史上的难题。迄今发达国家经济发达带仍呈沿海分布。虽然有美国芝加哥、德国鲁尔和印度的班加罗尔等一些发达的内陆开放城市，但也多属"浅内"或发达小国，而中国的内陆是"深内"。在我国，"加快内陆开放"是国家实施"全面提高开放型经济水平"、促进区域协调发展战略的重要举措。成都发展内陆开放型经济是我国内陆开放型经济发展探索中的典型，积累了很多经验，也为内陆开放经济理论建设提供了丰富的素材，但是相比于沿海经济发达地区还是存在一定的差距，所以有必要在认识不足及总结经验的基础上，进一步研究成都内陆开放型经济发展。

1. 自贸试验区建设

一是自贸试验区建设与开放型经济发展。建设自贸试验区，重要目的是探索对外开放的新路径、新模式，推动开放型经济发展，增强在全球经济体系中的集聚力、辐射力和竞争力。重点围绕充分发挥成都向西向南开放的地缘优势，全面探索构建开放型经济新体制，打造内陆开放型经济新高地。通过成都在投资规模、层次和水平与北京、上海、广州、深圳等城市的比较，研究成都在国家战略中的地位、开放服务水平、产业体系与企业投资方向的契合度，市场需求结构与企业供给结构的匹配度，未来如何通过优化投资、贸易、金融、知识产权等方面服务，促进外商投资企业扩大在成都的投资规模、提升投资水平。研究如何推进外贸转型升级新模式、如何拓展"走出去"发展新空间等重大问题。

二是自贸试验区建设与提升城市能级。围绕如何坚持把自贸试验区建设与增强城市功能紧密结合，同步提升城市能级。与其他国家中心城市相比，成都在发展制造业方面最大的劣势就是物流成本相对较高。研究如何积极推进供应链建设，通过提升供应链整合能力，降低物流、交易等流通环节成本，增强制造业发展的比较优势。

三是自贸试验区建设与区域协同发展。研究如何深化与沿海沿边沿江自贸试验区的协调联动，在借鉴推广其他自贸试验区先进经验基础上，重点研究在人员来往便利化、铁路货源组织、货币结算支付等方面开展合作，推动形成各具特色、各有侧重、优势互补、协同发展的自贸试验区格局。

四是自贸实验区建设与推进政府职能转变。转变政府职能、提升政府治理能力，是自贸实验区建设的重要任务。重点围绕如何深化行政管理体制改革，处理好政府和市场的关系，使市场在资源配置中起决定性作用和更好发挥政府作用，形成更加公平开放透明的经商环境。其一，如何对干事主体充分授权，确保权限下放到位。其二，由事前审批向事中事后监管转变，确保监管到位。如何构建以信用监管为基础的大市场监管格局和统一集中的综合行政执法体系，强化监管的针对性和有效性。

2. 借助"一带一路"战略，做好经济转型升级，进一步激发发展活力与合作潜力，为成都全面深化改革和持续发展创造条件

一是构建城市群协同发展的利益共同体。研究如何优势互补、错位发展，强化制度创新，建立健全城市群一体化发展机制，全面构建城市群协同发展的利益共同体。推动成渝双向发展，强化分工协作、优势互补，共建具有国际竞争力的国家级城市群。加强与西部城市合作，完善多层次交

流合作机制，促进西部城市互联互通，共同打造向西向南开放大通道，构建支撑西部大开发、大跨越的城市共同体。

二是全方位提升开放层级。研究如何进一步推动对外开放向全方位、多层次、宽领域拓展，深度融入全球产业链、创新链、价值链，构筑国家内陆开放型经济高地。研究深化自贸试验区建设，完善贸易和投资便利化政策，改革外商投资管理体制，全面实行"备案＋负面清单"管理模式，扩大服务业开放，推进对外贸易优进优出。研究如何坚持"引进来"与"走出去"双向互动，建立多层次国际合作机制，主动融入"一带一路"建设，以大开放促进大发展，构建主动参与、共赢共享的开放引领体系，助力形成"陆海内外联动、东西双向互济"开放格局。研究如何坚定文化自信，发展天府文化，加强城市形象营销，拓展国际文化交流合作，增强城市软实力，加快建设世界文化名城。

3. 把握国家"一带一路"建设带动成都开放格局演变的发展大势，加快提升城市能级

一是充分发挥首位城市带头带动引领示范辐射作用，加快成都平原经济区一体化进程，实现由成都带动辐射向成都平原经济区带动辐射的跃变。研究如何充分发挥成都作为四川省首位城市带头带动引领示范辐射作用，加速核心功能外溢，推动构建区域协同共兴、整体跨越提升的发展新格局。充分借鉴京津冀一体化发展经验，推进成都平原经济区规划有效衔接、设施互联互通、产业协同发展、生态文明共建、公共服务共享。贯通成都平原经济区产业链条，促进有利于共同发展的区域产业协作与梯度转移，实现由成都单城辐射向成都平原经济区区域辐射的深刻跃变，构建创新发展、互惠互利的利益共同体，加快实现一体发展、同步崛起。

二是推动成渝城市群向世界级城市群跃升。积极落实国家发展战略，与重庆共建具有国际竞争力的国家级城市群，加强与"一带一路"和长江经济带契合互动，共同推动国家中西部地区加快发展。如何健全成渝产业协同发展机制，促进基础设施互联互通，推进要素市场和公共服务一体化，共建全国重要的先进制造业和战略性新兴产业基地，加快向世界级城市群跃升。

三是建设国际门户枢纽城市。重点研究坚持以制度创新为核心，高标准高质量推进自贸试验区建设，率先在贸易和投资自由化、便利化等方面

实现突破，探索构建内陆自由贸易港，引领开放型经济发展和国际化城市建设。促进全球物质流、资金流、人才流、技术流和信息流在成都集聚运用和转移转化，提高全球战略性资源、战略性产业和战略性通道的运用能力。

4. 推进区域关系由相对独立发展向协同开放发展转型

国家中心城市的重要功能之一是引领区域发展，对其所在区域经济社会活动具有引领组织、控制支配、辐射带动作用。成都既是建设中的国家中心城市，也是四川的省会城市、首位城市，发挥国家中心城市和作为省会的作业，带动全省发展、带动区域发展是成都肩负的历史重任。在未来发展中，成都要进一步强化城市发展的区域协同开放。重点研究成都在由近及远地理的区域层次上，如何重塑四个层次区际关系：一是如何重塑城际关系，推动成都经济圈区域合作向纵深推进。二是如何重塑市州关系，全面拓展与四川省内其他市州区域合作，带动四川全面发展，带动区域协调发展。三是如何重塑省际关系，重新审视和评估与周边省区（城市）的区域合作关系。四是如何重塑区际关系，强化与长三角、京津冀、珠三角区域合作。

三 围绕天府文化建设重大问题开展研究

（一）城市地方学研究——成都学

随着世界城市化趋势的加强，城市地方学作为新兴的城市科学的重要组成部分已经在全世界建立和发展起来。就现有的研究状况来看，在国内外的很多著名城市都建立和发展了各自的城市地方学。[①] 成都是一座有着

---

① 在世界范围内，一些闻名遐迩的著名都市的发展受到越来越多的专家学者关注，相继构建了纽约学、巴黎学、伦敦学、东京学等。从20世纪80年代开始，国内一些重要城市相继提出构建城市地方学的设想，20多年来，相继有十余个城市都提出要构建以自身城市为主要的"学"，如广州学、西安学、香港学、澳门学、南京学、武汉学、成都学、兰州学等。至今，城市地方学发展不仅已创立了其理论体系，而且在学术界乃至全社会形成了较大规模和影响，今后城市地方学会在更大的范围内更深的层次上发展。

悠久历史的文化名城,把具有四千多年城市文明史的成都作为一个聚焦点,研究涉猎城市规模、城市生态系统、社会结构和社会文化,以及文化、历史、人才、地理、经济、社会、规划、建设等诸多问题。因此,"成都学"是以成都这个人类聚落所构成的综合体为研究对象,主要研究成都这个有着几千年悠久历史的城市的生成基础以及发展演化规律的科学。"成都学"以成都作为一个人类文明进程的聚焦点,从人口聚合到村落的形成,再到城市的雏形与壮大,城市的沿革、政治、经济、文化、社会和自然状态。"成都学"的研究要从构建学科的视角,完善学科布局,培育和支持多学科的交叉研究,在若干学术前沿研究领域实现重点突破,解决一批有关成都城市经济社会发展中的关键科学问题。研究内容主要包括:

第一,挖掘成都作为国家中心城市的特色、总结其特有的城市运行规律和发展模式。一是研究成都城市在时间上的发生、发展和演变规律,并预测其未来的发展趋势。二是研究成都城市在空间布局上分异及其发生、发展和演变规律,并预测其未来的发展趋势。

第二,成都城市各个要素的内部结构和城区、郊区及外围区域的结构及其发生、发展和演变规律,并预测其未来的发展趋势。包括城市政治、经济、社会、行政等各项制度及城市治理等。

第三,成都城市产生、发展以及演变所依托自然地理环境,成都城市的规划及空间演变以及城市建筑等。总结科学发展成都的理性思维,并用这种思维指导成都城市建设并倡导成都人将认识成都变为一种理性的自觉行为。

第四,成都的城市文化特质等。通过成都学这一学科的构建,塑造城市形象弘扬城市文化,并把张扬成都的独特文化形象,彰显成都形象和提高城市竞争力作为重点内容。其中,成都文创是成都学研究的重头戏,把最具有成都特色的文化创意产业作为研究的重要指向,为天府文化的重构与张扬、本土文化产业的发展提供智慧资源支持。

第五,成都人生活方式、行为方式,道德观念、行为取向、习俗惯例、民风民俗等方面。把成都作为人类历史发展进程的个案,以透视人类文明发展历程的规律性。

（二）优秀历史典籍的编撰整理和研究

1. 中华优秀传统文化的传承与创新发展

对于传统文化的传承，需要对传统文化进行现代价值再创造，融入中国特色社会主义的理念和价值观念，及时反映和体现出成都改革开放进程中涌现出的一些新思维、新观念、新取向，使传统文化更具时代特征和时代引导能力。

主要从区域文化的角度，以传承发展中华优秀历史文化为重点，开展成都历史文化传承创新工程、成都天府文化、成都与丝绸之路、成都与外部文明交往、成都文创中心、世界文化名城建设、西蜀地域文化、成都革命历史文化、成都文化艺术等研究。依托成都已有的学科优势，积极参与四川省"文化精品繁荣工程"和"优秀历史文化传承创新工程"建设，在塑造四川和成都文化品牌、宣传四川和成都历史文化、推动四川和成都历史文化国际化方面发挥积极作用，推进四川和成都文化建设。

2. 加强优秀历史典籍的编撰整理和研究

围绕成都的优秀历史典籍文献整理、文献研究和成都天府文化与人文成都研究三个方面展开，在已有的成都历史文化名人整理与研究、成都文学名家及作品研究的基础上，既重视成都的地域性特色研究，又注重其作为大中华的主流学术文化在中华传统学术文化中的重要地位与价值研究；既注重成都学术纵向发展的历史研究，又注重其在横向方面学术互动交融研究；既注重成都学术内在学派谱系研究，又注重其对当代的潜在影响及其现代价值的重释研究。这对于确立成都学术在全国的重要地位，总结、提炼、升华天府文化精神，提升成都学术文化的层次，加快建设西部文创中心与世界文化名城都有重要意义。

3. 加强地方史志的编纂研究，服务"一带一路"建设

紧紧围绕成都作为世界丝绸原产地、蜀锦故乡、古代丝绸之路起点，在"一带一路"发展演变过程所扮演的角色、所处的独特历史文化地位与现实定位，充分发挥资源优势，开展汇刊史志文献，编纂特色专志，开展"一带一路"研究等，促进成都自身在"一带一路"建设中的文化建设与城市文化性格的塑造，进而推动研究从面上向历史纵深发展，以便更好地

"资政辅治",为现实服务。重点开展三方面的研究。一是抢救资源,整理汇刊"一带一路"特色文献。抢救性保护"一带一路"历史文献资料,在古代成都对外交通、对外贸易、对外文化交流等领域,充分发掘"一带一路"上的成都文化元素,充分展现成都走向世界历程和对外经济文化交流盛况与成就。二是古为今用,编纂"一带一路"特色专志。面向"一带一路",选择特定地域甚至地理点位(如古镇、名胜古迹等)、特定历史时段,特定行业、领域甚至文化元素,不拘一格编纂特色专志。通过对专门的领域、专门的对象做深入细致的专门记述,充分发掘其文化内涵,梳理文脉演变,从而体现其资料"专而全"、记述"专而详"、功用"专而实",体现普通志书所不能替代的优势与价值。通过专志、特色志、行业志的编纂,挖掘"一带一路"沿线重要历史事件、文化遗存、重点历史名城与重点地区在"一带一路"发展演变过程中所扮演的角色,充分挖掘这些优势与特色,以便更好地"资政辅治",为现实服务。三是资政辅治,开展"一带一路"研究。从"一带一路"的广阔视野,审视以三星堆、金沙、十二桥为代表的古蜀文明外来因素和外向传播;从"一带一路"纵深,结合舆图、文物古迹、档案和文献,研究成都对外开放历程、走向世界的路线轨迹,和经济文化交流的历史成就;通过"一带一路"(主要是西北丝绸之路、西南丝绸之路即茶马古道及长江水道沿线)过境遗址、遗存,如古道、古渡及天回、平乐、洛带、黄龙溪等古镇及名胜古迹考察和系统梳理,深入发掘其文化内涵,服务成都经济文化建设;通过"成都与一带一路"商业文化研究,包括以蜀锦为代表的古代"成都造"名品工艺与生产运销、特色市场(如锦市、丝市、花市等)、商贸交通及以交子为代表的历史货币变迁等,进一步凸显"一带一路"中的"成都元素"与"成都活力"。

4. 重视在地域历史文化的学术研究和阐发

地域学术文化是中华优秀传统文化的重要组成部分,成都哲学社会科学要在对地域学术文化深入研究的基础上,结合成都经济社会发展现状,挖掘历史文化资源,进一步构筑特色学科体系和研究格局,扩大地域历史文化研究的学术影响;建成地域历史文化学术研究中心,不断提升地方文化软实力,使当地的风土人情、地域文化得到充分的体现,弘扬优秀传统文化精髓,使之在创造性转化和创新性发展中与现代文明气息交相辉映,成为成都发展的时代精神,支持和引导地方经济社会发展；重视成都的地域文化与其他文化交融过程中所发挥的作用及其引领潮流作用。

（三）城市文化与城市形象塑造

1. 城市文化资源与城市品牌定位

城市是人类文明产生的标志，也是现代文明的标志。一定的历史底蕴和人文特点铸就了城市的特色，是支撑整个城市生存、竞争、发展的根基和灵魂，也是一个城市区别于其他城市的魅力所在。城市文化是城市的核心和灵魂，城市形象的塑造要充分体现城市的文化底蕴，城市品牌的塑造与升级根植于城市个性定位，城市个性源于城市文化。习近平总书记强调："要保护弘扬中华优秀传统文化，保护好前任留下的文化遗产，营造包容、多元的城市文化品质，凸显城市文化底蕴，延续发展城市文脉。城市要结合自己的历史传承、区域文化、时代要求，对外树立形象，对内凝聚人心。"因此，加强城市文化建设，提高城市文化品位，用文化品位来塑造城市形象，是当下实现城市科学发展的时代要求。一是重点围绕如何把城市文化资源转化为城市品牌定位的核心要素，通过对文化资源的挖掘与开发，构筑城市品牌差异化优势，提高城市利益相关者对城市的认同感和满意度，增强城市的聚集效应、规模效应和辐射效应。二是重点研究以深化文化体制改革为契机，为城市形象塑造注入新的活力；站在历史的深度、时代的高度，处理城市形象继承与创新的关系；构建有影响力的现代文化传播体系，加强对城市形象的宣传力度；实现文化事业和文化产业协调发展，为塑造城市形象提供强有力的文化支撑等重大问题。

2. 天府文化的传承与创新

成都天府文化的提出，是成都城市文化建设进程中的重大突破和发展战略，是成都历史文化走向创新性转化和创造性发展的新阶段的产物，是巴蜀地域文化传承、发展和深化研究的必然趋势，体现了成都建设国家中心城市和世界文化名城最深刻的时代需要。天府文化都是成都的灵魂，是这座城市在数千年历史长河中积累沉淀的文化底蕴，其内涵深厚博大、丰富饱满。重点开展四方面的研究：一是对天府文化的源流、精神内涵、时代特征、价值观念、实践成果等进行脉络梳理、理论阐释；通过对当地文化遗址、文明遗址、历史街区、名人故里、古镇、古村落、古建筑等自然遗产和非物质文化遗产的深入研究,找寻历史记忆,传承历史文脉。从不同角度、多个领域全面准确地反映天府文化的核心思想,揭示天府文化的当代价值。二是阐释天府文化中包含的中华优秀传统文化核心思想理念、传统美德和人文精神。研究如何坚持与践行"文化自信",坚持创造性转化、创新性发展,把握历史、现实与未来,把握时代精神、民族精神与核心价值,把握文化交锋、交流与交融,传承历史文脉,继承、发扬天府文化,将天府文化置于全国、全世界的大环境中去不断升华,以"天府文化"为内核提升成都话语权威。三是围绕"创新创造,时尚优雅,乐观包容,友善公益"表述的深度解读和有效传播,以构建和丰富成都文化优良个性,打造成都文化软实力,引领成都文创产业发展,有效塑造成都在国内、国际的品牌形象。四是如何从成都的定位出发,挖掘并借助"天府文化"优势来推动其他领域的发展与协作。尤其是如何形成新一轮的文化大融合,由此增进文化认同,促进社会和谐,把成都"创新创造、优雅时尚、乐观包容、友善公益"的时代精神深度融入城市生活,转化为不同市民群体的文化认同,以便更好地促进社会和谐、可持续发展。

(四)社会主义核心价值观的培育与践行

社会主义核心价值观作为社会主义根本的价值理想、价值原则和价值规范,是中国特色社会主义软实力的核心和中华民族安身立命之根本。创建全国文明城市必须紧紧抓住培育和践行社会主义核心价值观这个根本,使之与创建文明城市工作相辅相成、相得益彰。重点围绕以文明城市创建是社会主义核心价值观建设的引擎为重点,进行核心价值体系构建、培育和践行社会主义核心价值观等相关研究:以社会主义核心价值观引领文明城市创建活动,在文明城市创建过程中,如何从宣传教育、文化传承、风尚培育和诚信建设等多方面,形成整合力、创造力和凝聚力;如何将"思想精神"层面的内容,转化为相对统一的规范和有序要求,融入城市的日常生活之中,使"思想精神"的重塑,在千百万可感知、可重复、可修整完善的建设活动中,逐渐内化为市民的意识与日常行为,内化为政府与市民"文明共建共享""文明共治"的制度安排。

(五) 成都文创产业发展

成都作为极具特色的历史文化名城，历史底蕴深厚，文化遗产丰富多彩，发展文创产业具有很好的先天优势。作为"一带一路"战略腹地的重要支撑点和国家创新改革试验区，成都按照国家要求编制的《成都国家中心城市建设行动纲要（2016—2025）》，已将文创列入五个重点之一，即建设国际知名的文创中心。重点围绕进一步发展成都文化科技融合的文化创意产业，形成以科技创新为核心，文化创新为灵魂、金融文化科技融合为动力的经济发展新引擎，推动"成都制造"向"成都智造""成都创造"转变，持续为成都文创产业加快发展提供相关研究。

文化创意产业的研究主要集中在产业的概念、范围的界定、测度与集聚的研究，该产业与经济发展的研究。一是概念的界定。针对当前关于创意产业概念众说纷纭的现象，可以从文化、产业以及创意三个层面着手对创意产业的概念进行拓展研究，给出相对完善的定义，以便后续研究的深入。二是集群发展模式的探讨。不同区域资源文化要素禀赋不同，创意产业集群形成以及发展过程也就不同。可以对西部文创中心背景下成都文创产业集群化发展做进一步研究，探析创意产业集群形成的机理以及条件，以便更好地指导成都创意产业的发展。三是与其他产业融合的研究。从产业价值链角度，探讨创意产业内外部产业融合机制，挖掘创意产业与其他产业的融合点，以便充分发挥成都文创产业的潜力。四是构建文化产业创意指数。创意指数是衡量创意产业或创意产业创新性和竞争力的一种指数，如何定量分析创意产业发展已成为各城市关注的热点。目前许多国家和城市都提出了自己的创意指数，但指标体系涵盖的范围各异，如何建立更加科学、简洁以及完善的指数也将成为一个重要研究方向。五是知识产权保护以及开发运作研究。创意产业本身是聚集脑力劳动者智慧的活动，其产品的内涵是一种设计、一种理念，具体的载体是数字信息产品。相对于传统产业更容易被复制，知识产权得不到合理保证，长期困扰着创意产业的发展。因此就如何在成都创意产业开发运作中更好地保护个人或者企业创意等知识产权也将是一个研究重点。六是从成都发展的实际情况出发，就如何把握群众的需求与社会的潮流、如何培育创意产业发展空间以及如何形成一条适合成都创意产业发展的相对完整的产业链进行深入探讨。[①]

(六) 文化消费、文化民生与城乡公共文化服务体系建设

创新公共文化服务供给的体制机制。重点围绕落实公共文化服务供给标准体系、明晰公共文化服务的事权划分机制、规范财税激励机制、完善公共文化服务预算绩效评价机制等方面创新公共文化服务供给的体制机制，从构建公共文化服务需求表达机制、引导形成具有地域特色的公共文化资源配置机制和供给机制等方面提高公共文化服务的需求水平，构建标准的现代公共文化服务供给体系，夯实公共文化服务有效供给的施行路径。[②]

政府购买公共文化服务供给侧结构性改革。政府购买公共文化服务作为一种国家社会治理创新的模式，是在相关理论与实践的跟进推动下产生和发展的。近年来，伴随我国文化事业的改革力度不断加强，公共文化服务供给的社会化步伐亦不断加快，无论是在数量还是质量方面都有了较大的提升。由于起步探索时间较短，政府购买公共文化服务在政策引导、模式选择、绩效评估等方面仍存在薄弱环节，难以适应当前文化领域供给侧结构性改革的需要。因此，在对当前政府购买公共文化服务的价值必要性和所面临的现实困境进行系统分析的基础上，以供给侧思维为引领来探讨政府购买公共文化服务在成都的提升与推进路径上具有重要的应用价值。契合供给侧结构性改革的战略要求，发现公共文化服务供给存在的问题，并从供需两端提出有效供给公共文化服务的政策建议，为全面深化文化体制机制改革、推进我国文化治理体系和文化治理能力现代化、提高国家文化软实力提供决策依据。

城乡居民文化消费。文化消费将是未来居民消费的重要组成部分，其对经济结构调整、优化居民支出结构、提升民生幸福指数、增强城市文化活力、提升成都的城市软实力的影响将越来越大，这方面的研究也必将会进一步拓展。由于文化消费作为一种特殊的精神消费，其发展受到诸多因

---

① 贺亮、龚唯平:《文化创意产业研究文献综述》，《产经评论》2011 年第 2 期，第 15—22 页。

② 杨林:《结构性改革背景下政府如何有效供给公共文化服务——基于供需协调视角》，《中央财经大学学报》2017 年第 8 期，第 121—128 页。

素的影响，除了一般的经济因素之外，还会受到经济发展阶段、社会体制、文化环境、消费习惯、家庭结构等因素的影响，因此要从多层面、多视角、多变量加以研究，以探讨文化消费的影响因素与影响效应。[①] 重点研究经济发展与文化消费的关系、文化供给创新（经济发展与文化供给的关系，文化供给对文化消费影响的实证分析）、文化消费能力和意愿（文化消费能力和消费意愿影响文化消费的机制，文化消费能力和消费意愿的影响因素分析）、文化消费环境（文化消费环境的影响因素分析，经济发展与文化消费环境的研究）以及扩大文化消费的路径选择和政策建议等重大问题，为成都经济的发展和文化生产力、竞争力和综合实力的增强提供重要的理论指导和实证研究的支持。

四　围绕成都社会治理现代化开展研究

未来五年是我国全面建成小康社会的最后冲刺期，也仍将处于"三期叠加"（经济增长速度换挡期、结构调整阵痛期以及前期刺激政策消化期）的经济社会发展新常态，各种压力相互交织，各种风险也在累积。这些压力和风险如果得不到平稳释放，就会引发社会矛盾与冲突，从而影响全面小康社会建设目标的实现。在各种经济和社会风险中，最为综合性的是所谓"中等收入陷阱"的社会结构性风险。[②] 这也是成都面临的共性问题，给社会治理提出了挑战。为此，必须实施创新战略，化解这种社会结构性风险，以保证更高质量的全面小康社会目标的实现。从社会学研究的角度看，要在以下理论研究与实践工作方面加强研究。

（一）加强和夯实关于社会学的基础理论研究

1. 促进马克思主义社会学进一步发展

作为中国社会学存在的基础，马克思主义社会学一直是中国社会学基

[①] 杨晨：《文化消费研究述评》，《牡丹江大学学报》2013年第2期，第116—118页。
[②] 李强、杨艳文：《"十二五"期间我国社会发展、社会建设与社会学研究的创新之路》，《社会学研究》2016年第2期，第18—33页。

本理论问题研究中较为薄弱的环节。马克思主义社会学的主要内容包括：马克思主义社会学产生的历史条件、思想来源、理论起点和方法原则，马克思主义社会学在不同历史时期的演化线索和理论发展，包括经典马克思主义社会学、西方马克思主义社会学以及中国马克思主义社会学，[1] 尤其是经典马克思主义社会学的实践观点与唯物史观，马克思主义社会学在不同历史条件下对社会主义革命与建设实践的指导。

2. 建立与国家中心城市地位一致的社会学

成都是国家布局西部、具有国际影响力的中心城市，成都的社会学学科发展对于西部地区的社会学学科发展具有直接、重要的影响。历史上，从成都的华西坝走出的社会学研究者群星璀璨，主要有李安宅、冯汉骥、蒋旨昂、张世文、于式玉等。成都市的社会学学科发展要立足于成都在全国和西部的重要地位，有高度、前瞻性地规划，高起点、有力度地建设，讲策略、有特色地培养。目标是让成都的社会学成为具有全国影响力、国际辐射力的学科。

3. 凸显国家西部社会特色的社会学发展方向

作为坐落在西部的国家中心城市，成都具有诸多开展西部社会特色研究的优势。西部社会突出的民族宗教、农村、劳工和贫困议题既是社会学学科传统、经典的研究领域，也是西部社会面对的特有社会文本。成都的社会学学科要具有文化的包容力和敏感度，对上述具有西部社会特征的社会学议题开展研究，解决西部地区发展面临的现实困境。

(二) 城乡统筹与新型城镇化发展

实现城乡统筹发展属于经济社会发展中的重大战略问题，自 2003 年以来成都率先在全国开展统筹城乡的改革探索，将城乡作为一个整体统一筹谋、统一规划，积极推进农村市场化和产权制度改革，不断拓展农村公共服务，城乡关系发生了历史性巨变。未来的发展中，成都在城乡统筹取得重大成效的基础上，还需要进一步推动城乡融合发展，实现生产要素在城

---

[1] 林梅：《2005 年以来社会学基本理论和前沿问题研究综述》，《科学社会主义》2010 年第 4 期，第 154—158 页。

市和乡村之间的合理流动、优化组合，促进城乡经济和社会生活紧密结合与协调发展，以城带乡，以乡促城，互为资源，互为市场，互相服务，达到城乡之间在经济、社会、文化、生态方面的协调共生。

作为国家统筹城乡改革配套试验区，成都在城乡统筹发展方面的调查研究经过数年的积累已在全国社会科学研究领域初具影响。我国著名社会学家陆学艺先生生前多次受成都市的邀请实地调查成都的统筹城乡综合改革配套及其社会变迁，并嘱咐陪同调研的后辈学者要始终关心和关注统筹城乡的研究。在城乡关系协调度不够、城乡收入差距和基本公共服务水平持续扩大的社会背景下，如何通过运行框架的设计及推进策略的制定来实现城乡统筹发展对于构建社会主义和谐社会与全面建设小康社会意义重大。[1] 成都哲学社会科学要巩固已有研究优势，把研究重心始终定位在促进科技进步和自主创新、解决"三农"问题、保护生态环境、服务城乡教育、推进城乡统筹协调发展等重大战略问题上。一方面，在探索多元城镇化道路的过程中，将视野聚焦于如何统筹城乡关系，围绕着新型城镇化的核心"人的城镇化"，城乡二元结构与公共服务均等化、农村各类保障制度研究、户籍制度改革研究、农村土地流转制度研究、民间金融组织研究、就近就地城镇化模式、农村社会管理体制研究、农民工随迁子女的教育、农村各类弱势群体研究、留守儿童现象、新生代农民工的城市融入与市民化待遇等多方面问题进行研究。另一方面，重点关注城乡统筹发展与乡村振兴战略。研究如何推进城乡关系由城乡统筹发展向城乡一体、融合发展转型，进一步完善城乡关系，使成都在乡村振兴战略中继续走在全国前列。一是如何建立健全城乡融合发展体制机制和政策体系，推动城乡规划布局、产业发展、生态保护、文化建设、社区治理和公共服务融合发展，构建起城乡规划体制、城乡融合的生态保护机制、城乡一体的社区发展治理体系、以城带乡的要素供给机制、现代农业全产业链机制等政策体系。二是如何深化农业供给侧结构性改革、农村集体产权制度改革、农村金融服务综合改革、公共产品服务生产供给机制改革、农村行政管理体制改革，解放和发展农村生产力，促进城乡要素自由流动和公共资源均衡配置。

---

[1] 丛茂昆、张明斗：《城乡统筹发展的框架设计与推进策略研究》，《中国农业大学学报》（社会科学版）2016年第4期，第122—128页。

（三）社会建设和城乡社区建设

对于我国城乡社区建设来说，自 2002 年党的十六大召开以来，随着科学发展观与构建和谐社会目标的提出，社会建设得到了党和政府的高度重视，在加强社会建设和社会管理创新的背景下，城乡社区建设全面、快速、深入推进，相对于过去十年有了较大的突破和创新。[①] 2017 年 6 月，中共中央、国务院颁布《关于加强和完善城乡社区治理的意见》，表明城乡社区治理成为从中央到地方、从政界到学界的重大关切。党的十九大报告明确提出"要打造共建共治共享的社会治理格局、完善社会治理体制、推动社会治理重心向基层下移、推进党的基层组织设置和活动方式创新"等系列重大要求。当前成都已进入超大城市形成期、多重矛盾凸显期，社区作为城市的细胞，面临着资源配置不尽合理、共建格局尚未形成、服务水平依然偏低等问题。成都作为西部特大中心城市，城市发展进入了新的历史阶段，城乡社区形态多元多样，城乡社区治理之研究空间较大，区域城乡间社区均衡发展之挑战严峻。[②] 因此，对城乡社区治理研究是最活跃

[①] 高灵芝：《中国城乡社区治理的突破创新与发展趋势》，《东岳论丛》2013 年第 11 期，第 52 页。

[②] 一是市民利益日趋多元。新增人口来源地多元化，各种利益诉求差异明显。随着经济转型、结构调整，市民需求呈现多元化趋势。更加关注生活质量：低收入群体对就业、收入、社保等生活保障的期望值日益增高；高素质高收入人群对良好保障、宜居环境、生活质量的需求日益增长。更加关注公平保障：占成都全市人口总量 31% 的流动人口，希望在社保、医疗、居住、就学等方面，享有与户籍人口同等待遇，而户籍人口则期盼有更好的工作、更高的收入、更优质的医疗教育。更加关注个人权益：2017 年上半年全市共受理群众信访 5.5 万余人次，主要涉及房产物业纠纷、征地拆迁、非法集资等领域，群众维权意识显著增强。更加关注人居环境：从中央第五环保督察组下沉成都督察情况看，截至目前成都全市环保信访达 2870 件，占全省总量近 50%，其中对噪声、垃圾、油烟的投诉占比达 84%。二是社会发展活力不足。城乡统筹促进部分村社转为城镇社区，居民在享受均等化社会保障的同时，还有物业租金、集体经济分红等收入，创业就业动力不足、能力不够，相当部分人靠"吃租金"过日子；即便是已创业就业的，也主要从事底商和生活服务业，大量新兴服务业主体还要靠外部引入。公共资源共享不充分。一方面，科研装备、公服平台资源总量和结构难以满足迅速增长的创新需求；另一方面，机关、学校、企业、社区条块分割、封闭运行，资源共享率普遍较低。社会组织发育水平不高。1.04 万个社会组织普遍存在机关化、行政化、小型化特征，具备 3A 等级以上、有资格承接政府职能转移的社会组织占比仅 12.3%。公共服务方式亟待提升。政府购买服务只占财政公共服务支出的 43.8%，且主要依靠职能部门直接提供公共服务，降低了资金使用效率和社会效益。

的研究领域之一。

在城乡整体发展不平衡、城乡二元结构突出的条件下，城乡社区不同的发展内容要求哲学社会科学研究在未来时期必须围绕城乡统筹的实现目标，遵循城乡社区以不同特点共同发展的历史规律与治理趋势，以促进城乡社区内部及其二者之间的良性互动关联为目标，发掘城乡社区单元空间各要素存在的制约瓶颈，彻底消除任何形式人为割裂城乡社区空间内在联系的各种障碍，放弃任何固化城乡社区对立的"单边思维"模式，科学提出城乡社区治理的价值追求，促进城乡居民在自由平等发展过程中的相互融合，从而凸显城乡居民在不同条件和环境下促进城乡一体化的根本动力与主体作用。

第一，把握城市基层治理的内涵和外延。主要侧重如何在社区治理创新实践过程中处理好科学发展与有效治理的关系，处理好党建引领与融合共治的关系，处理好行政推动和共建共享的关系，处理好城市特色与现代城市的关系，处理好依法治理与文明浸润的关系，如何以提升城乡社区发展治理法制化、科学化、精细化和组织化水平为重点，以构建符合特大城市特点和规律的社区治理体系为目标，研究如何围绕以基层组织建设为统揽、以政府治理为主导、以居民寻求为导向、以改革创新为动力，加快构建新型基层治理体系，推动传统管理向现代治理转变，满足人民群众日益增长的新要求。

第二，加强对当前我国城市基层治理的阶段认识研究。随着我国城镇化进入较快发展的中后期，经济深刻转型、社会深刻变革、利益诉求多元，基层治理面临新情况新变化，呈现出阶段性特征，不同阶段政府职能的侧重点也有所不同。对于此，学界的研究略显不足，因此便产生了诸多"大而化之"的结论。当前我国城市基层治理处于何种阶段？政府在其中的作用和职能是什么？是否政府主导就始终是我国城市基层治理的"特色"？诸如此类的问题都需要深入探讨。

第三，运用实证研究的方法针对不同城市社区政府治理情况开展个案研究。学界现有的研究成果倾向于普遍性或一般意义层面，有关"个性"方面的研究显得不足。我国各地差异性极强，不同地区、不同城市实际情况千差万别，"放之四海而皆准"的政府城市基层治理显然不符合国情。

因此要开展实地调研，因地制宜地探索出不同城市社区的政府治理思路。[1]当前，成都的社会治理可以说是在各层级、各领域如火如荼开展，从政府的治理思路转变、治理结构调整，到基层社区的多种尝试、自主试点，再到类型多样的社会组织全面参与、有序协同。持续研究和提炼成都的社会治理方法、模式和经验，围绕成都社会治理创新的具体实践，就不同类型城市和农村的社会治理创新、社区治理转型、社会组织培育和发展的制度环境、政府购买服务、智慧社区与智慧城市建设等领域展开研究，总结和提升本土化的成都基层社会治理模式，社会治理转型与创新的探索。

第四，深化研究建立多元化、充满活力和包容的社区治理新机制。新时期成都全面深化改革过程中促进有中国特色现代城乡社区治理结构完善的关键环节和重要的研究内容涵盖：一是以新时代背景下的成都社区治理创新实践经验研究为重点，准备把握十九大报告加强"社区治理体系建设，推动社会治理重心向基层下移"的战略考量、准备把握坚持"以人民为中心"推动社区发展治理的价值取向，研究如何顺应城市发展规律、直面城市治理难题，坚持问题导向、着眼破解难题，探索出一条全面体现新发展理念、符合特大城市治理规律的社区发展治理新路子。二是以围绕公益性质的福利便民服务和社区居民生活质量提升为目标，以社区居民所进行的自助服务、社会服务、政府购买服务等为主要服务内容，研究如何突出政府的社会责任、强调政府的组织倡导和公共投入，不断延伸和承接政府对城乡社会基本公共服务均等化的公共职能，构筑能切实为城乡居民服务的多元化平台和长期稳健运行的保障机制。[2]

（四）优化治理体系和保障改善民生

习近平总书记多次强调："走出一条符合超大城市特点和规律的社会治理新路子，是关系城市发展的大问题，要持续用力、不断深化，提升社会治理能力，增强社会发展活力。"从成都实际看，成都人口2016年已超过2000万，迈入了超大城市门槛，城市空间形态与社会结构深刻演变，呈

---

[1] 董宇：《政府城市基层治理研究》，硕士学位论文，云南大学，2015年，第18页。
[2] 李泉：《中国城乡社区治理：反思与检讨》，《广东广播电视大学学报》2011年第3期，第92—97页。

现出人口高聚集性、要素高流动性、管理高风险性，对城市治理提出了新时代课题。

重点围绕坚持"城市的核心是人"，以回应群众对美好生活的需求和解决"大都市病"为突破口，顺应特大城市治理需要，不断完善治理体系、改进治理方式，高质量推进城市发展治理，努力走出一条超大城市治理新路。不断提升超大城市治理体系和治理能力现代化水平。

一是构建共建共治、法治良序的城市治理体系。遵循城市治理规律，完善党委领导、政府负责、社会协同、公众参与、法治保障的社会治理体制。研究如何用好地方立法权加快构建与超大城市治理相匹配的法规体系，推动城市治理走向规则之治、良法之治。研究如何建立健全公众参与城市治理的平台和机制，充分发挥社会组织作用，实现政府治理和社会调节、居民自治良性互动。研究如何加强社区发展治理，推动社会治理重心向基层下移。研究如何创新城市治理体制机制，加快构建两级政府三级管理体系，推进乡镇整合、镇改街道、合村并组、村改居，实现城乡均衡发展。二是始终坚持积极回应人民新时代的新期待，全面增进民众福祉。从提高治理体系和治理能力现代化水平的战略高度，深刻把握社会主要矛盾的基本内涵，坚持以群众需求为导向，聚焦成都民生事业和社会建设方面的重点领域，深入研究新形势下成都特大城市创新社会治理，服务和保障民生的重点难点问题，如成都养老基本公共服务均等化跟踪研究、成都促进教育公平的公共政策效果研究、特大城市社会治理工作人才服务建设研究等，推动发展取向由以 GDP 为中心向以人民为中心转变，适应人民群众多样化多层次多方面需求，以精细化管理和良好服务造福群众。此外，除了上述提及热点论域外，未来几年还将更加关注城乡居民的就业、医疗、养老、教育、社会服务等重大民生保障问题，更加重视社会治理、社会管理和社会建设的机制体制创新，并对正在显现的社会分化、公平正义、老龄化、城镇化等问题投入更多的关注。

（五）社会组织与社会政策

主要侧重社会组织研究，社会组织的生长、管理创新机制研究，社会组织参与社会管理研究等理论性研究。重点研究发挥社会组织在提供公共服务、反映利益诉求、扩大公众参与、增强社会活力、促进社会发展等方面发挥积极作用，构建社会治理新格局的重要力量。研究如何积极培育社会组织并鼓励社会组织承办公益慈善事业或以多种方式参与到民生活动中。对于企业社会责任伦理、家庭结构变迁及相关政策的研究也是社会组织研究的重点。社会政策研究除涉及社会政策改革创新的基础理论研究外，主要就贫困救助问题、农民工问题、社会福利问题、性别平等就业问题等具体社会问题展开相关政策研究。

（六）特定群体

青少年、儿童问题研究一直是社会学研究的重点领域，其研究主要涉及六类青少年群体：未就业大学生群体、网络媒体从业青年群体、民族地区民族青年群体、"留守儿童"群体、违法犯罪未成年人群体、残疾青少年群体。重点关注留守儿童的教育、生活、发展和权益保障问题。此外，随着人口老龄化问题的加速发展，失能老人照护服务、老年人社会适应及精神生活问题、农村空巢老人养老生活问题等也是较受关注的领域。

（七）其他若干重要问题

如社会工作研究、教育问题研究等。社会工作研究主要涉及社工介入、干预和服务研究，社工职业化、制度化研究；教育问题研究主要论及农民工随迁子女、留守子女教育问题，农民工教育培训问题，农村教育问题，教育公平问题，基础教育、职业教育等专门类别的教育问题。[①] 此外，文化变迁、认同、适应与建设研究主要涉及农村公共文化服务体系建设研究、民族及民间文化的变迁和保护研究、区域及村落文化保护开发研究、乡村及社区文化建设研究、农民工等移民文化适应研究、时尚消费文化研究、家庭文化变迁研究、各类型文化认同研究等也是研究的重点领域。

---

① 徐俊、风笑天：《近十年来中国社会学研究进展——基于国家社科基金立项的统计分析》，《北京社会科学》2014年第9期，第118—124页。

五 围绕成都生态文明建设重大问题开展研究

党的十九大报告中指出,加快生态文明体制改革,建设美丽中国。党的十九大报告将建设生态文明上升到关系中华民族永续发展的千年大计的高度,首次把美丽中国建设作为新时代中国特色社会主义强国建设的重要目标,既以强烈的问题意识揭示了中国生态环境保护任重道远的形势,又满怀信心地描绘了美丽中国建设的宏伟蓝图。如何紧紧围绕美丽中国建设进一步深化生态文明体制改革,加快建立生态文明制度体系,健全国土空间开发、资源节约利用、生态环境保护的体制机制,推动形成人与自然和谐发展的现代化建设新格局仍然是一个亟待解决的重大问题。

(一) 生态文明建设的基础理论

一是深入研究生态文明建设与城市绿色发展的内在关系,全面阐释城市绿色发展的内涵及特征。深入比较生态文明、绿色发展、低碳发展、循环发展等诸多概念的区别与联系,把握各个概念的本质内涵,进而研究城市如何进行科学发展。二是研究城市绿色发展存在的问题和障碍,系统分析问题的本质原因,选择科学的发展模式,建立城市生态文明建设政绩考核体系。贯彻落实中央精神,成都如何实现绿色发展,绿色发展在实际中还存在哪些问题,绿色发展有哪些动力,选择什么样的绿色发展模式,如何针对城市绿色发展建立有效的生态文明政绩考核体系等问题都需要在理论创新层面和实践层面进行整合研究。

(二) 生态城市建设

根据成都建设国家中心城市的城市功能定位和城市自身特点、城市发展阶段，提出城市生态文明建设与绿色发展的可操作性的有效路径。① 特别是结合经济新常态、供给侧结构性改革、实施创新驱动战略等方面，践行创新、协调、绿色、开放、共享的发展理念，把生态文明建设放在更加突出的战略位置，融入经济、政治、文化、社会建设各方面和全过程，协同推进新型工业化、新型城镇化、信息化、农业现代化和绿色化，以绿色、循环、低碳为基本途径，着力提升发展质量和效益，以全面深化改革为动力，实现城市转型发展和体制机制创新的重大突破，努力建成经济繁荣、环境优美、文明祥和、可持续发展的美丽中国典范城市。

重点围绕新常态下成都经济转型发展与环境治理问题，低碳经济约束下成都经济转型升级，建立健全政府、企业、公众共治的环境治理体系，完善产权清晰、多元参与、激励约束并重、系统完整的绿色发展制度体系等问题开展研究。

（三）生态补偿

随着生态环境质量的日益恶化，生态补偿研究的使命更为重大。当前国内生态补偿研究正在走向成熟，基本理论框架已经形成，需要提出切实可行的政策，尤其是针对不同领域，构建具体的、符合成都实际情况的长效生态补偿机制。结合国际生态补偿研究态势及国内研究现状分析，未来生态补偿研究需要立足国内生态补偿发展现状和研究背景在以下几方面进一步加强。

一是加强对生态补偿理论的研究和探索。将生态补偿、补偿的主体和客体、水土保持各利益相关者的权利与义务关系等概念清晰界定，统一口径，使生态补偿目的更明确，更具有可操作性。既研究不同区域之间、不同利益群体之间的生态补偿关系，以及这种关系对区域空间结构产生的影

---

① 新中国成立之前成都是一个典型的消费城市，现代工业基础极其薄弱。新中国成立后，成都成为国家和四川现代工业布局的重点，开启了工业化的进程。新中国成立后的60多年里，成都城市发展以工业文明为理念，强调如何去改造自然、征服自然，创造更多的物质财富，但同时生态环境也受到相对的破坏，生态环境正在面临日益严峻的挑战。成都提出，"要坚持把生态文明建设放在更加突出的位置，构建绿色发展制度体系，加快推进生产体系、生活方式、生态环境绿色化，明显改善大气、水、土壤环境质量，基本建成碧水蓝天、森林环绕、绿树成荫的美丽中国典范城市"。

响，又要研究通过生态补偿技术来保护和修复受损的生态环境，并为群众提供更加适宜的活动场所。全面回顾和总结国内外生态补偿研究发展状况，展望成都生态补偿研究的重点领域和主要方向如生态补偿与区域协调发展、生态补偿与生态安全建设、生态补偿与生态建设及环境保护等现阶段的一些热点研究领域，并将其继续向纵深发展。二是借鉴国外成熟的生态补偿体系及实践经验，主要侧重在基于宏观角度考虑生态补偿政策的实施等相关问题，主要集中在生态补偿的主体和对象、补偿的理论基础、补偿资金的筹集渠道、公共财政的补偿途径、补偿标准、补偿范围、补偿办法、生态服务和效益的记录评价与计量模型等方面的研究。三是生态补偿与相关研究之间的关系，如生态补偿与精准扶贫的关系，生态补偿的运作模式，生态补偿理论与实践的比较研究，等等。

六　围绕成都民主政治建设重大问题开展研究

党的十九大报告提出，推进社会主义民主政治制度化、规范化、法治化、程序化。这对健全人民当家作主制度体系、发展社会主义民主政治作出部署要求。要紧紧围绕政府转型与公共治理、新时代党的建设、法治成都建设等一系列事关社会主义民主政治的重大理论和实践问题开展研究。

（一）政府转型与公共治理

推进国家治理体系和治理能力现代化是完善和发展中国特色社会主义制度的必然要求，具有重大而深远的理论意义和现实意义。而政府治理现代化正是这一顶层设计的关键环节，是当代中国政治文明发展的内在趋势。[①] 近年来，随着中央提出将国家治理体系与治理能力现代化作为深化改革的重要内容，政府治理这一话题便受到了来自政治学、社会学、经济

[①] 刘雪华、王梦：《首届"中国治理创新论坛"暨政府治理现代化学术研讨会会议综述》，《经济社会体制比较》2017年第1期，第187页。

学、法学、管理学等不同领域的学者关注。这不仅深化了学术界对政府治理的研究，更在实践层面上推进了对改革认识的深化。

党的十八届三中全会提出"推进国家治理体系和治理能力现代化"的战略目标之后，学界就迅速掀起了探讨研究的热潮。作为国家和社会关注热点的社会治理议题也是成都哲学社会科学研究的重点，应该加强全面性、层次性、系统性研究，形成具有前沿性、价值性、针对性的理论成果，推动着该领域研究进一步走向多面、立体、成熟。

第一，细化全面性研究，加大对国家治理体系和治理能力现代化的具体性与功能性交互研究，积极丰富应用领域研究。成都的治理现代化实践面临诸多挑战，如何加强和完善执政党的领导，如何有效推进政体制改革，如何正确处理政府、市场与社会的关系，如何积极有效提高公共服务的供给能力与水平，如何处理政府信息与数据公开问题，如何更好地实现科学发展等都成为提升成都治理现代化水平亟须关注的问题。改革开放40年来，成都在政府治理和社会治理方面，尤其是在地方政府治理层面，进行了大量可贵的探索，积累了许多宝贵的经验。系统地分析总结这些治理改革经验，将有助于为政府治理创新实践，乃至国家治理体系与治理能力现代化提供更充分的智力支持。[1]

第二，深化层次性研究，着力从治理体系和治理能力现代化的视域定位或横、纵向比较等层面突破思考，提出蕴藏创新意义的见解。成都市第十三次党代会提出："加强和创新城市治理，提升城市治理体系和治理能力现代化水平。"这是中央、省委关于加强和创新社会治理决策部署在成都的落地落实，是推进成都由城市管理向城市治理转型的基本遵循，是建设国家中心城市的重要内涵。[2] 成都在面向基层，面向社区、社会组织、村政基层治理的实践方面走在全国前列，那么成都的城市社区党建、城市社区治理理论研究也应该走在全国前列，应该有前瞻性和创新性，在政府决策咨询中有话语权。因此，成都哲学社会科学要聚焦基层治理体系和治理能力现代化这一主题，围绕党组织在完善基层治理机制中如何发挥组织

---

[1] 刘雪华、王梦：《首届"中国治理创新论坛"暨政府治理现代化学术研讨会会议综述》，《经济社会体制比较》2017年第1期，第187—191页。

[2] 倖奎：《坚持依法治理、系统治理、智慧治理 建设治理体系和治理能力现代化先进城市》，《成都日报》2016年10月14日第002版。

引领的核心作用、多元支撑互动共治、农村两新组织的培育、农村生态文明建设等课题开展研究,系统梳理和不断总结成都市社会组织党建经验成果,聚焦社会组织党建热点难点问题开展研究,使成都走在全国基层治理体系和治理能力现代化研究的前沿。其中,如何加快以"民生"改善为重点的社会治理创新机制是研究的重要方向之一,重点研究如何发挥政府在"民生"改善中的主导作用,如何建立多元化、充满活力和包容的社会治理新机制,为"民生"改善提供更多助力,强化研判社会发展趋势、编制社会发展专项规划、制定社会政策和统筹社会治理民生方面的制度性设计、全局性事项管理等职能能力,发挥好政府在社会治理中的主导作用,这对于成都建设全面体现新发展理念的城市,建立现代化的治理体系和治理能力尤为重要。

第三,强化系统性研究,结合当前我国完善和发展中国特色社会主义制度,对治理体系和治理能力现代化的提出背景、目标要求、实现方式等进行解剖探讨,从而系统阐述整个理论脉络和动态布局,这既能推动该研究的深化发展,也能为国家现代化发展提供新的理论指导。[①] 当前,成都的社会治理可以说是在各层级、各领域如火如荼开展,从政府的治理思路转变、治理结构调整,到基层社区的多种尝试、自主试点,再到类型多样的社会组织全面参与、有序协同。未来持续研究和提炼成都的社会治理方法、模式和经验,应该是打造成都哲学社会科学名片的又一个好题材。这不但从理论上拓展了治理现代化的研究视域,更有利于推动全国范围内的治理创新实践,从而助力我国政府治理现代化的进程。

(二)新时代党的建设

党的十九大报告确立了新时代党的建设总要求,为把全面从严治党引向深入提供了重要遵循。科学部署了推进全面从严治党"八个方面"的具体任务,科学回答了在新时代管党治党的一系列重大问题。新时代党的建设研究要深刻领会党的建设新的伟大工程的新要求,以党的建设新格局的

---

① 李尹辉:《国家治理体系和治理能力现代化研究综述》,《大连干部学刊》2016 年第 3 期,第 38—41 页。

全方位研究为主题,与党治国理政的实践结合起来,与全面推进党的建设新的伟大工作的实践相结合,不断深化对党的执政理论、执政规律和自身建设面临的新矛盾与新问题的探索。按照《关于新形势下党内政治生活的若干准则》和《中国共产党党内监督条例》的内容,全面聚焦"党要管党、从严治党",深入研究新形势下全面推进党的建设面临的新情况、新问题。

第一,深化中国特色社会主义建设实践中党所遇到的新问题、新矛盾的研究力度。坚持以中国特色社会主义理论体系为指导,坚持解放思想、实事求是、与时俱进,积极回应新的社会实践中出现的新问题、新矛盾,勇于面对并回答实践中出现的难点、热点问题。加强对成都基层党组织建设的历程与经验研究;科学梳理成都改革开放近40年来的历史进程、经验和启示,从理论与实践的结合上不断进行理论概括和创新。

第二,深入开展科学执政、民主执政、依法执政的相关理论和操作机制、运行机制研究。以党的十九大精神和习近平总书记系列重要讲话精神为指导,以新形势下进一步完善党的领导体制和执政方式为重点,深入研究新时期全面推进党的建设面临的新情况、新问题,围绕发展党内民主与民主执政问题、完善民主集中制的历史经验问题、健全民主集中制的体制机制问题、党代表大会制度问题、党的代表大会常任制问题、充分发挥党代表作用的途径和形式问题、完善党内选举制度问题、完善党委集体领导制度问题、健全党内民主监督机制问题、落实党内民主评议制度问题、党员主体地位问题、保障党员权利问题等开展研究[①];研究如何与时俱进拓展党建工作内涵和方式,持续完善以党组织为核心的新型基层治理体系;在推出新的理论成果的同时,加大党建研究理论成果转化的力度,使党建研究更好地指导和服务党的执政实践、党的自身建设实践。

第三,深化对管党治党规律的研究。深刻认识党的十八以来全面从严治党的伟大实践,深刻把握党中央对管党治党规律的新要求,为进一步深化从严治党实践提供指引。一是着眼加强党的领导这个根本目的,研究如何与时俱进拓展党建共治内涵和方式,持续完善以党组织为核心的新型基

---

① 赖宏:《关于党建学科建设若干问题的思考》,《社会科学管理与评论》2009年第3期,第62页。

层治理体系；二是着眼旗帜鲜明讲政治这个根本要求，研究如何进一步严肃党内政治生活，巩固发展良好政治生态；三是研究如何有效宣传群众、动员群众、组织群众，凝聚共识、凝聚力量，营造健康向上的社会氛围。

第四，围绕成都党的建设重大问题开展研究。重点研究坚定文化自信，筑牢"不想腐"思想防线，创新新时期加强党内监督的有效途径与方式、健全新时期推进党内法规制度体系建设、深入推进特大城市基层党建体制机制创新、加强成都国企党的建设、加强成都"两新"组织党的建设等重大问题。

（三）法治成都建设

紧密对接国家全面推进依法治国战略的需求，服务于成都法治战略实施和经济社会发展，以地方法治和"法治成都"建设过程中所产生的重大理论和现实问题为研究对象，对成都立法、执法、司法等法治实施中的关键点、难点和焦点问题进行对策性研究，及时回应社会热点法治事件，积极提交高质量的对策咨询报告和专家建议，兼顾相关基础理论研究，使法治成为成都最鲜明的城市特质和最核心的竞争优势。重点研究推进依法治市、依法执政、依法行政，不断加强法治城市、法治政府、法治社会一体建设，充分调动一切积极因素，提升城市现代化管理水平，提升公共服务能力，提高依法行政能力，构建社会稳定的保障机制等事关成都发展的重大问题。一是如何深入推进民主法治建设，完善地方法规规章，切实保障司法公正，充分发挥民主法治的引领和推动作用，推进法治成都建设。二是如何全面推进依法行政，依法全面优化完善政府职能，健全行政权力清单制度，完善依法科学民主决策机制，完善行政执法体制，强化对行政权力的监督和制约。三是如何加快法治社会建设，加快构建符合成都实际的城市管理法规体系，运用法治思维和方式深入推进平安成都建设，加强公共安全体系建设，建设完备的普惠型法律服务体系等。四是如何坚持法治和德治有机结合，发挥德治礼序、乡规民约、家规家风的教化作用，实现法律和道德相辅相成、相得益彰，努力构建法治良序。

第六章

成都新型智库建设

党的十八大以来，习近平总书记多次对建设中国特色智库作出重要批示和重要讲话。2013年11月，党的十八届三中全会提出了要建设中国特色新型智库，并把智库建设写入了《中共中央关于全面深化改革若干重大问题的决定》，将智库建设工作提到了国家战略高度。2015年1月，中共中央办公厅、国务院办公厅印发《关于加强中国特色新型智库建设的意见》，对新型智库建设的重大意义、指导思想、基本原则和总体目标等提出了具体要求。党的十九大再次强调"加快构建中国特色哲学社会科学，加强中国特色新型智库建设"。可以预见，随着新时代中国特色社会主义的发展，新型智库将更加深入地融入国家决策，起到助推国家治理体系和治理能力现代化、增强国家软实力的重要作用。地方新型智库是中国特色新型智库的重要组成部分，在国家大力倡导和发展中国特色新型智库的大背景下，如何立足于地方实际，建设服务于地方发展的新型智库，是地方改革发展的现实需要，也是繁荣发展中国特色哲学社会科学和建设中国特色新型智库的重要组成部分。

一 中国特色新型智库基本内涵及其建设的重大意义

近年来，以习近平总书记为核心的党中央，从推动科学民主依法决策、推进国家治理体系和治理能力现代化与增强国家软实力的战略高度，就加强中国特色新型智库建设多次作出重要论述。在厘清新中国成立以来我国智库发展脉络的基础上,科学把握中国特色新型智库的内涵和特征,正确认识建设中国特色新型智库的迫切性、现实性、目标和要求,对推进中国特色新型智库建设具有重要的理论意义。

(一) 中国特色新型智库的基本内涵及特征

加强对中国特色新型智库的认识,明确新形势下中国特色新型智库建设的新举措、新定位、新方向,是新时代的新要求。

1. 智库的内涵及新中国成立以来智库发展概况

"智库"(Think Tank)一词最早出现于第二次世界大战期间的美国,也称为思想库、智囊团、智囊机构等,如今已遍布全球,学者对其有不同定义。综合词典、百科全书以及相关智库研究专家的专著,可以认为,智库主要是"就一些国内外事务开展公共政策研究、分析、提出建议并协助决策者和公众做出明智的公共政策抉择的组织","应该是长期存在的实体,而不应该是临时成立的委员会或研究小组"。[①] 智库具有两大显著特点,一是独立性,即独立于政府或政党;二是不以营利为主要目的,是带有公益性质的非营利组织。这两个特点,是实现智库服务客观性、中立性和科学性的重要保证。

新中国成立以来,我国智库的类型不断发展和丰富。以改革开放为节点,之前隶属于党政部门的官方智库,如党中央和政务院(国务院)政策研究室、中共中央党校等,在社会主义革命和建设中发挥了重要作用;改革开放之后,在邓小平同志等国家领导人认识到决策咨询的战略性并多次强调"决策科学化"的背景下,政策逐渐放开,在官方智库进一步稳固发展的同时,半官方智库和民间智库开始增加并发挥作用。官方智库有中国社会科学院、国务院发展研究中心等智库机构;半官方智库则主要有社会化运行的部分官方智库,如原隶属于海南省政府的中国(海南)改革发展研究院;民间智库层面则主要是指在工商部门登记注册的由民间自发成立的智库机构,如北京视野咨询中心、零点研究咨询集团,以及其他一些民

[①] 李国强:《中国特色新型智库"特在哪里新在何处"》,《中国经济时报》2014 年 5 月 30 日第 5 版。

间调查机构和咨询机构。进入21世纪后,党和国家更加重视智库建设和发展。特别是党的十八大以来,中央对智库给予了前所未有的重视。习近平总书记多次强调智库作用,并就建设中国特色新型智库作出重要批示,提出"要健全决策咨询机制,按照服务决策、适度超前的原则,建设高质量智库"。2013年,党的十八届三中全会首次在中共中央文件层面上提出"智库"概念,指出要"加强中国特色新型智库建设"。2014年,中央全面深化改革领导小组第六次会议审议了《关于加强中国特色新型智库建设的意见》,并于2015年1月以中共中央办公厅、国务院办公厅名义正式印发,对新型智库建设的重大意义、指导思想、基本原则、总体目标和重要任务等作了较为详细的规定,自此,中国特色新型智库建设正式列入了全面深化改革的议程,进入了顶层设计的框架,成为中国决策体制的一部分。2016年5月,习总书记在哲学社会科学工作座谈会上就智库建设发表重要讲话,强调"智库建设要把重点放在提高研究质量、推动内容创新上"。党的十九大再次强调:加强中国特色新型智库建设。中央文件以及国家领导人的系列讲话精神,为中国特色新型智库建设指明了发展方向,中国智库建设进入了一个新时代、新阶段。

2. 中国特色新型智库的内涵和特征

何谓中国特色新型智库?中国特色新型智库是既符合智库发展的一般规律,又具有鲜明中国特色的智库。中共中央《关于加强中国特色新型智库建设的意见》指出:中国特色新型智库是以战略问题和公共政策为主要研究对象、以服务党和政府科学民主依法决策为宗旨的非营利性研究咨询机构。这是对中国特色新型智库的重要界定。这一界定从三个维度对中国特色新型智库进行了明确:(1)研究范围是战略问题和公共政策,是涉及全民福祉、影响到千万个家庭的决策。(2)主要服务对象是党和政府,是为党和政府决策服务的。(3)主要业务形式是"研究和咨询",包括开展长期和短期的政策研究和政策咨询服务。[①]

从特征来看,中国特色新型智库,既要有"特色",又必须是"新型"的。

---

① 颜云霞:《智库建设必须把握四个原则——〈关于加强江苏新型智库建设的实施意见〉解读(上)》,《新华日报》2015年11月13日第16版。

第一,"特色"。要立足于中国国情,体现具有中国特色的功能定位和体系建设。其基本特征包括以下五个方面:一是必须坚持中国共产党的领导,坚持中国特色社会主义理论、制度和道路,坚持以维护国家利益和人民利益为根本出发点,在路线方针上与党中央保持高度一致。二是紧紧围绕"四个全面"等党和政府决策急需的重点难点问题,经济社会发展和改革开放中的全局性、前瞻性、战略性、综合性、长期性问题以及当前热点、难点问题开展研究,提供高质量的智力支持。[①] 三是坚持实事求是,求真务实,不唯书、不唯上、只唯实,追求客观、公正、管用、有效,为中国广大人民群众谋福祉。四是注重发挥官方智库的体制优势,同时积极发挥民间智库的积极性,引导各类智库有序发展,培育客观、理性的智库群体,鼓励和引导民间智库健康发展,形成智库多元主体、良性竞争、互相补充、共同发展的局面。五是善于运用中国视角,立足"中国背景""中国元素""中国语境",倡导中国模式,发出"中国声音"、提出"中国倡议"、提供"中国方案",充分体现中国特色、中国风格和中国气派。[②]

第二,"新型"。这主要是针对"传统"而言。即不同于过去一般的研究机构,而是要在智库的特质上大胆探索创新,从思想观念、组织形式、运行机制、管理方式、制度规范等方面推动智库破旧立新,锐意改革,提高智库研究能力和水平,更好地履行智库职能,真正成为党和政府决策"信得过、用得上、离不开"的参谋助手。[③] 其"新"字,是指智库建设应在体制和机制上有所突破,通过改革创新和转型发展,提升智库的知名度和影响力,扭转当前智库发展相对滞后的局面。一是在公共决策中将智库纳入其体系之中,成为不可缺少的一环;二是具有政策研究、解读、评估多种功能;三是按照全面深化改革的方向,确立适合于智库科学运行的管理体制;四是鼓励和支持民间智库组织健康发展;五是建立全国性智库协会性平台组织;六是推进智库开放性、国际化建设。[④]

[①] 参见石伟《智库建设法治化研究》,中共中央党校出版社 2017 年版。
[②] 参见刘德海等《江苏新型智库体系建设研究》,江苏人民出版社 2014 年版。
[③] 陈宝生:《以改革创新推动中国特色新型智库发展》,《光明日报》2015 年 1 月 26 日第 2 版。
[④] 李国强:《中国特色新型智库"特在哪里新在何处"》,《中国经济时报》2014 年 5 月 30 日第 5 版。

(二) 加快建设中国特色新型智库的重要性和必要性

当今,国际形势复杂多变、全球性问题层出不穷、国际竞争更加激烈,国内经济社会结构进一步发生深刻而复杂的整体性变迁、全面深化改革进入攻坚期和关键期[1],智库日益成为国家软实力和现代国家治理体系的重要组成部分,建设高质量中国特色新型智库极为重要和迫切。

一是推进国家治理体系和治理能力现代化迫切需要加快新型智库建设。随着改革的深入,我国经济社会发展在取得巨大历史性成就的同时,也面临着新形势下的新挑战,面临着结构滞后、环境约束加大、贫富差距明显、社会信任缺失等诸多发展问题。回应这些问题与挑战,中央在党的十八届三中全会正式提出"推进国家治理体系和治理能力现代化"的全面深化改革总目标,期望通过建构现代国家的制度体系,破解各项难题、实现长治久安。而国家治理体系和治理能力现代化的过程,也是对改革中不断涌现的新情况、新问题和新矛盾进行破解的过程,对决策体系、决策程序和决策结果的科学性和民主性都提出了更高的要求。智库,在整合资源、积聚各领域人才开展集中攻关研究方面,具有明显的优势。充分发挥智库的作用,针对经济、政治、文化和社会等各个方面的重大理论和现实问题进行研究、提出对策,对于促进党委政府科学决策、民主决策,推进和实现国家治理体系和治理能力现代化有着不可或缺的重要作用。

二是积极引领国内主流思想的新形势迫切需要加快新型智库建设。传播思想知识、引导社会舆论是现代新型智库的重要使命之一。特别是在新时代,国内各项改革进入深水区,各种矛盾交织,各种思想和价值观激烈碰撞,社会现象"千奇百怪",社会思潮"五彩缤纷",各种力量都希望可以获得"话语权"。在这种矛盾凸显期,急需有影响力的智库提供准确信息、专业知识、正确观点和深刻思想对民众比较关心的重大问题给予正确回复。同时,中国智库也有责任以高质量的智力产品,有效引导社会舆论,开辟启迪民智、凝聚民心的新途径。这不仅是服务党和政府科学民主

---

[1] 《习近平谈建设新型智库:改革发展任务越重越需要智力支持》,2015年1月21日,人民网,http://www.people.com.cn/xuexi/n/2015/0121/c385475-26422432.html。

决策、破解发展难题的迫切需要，也是坚持和发展中国特色社会主义、决胜全面建成小康社会伟大目标的迫切需要。①

三是提升国家软实力、增强国家话语权、提高国家影响力迫切需要加快新型智库建设。全球视野下，中国的发展正在对世界产生深刻影响，迫切需要一批具有国际影响力和话语权的高水平、高质量的智库，在纷繁杂乱的国际事务中讲好中国故事、表明中国立场、发出中国声音。要不断增强我国国际影响力和国际话语权，就必须加强新型智库建设，发挥智库在对外交往中的桥梁作用，通过智库的研究交流和沟通阐释，在国际上树立中国好形象，发出中国好声音②，提升国际话语权，主张国家利益，推动中国文化产品走向世界，推动中国文化价值影响世界。

（三）中国特色新型智库建设的目标和要求

智库的目标在于通过决策咨询帮助服务对象改进决策水平，提高决策质量。③中央《关于加强中国特色新型智库建设的意见》，提出"构建中国特色新型智库发展新格局"，并明确提出"到 2020 年，统筹推进党政部门、社科院、党校行政学院、高校、军队、科研院所和企业、社会智库协调发展，形成定位明晰、特色鲜明、规模适度、布局合理的中国特色新型智库体系，重点建设一批具有较大影响力和国际知名度的高端智库，造就一支坚持正确政治方向、德才兼备、富于创新精神的公共政策研究和决策咨询队伍，建立一套治理完善、充满活力、监管有力的智库管理体制和运行机制，充分发挥中国特色新型智库咨政建言、理论创新、舆论引导、社会服务、公共外交等重要功能"④。从中央顶层设计的新型智库发展格局来看，是鼓励和倡导形成"整体多元化并合理分工互补"的特色格局。这种多元化，一方面体现在智库类别上，容纳了社科院智库、党校行政学院系

---

① 胡鞍钢：《建设中国特色新型智库：实践与总结》，《上海行政学院学报》2014 年第 15 期。

② 陈宝生：《以改革创新推动中国特色新型智库发展》，《光明日报》2015 年 1 月 26 日第 2 版。

③ 林坚：《建设中国特色新型智库的全局思考》，《国家治理》2016 年第 16 期。

④ 中共中央办公厅、国务院办公厅：《关于加强中国特色新型智库建设的意见》，2015 年 1 月 20 日，中央政府门户网站，http://www.gov.cn/zhengce/2015-01/20/content_2807126.htm。

统智库、高校以及科技创新智库、企业智库、社会智库等多类别智库，通过顶层设计、统筹协调和分类指导，来突出各类智库的优势和特色，实现各类智库的有序健康发展；另一方面体现在智库的层级上，既要有直接服务于党和中央重大决策的顶尖高端智库，也要有服务于各级地方党委政府决策、为地方经济社会发展贡献智慧的地方新型智库。

  作为地方新型智库，既要符合国家对中国特色新型智库建设的基本要求，又要具有强烈地方特色，在地方层面上汇集智慧、提升能力和服务决策。首先，凸显"特色"。要坚持中国特色和地方特点的统一。一方面，要着眼于全局，地方新型智库必须服从于中国特色新型智库建设方向，具有中国特色，始终坚持中国共产党的领导，把握正确的政治方向，充分体现中国特色、中国风格和中国气派。[1] 另一方面，要着眼于地域发展，突出地方特点，以服务地方党委政府决策为己任，坚持问题导向，重点发展回应地方改革发展的综合性研究、应用对策研究，着力回答当地群众普遍关心的重大理论问题和实践问题。其次，突出"创新"。要坚持理念创新、思路创新和路径创新。虽然立足地方，但也需要具备广阔的发展视野，契合地方发展战略，确定"高""精""尖"的智库建设目标，努力形成特色鲜明、具有较大地域影响力的新型智库；具体运行中，要适应新型智库建设需要、遵循智库发展规律，创新智库建设的体制机制，优化社科资源配置方式等，以制度创新推进服务创新，为地方党委政府提供具有战略性、前瞻性、系统性的理论和决策应用研究。最后，强化"整合"。要契合信息化的快速发展和地方改革发展的需要，发挥地方优势，在地方层面充分整合党政部门、社科院、党校行政学院、高校，以及其他社会团体力量、企业等的研究资源，促进各类智力要素聚合，形成强大的集聚效应，全面提升智库服务地方党委政府决策的能力和水平。

二 中国特色新型智库建设的成都实践

  近年来，成都市社科界围绕建设中国特色新型智库的总体目标，积极

---

[1] 中共中央办公厅、国务院办公厅：《关于加强中国特色新型智库建设的意见》，2015 年 1 月 20 日，中央政府门户网站，http://www.gov.cn/zhengce/2015-01/20/content_2807126.html。

推进地方新型智库建设，确立了正确的工作职能定位，以理论联系实际为准则，以应用对策研究为主，兼顾基础理论研究；把立足成都、研究成都、服务成都，为成都市委、市政府决策服务和为经济社会发展服务作为基本任务，积极推进社科研究创新发展，以弘扬人文精神，传播学术文化、提升市民素质、提升城市品位为目标，广泛联系机关、院校、学会（协会、研究会），通过规划评奖、金沙讲坛、学术沙龙、社科普及基地建设等平台载体，不断扩大社会科学普及在学术界和广大人民群众中的影响力，取得了较好的成绩。

（一）以应用对策研究为引领，努力提升科研创新能力

没有优质的科研成果，就没有优质的智库。近年来，成都市社科联（院）以中国特色社会主义理论为指导，整合科研资源，联合攻关，协同创新，围绕中心，服务大局，突出成都市委、市政府工作"重点"，围绕领导决策"高点"，及时发现经济社会"亮点"，深入剖析经济社会"焦点"，注意解决工作中"弱点"，积极开展哲学社会科学的研究，通过有价值的研究成果，为市委、市政府提供决策参考依据。例如，先后紧紧围绕"国家中心城市建设、特大城市治理、一带一路"等专题，积极开展课题研究，除与国家发改委宏观院、中科院地理科学与资源研究所、四川大学等共同编撰了《成都参与"一带一路"和长江经济带国家战略与对策研究》外，还有《加快成都建设世界旅游目的地城市研究》《打造成都印象鲜明的国际化城市文化标志》《成都市城市治理体系与治理能力现代化研究》《国家中心城市目标下成都治理之路》《一带一路战略下成都发展空港经济的战略与对策研究》等系列重大课题，研究报告上报给省、市领导参阅，为党委和政府科学决策提供了有力的理论和智力支持。下一步，将围绕国家中心城市建设的理论与经验，拟联合中国区域学会、国家发改委宏观院和中国社科院等研究机构，共同编撰《国家中心城市建设的理论与经验研究》，主持编制《成都市国际化城市建设2025规划》等。

（二）创新管理机制，提高新型智库能力水平

1. 人才建设和制度保障同步，为跨越式发展和可持续发展打造"四能"队伍

人才竞争是智库竞争的关键。繁荣学术，学者为本；智库建设，人才第一。社科院作为出思想、出智慧、出举措的地方，必须要有一支高素质的人才队伍。成都市社科院高度重视人才工作，围绕引才、用才、留才的人才队伍建设思路做了大量工作，为打造"坐下来能写，站起来能说，俯下身能听，走出去能干"的"四能"队伍创造优越环境和条件。例如，完善办公硬件和软件设施，为每人提供一间安静的办公室，提供外出调研交通费补助，加大科研骨干的培养力度，大胆扶持中青年理论人才，在中青年科研人员中发现并培养优秀的学科带头人。采取继续深造、培训、进修、出国交流等措施，使青年科研人员科研素质和研究水平有较大提升，为新型智库建设提供坚实的后备人才队伍。

2. 积极创新科研激励机制，完善考核评价机制

增加资金保障，公正考核办法，以文件、规定、管理办法等形式对资金管理加以规范，出台和完善科研激励政策。通过第三方考核评价体系建设，客观公正评价科研成果的质量和水平，采取科研奖励、评先选优等多种形式，鼓励科研人员多出成果、出好成果。

3. 树立"大社科"智库理念，加强国际国内学术交流与智库交往合作，打造博士后创新实践基地

一方面，以市社科联换届代表大会召开为契机，以市社科规划和政府评奖为抓手，加强与驻蓉高等院校、研究机构，市级各部门、各学会、各区（市）县社科联等形成联合协商工作机制，共享社科资源，共商繁荣哲学社会科学发展大计。2015年5月，成都市社科联（院）被四川省人力资源和社会保障厅批准成为省级博士后创新实践基地；11月底，成都市社科院与西南交通大学签订了养老科学战略学术研究合作协议，约定校院联合培养博士后、博士、硕士等高端社科研究人员。这些举措为高等院校、科研究所与新型智库之间建立起顺畅的人才、智力流动渠道，推动产、学、研相结合，加速社科研究成果转化，吸引和用好博士等高层次人才搭建了

平台。另一方面，加强国际国内学术交流与智库交往合作。启动了科研骨干前往瑞士、德国等国和中国台湾著名高校、科研机构进行学术交流与合作，努力参与到重大国际问题研究中去，部分英文研究成果已在国外核心期刊发表。同时，积极打造新型智库，建设高端研讨平台，例如：积极参与成都市人民政府"国际咨询顾问团成立大会暨第一次年会"组织策划工作，举办或承办财富论坛、中欧学术论坛、成都经济区学术论坛、菱形经济圈学术论坛、中欧低碳高端论坛等多个国际、国内知名论坛等。

（三）多渠道拓展平台阵地，有效促进新型智库成果转化

1. 增强文化自信，做大做强"金沙讲坛"品牌

2009年3月由中共成都市委宣传部主办，成都市社科联（院）承办，成都传媒集团、成都广播电视台、成都金沙遗址博物馆、成都娇子音乐厅协办的大型社会科学普及品牌活动——金沙讲坛，以创新打造"名家荟萃的大讲坛，老百姓自己的文化沙龙"为目标，以"讲成都、谈天下，通古今、论人生"为基本思路，以"选题系列化、内容大众化、讲坛品牌化"为思路，以"弘扬社科人文精神，传播社科学术文化，提高市民文明素养，提升城市文化品位"为宗旨，每年公开面向成都市民举办50场社科普及讲座，强化社会科学普及的社会效益，成效显著。截至2018年7月，已成功举办现场讲座478场，现场直接听众累计超过44万人次。中宣部《宣传工作》《光明日报》《中国社会科学报》《四川党的建设》《四川日报》等多家媒体刊载过讲坛情况。据第三方测评群众满意度为98.64%。2016年6月12日《四川日报》报道了金沙讲坛是"名家荟萃的大讲坛，老百姓自己的文化沙龙"，是"全国知名的社科普及和文化惠民品牌"。2016年12月28日，《中国社会科学报》专版称赞金沙讲坛已办成"西南地区的知名公共文化服务与社会科学普及活动品牌"。2017年11月，金沙讲坛被四川省委宣传部、省社科联评为四川省社科普及基地。12月，金沙讲坛应邀成为由江苏省干部理论教育讲师团"江苏大讲堂"和南京市委宣传部"市民学堂"共同发起的"紫金讲坛联盟"会员（成员单位现有31家，分布于6个省份），并在常州举办的"紫金讲坛联盟"第三届年会上分享了金沙讲坛办坛经验，获得一致好评。

2. 创新搭建社科研究和普及平台，建设社科"双基地"

一是从 2015 年 6 月开始，市社科联（院）与西南交通大学以国际老龄科学研究院为载体，联合建立"成都社科研究基地"。该基地是关注发展中国家和地区老龄事业的研究平台，建立互联互通的信息共享机制，推进研究方法、政策分析工具和技术手段创新，建设服务老龄社会的新型智库。二是打造"成都社科学术年会""成都学术沙龙"等平台，激发成都社科创新活力。坚持举办每年一度的"成都社会科学学术年会"，作为引导和推动社科理论研究与社科普及的重要平台。年会邀请中国社会科学院有重大影响的专家作主题报告，受到成都社科界的普遍欢迎。并组织开展好"成都学术沙龙"活动，自 2010 年创办至今，该沙龙已经成为加速社会科学成果转化的重要平台、增强城市文化软实力的载体、宣传社会主义核心价值体系的阵地，成为成都社科人才成长的"摇篮"和成都哲学社会科学工作的一个重要品牌。三是全力做好成都市级社科普及基地建设。2015 年在四川省社科联的指导下，成都市委宣传部与成都市社科联组织市（区）、县社科联，创建了"彭州新农村建设社科普及基地"等 39 个市级首批社科普及基地，并在全市创建 4 个"四川省社会科学普及基地"。"双基地"建设激发了成都社科界的创新活力，既实现了社科联和驻蓉高等院校的合作共赢，也实现了基层社科联和学术型社团的协同合作，为提高成都市广大人民群众的科学人文素质，繁荣发展哲学社会科学做出了积极贡献。

（四）筹建新型智库，"献智"国家中心城市建设

为了整合成都高端社科人才，创新社科研究方法、提升服务理念，促进学科建设，加快成都市地方新型智库建设，2016 年 10 月成立"四川新型城镇化研究发展智库"，这是四川省委对地市州授牌的唯一智库，同年 11 月，由成都市社会科学院与市民政局及市级研究团体、学会等单位和个人共同发起成立了"成都市金沙智库研究会"（简称金沙智库）。这两大智库整合了成都高校资源和政府研究团队，是成都市在中央加强中国特色新型智库建设的战略思想指导下建立的地方新型智库，是成都市重点打造的智库品牌，展示了较为明显的整合社科资源、构建"大社科"格局的发展理念，并且着力创新研究会的组织构架和运行机制，推动了政府参事室、研究室、党校、市属高校、市级学会等传统研究机构转型为新型智库联盟。

四川新型城镇化发展研究智库集中关注新型城镇化面临的主要问题、重大挑战和改革创新需求，以问题为导向研究四川实情，比较研究国内外新型城镇化发展的经验教训，广泛开展学术研究。充分利用涵盖省内外党政各级部门、国有大中型企业、金融机构、法律机构等多方骨干力量的资源及区县社科网络，整合力量、借智汇智，建构多方协同创新的研究平台。定期或不定期回访和开展区县调研，推动建立动态研究选题库，保持持续的创新研究态势；建立以首席专家为核心、智库团队成员深度参与的调研及对策研究制度，形成有价值的调研报告或咨政研究报告；与重点地区及重点单位建立长期合作研究机制，采取在协会学会设立社科基地、与社科单位合作开展课题研究、相关单位委托研究课题等多种方式，做最"接近地气"和最"解决问题"的研究；与跨省域及兄弟省社科院保持友好密切交流合作，开展跨省域比较课题研究，相互借鉴、取长补短，以建构以国家和省级等各类课题、核心期刊学术论文、决策咨询研究报告等形式为主要依托的立体化成果体系。目前致力于《成都国家中心城市建设发展之路》科学发展报告的理论基础性研究，该书厘清了国家中心城市的关系，初步搭建了国家中心城市理论研究的架构，提出了提升建设国家中心城市能力的着力点，为促进成都加快建设国家中心城市奠定了社科理论基础。

成都市金沙智库在汇聚社会有识之士参与市域经济社会发展战略和重大社会、经济问题方面，积极组织编撰有原创性和影响力的智库研究系列成果，在成果推广、咨询、服务等诸多方面大力开展工作，就社会公众关注的改革问题和民生事项主动发声、释疑解惑，以专业、独立、客观的立场提出建设性主张，促进服务于成都发展的前瞻性和战略性研究。充分整合省、市社科资源平台，联合举办多期与省市有关部门高度关注问题相关的智库论坛，主题主要有促进养老服务业发展论坛、西部绿色发展论坛、康养发展论坛等。通过学术论坛的课题讨论与研究，形成四大重点研究领域：一是构建四川多点多极区域空间格局与梯度城镇体系研究。重点涉及成都对标高端提升"首位领跑"能级与提振"示范辐射"作用、成渝经济区城市群发展、长江经济带城市空间格局等问题，寻求四川各经济区块推进新型城镇化的不同模式和路径选择，为四川构建多点多极区域空间格局与合理梯度城镇体系提供理论支撑与实践借鉴。二是文创中心发展战略研究。成都以建设国家中心城市为目标，增强成都在西部地区重要的经济中心、科技中心、文创中心、对外交往中心和综合交通枢纽功能。智库重点涉及文创中心建设研究，提供有针对性和可操作性策略参考。三是绿色发展和康养发展路径研究。重点涉及生态资源环境约束下的城镇化发展、绿色城市与康养生活方式构建、绿色低碳城镇空间体系与产业体系、城市增长边界划定等问题，顺应绿色发展新趋势，在理论研究和实践模式探索上有所突破和创新。四是国家中心城市生活服务业创新研究。重点涉及城市养老、文化旅游、教育培训、社区治理等问题，为破除国家中心城市进程中生活服务业的体制机制障碍提供可行性改革方案参考。以智库的力量为成都深化改革开放、聚力创新发展，建设全面体现新发展理念的城市献计献智献策。

成都在致力于地方新型智库建设中虽取得了一定的成效，得到了积极评价，但离国家提出的中国特色新型智库建设目标还有较大差距，例如，智库研究力量不足，研究内容碎片化、总体水平不高，成果的创新性、前瞻性、操作性不强，管用性、独立性不够，"高、精、尖"的精品力作尚不多，有影响、有价值的思想产品在全国影响力有限，学术带头人稀缺，沟通渠道不畅，智库参与决策的机制不健全、不完善等，服务决策的能力和水平还亟待提高。要把地方新型智库真正建设成为政府决策者的"外脑"，在国内外有较大影响力的"中国特色新型智库"，还任重道远，需要下大力气去开拓、去努力、去探索。

三　成都加快建设地方新型智库面临的新挑战

当前，在中国特色新型智库建设不断创新、凸显特点和力求超越之际，正确认识地方新型智库面临的新挑战，对加快地方新型智库建设具有重要的现实意义。在以高端智库为主体、多类智库共同发挥作用的中国特色新型智库体系中，智库建设的主体将更加多元化。一些国家级高端智库凭借清楚的定位和独特的优势已抢占了智库建设制高点。作为中国特色新型智库的重要组成部分——地方智库来说，现今具备智库特征、发挥智库功能的机构主要有党委政府的政策研究部门、社科院、党校和行政学院、高校、社会智库这"五路大军"，他们各自具有特色和比较优势，不断突出决策咨询服务职能，努力提出高质量决策咨询研究成果，在为地方经济社会发展服务中都发挥了重要作用。[①] 地方智库队伍在这场"智库位阶战"中，核心竞争力是脱颖而出的关键。因此，地方智库必须清醒地认识到自己面临的挑战。

（一）信息资源占有力的挑战

作为一个专业智库，要想出一批高水平的应用研究成果，必须广泛占有高层决策规划、统计数据、典型案例、经验材料等研究资源；必须有深入企业、深入基层、开展社情民情调研的渠道等。在这些方面，目前地方智库获取信息的机制不畅，要么得不到党政部门的理解和支持，要么因种种原因被有关核心部门垄断了信息源，要么以保密为由，对信息资源不予公开，如此等等，难以掌握关键资料，给专家学者获取信息资源带来一定程度的挑战，导致不能把握问题实质，阻碍了开展正常的决策咨询研究。

（二）政策影响力的挑战

智库参与决策的前提是与决策者充分接触、交换信息，并获取决策者的更多信任。以地方社科院为例，目前，尽管地方社科院被定位为党委、政府的思想库、智囊团，但往往远离党委、政府决策中心，大多并没有被真正纳入决策咨询体系，地方领导层在决策中与社科机构积极主动交流沟通不多，研究课题常常是通过上级下达或其他方式争取、"请示"而来。致使成果能获批多少、采用多少、转化多少，较难以估量，时常处于尴尬和被动的境地。与之形成鲜明对比的是，党政智库比较有优势。由于他们

---

① 王庆五：《地方智库建设应处理好八个关系》，《群众》2015年第1期。

在人员配备、信息掌握、咨政载体等方面有着较好的基础，他们可以近距离接触各级领导，了解党政领导关注的问题，有时甚至能直接得到领导批示、交办的研究选题，进行订单式研究，组合式攻关，最终形成的成果多半能被采纳。目前，他们仍然是公共决策咨询和科学民主决策的主体力量。总体来看，地方社科研究机构基本上还是处于官方智库体系的外围，远离决策层使哲学社会科学研究的决策咨询功能难以充分发挥，相关智库面临地位被边缘化的挑战。

（三）社会影响力的挑战

社会影响力既是智库排位的一个重要因素，也是智库赖以生存的根本，因此提升影响力是智库孜孜以求的关键目标。[1] 在社会影响力方面，地方智库的影响力往往依托于其所属的系统，具有较大的局限性。例如，党校行政学院智库，是对党政机关干部培训和再教育的主阵地，其影响力体现在将自身智库的学术影响力、社会影响力潜移默化地烙印到来自各条战线的骨干学员身上，再通过他们来发挥作用。高校智库，则可以通过培养学生进行宣传，或者借助产学研等形式与社会各方面进行广泛合作与发展，扩展社会影响力。相对而言，地方社科院系统智库则不具备相关优势，在竞争中会受到较大的限制。随着智库行业标准的明确和智库评价体系的逐步细化，地方社科院系统智库的影响力将受到更多的挑战。

（四）国际影响力的挑战

国际影响力是智库对外影响力的重要方面。特别是在全球化发展进程中，面向世界，扩大智库的对外交流合作是高端智库能力和水平提升的重要要求。而实践中，由于受经费、研究选题和自身职能的影响，地方智库在选派学者外出访问、讲学、参加国际学术讨论会、工作考察等方面，都存在一定的局限性。而且具体地看，地方智库之间也存在一定的差异。例

---

[1] 朱瑞博、刘芸：《智库影响力的国际经验与我国智库运行机制》，《重庆社会科学》2012年第3期。

如，地方高校通过合作办学、合作研究、互派访问学者、联合举办学术研讨会等形式，与国外进行合作与交往的频率非常之高；而地方党政智库通过参加访问团、经贸洽谈等形式，与国外进行交流合作的机会也相对较多；而地方社科院系统智库与上述两类智库相比，相对处于劣势，参与国际化的交流学习还需要大力提升。

（五）人才竞争力的挑战

人才是智库竞争力的核心，不仅要有学术大家和领军人物，还要有"老中青"紧密结合的科研梯队、社会科学和自然科学兼备的专业团队。在这一方面，地方智库都具有一定差距。而同时，各类智库之间也参差不齐。譬如，高校智库就比地方社科院系统智库相对具有优势。高校特别是被纳入国家"211工程"和"985工程"的大学，人才相对众多，学科门类比较齐全，自然科学与社会科学融合发展，研究手段多样化，田野调研与数理分析紧密结合，助推高校智库人才具有较强的科技掌控能力、多维分析能力和市场生存能力。[①] 而层次较低的地方高校、党校行政学院以及地方社科院系统智库的人才队伍因受人员编制限制，难以形成一定的规模，无法形成基本的职称、年龄梯队和合理的学科结构，难以开展形式多样、持续稳定的学术研究和学术活动。与那些高端智库相比，显然是无法与之抗衡的。

四　成都加快建设地方新型智库的思考与构想

中国特色新型智库是地方新型智库建设的"旗帜"和"标杆"。立足于新时代的要求，加快建设成都的地方新型智库，既要坚守"中国特色"，按照中央建设中国特色新型智库的总体目标和要求推进智库创新，同时又

[①] 宋亚平：《地方社科院智库的新使命新挑战新突破》，《湖北日报》2015年12月25日第17版。

要着眼于成都改革发展实际，努力提升智库服务成都改革发展的能力和水平。当下，尤其要着眼于成都正在加快建设全面体现新发展理念城市的发展定位与战略布局，在新型智库建设中融入成都地方特色，加强地方社科资源的整合，积极推进决策部门与智库的联系协调，推动内容创新，提升研究质量，促进地方新型智库加快发展，更充分地发挥好地方党委政府的"思想库""智囊团"作用。

（一）成都新型智库建设的功能定位

因专业领域、组织结构、行业背景等因素影响，不同类型的智库都有其专长的咨询服务领域。因此新型智库建设应根据自身实力和优势，明确定位和发展的主攻方向，并以此来集聚人才，加强交流协作，集中力量在擅长领域创出品牌，扩大影响，拓展服务空间和成果转化渠道，才能筑牢一流智库的基础。《关于加强中国特色新型智库建设的意见》指出，充分发挥中国特色新型智库咨政建言、理论创新、舆论引导、社会服务、公共外交等重要功能。要求加强中国特色新型智库建设，要"以服务党和政府决策为宗旨，以政策研究咨询为主攻方向"。同时要求"地方社科院、党校行政学院要着力为地方党委和政府决策服务"。按照这一定位，地方新型智库建设应主要开展密切联系经济社会文化发展的应用研究和具有地方特色、区域优势的基础研究，应为地方党委、政府提供有效的决策咨询，为地方经济社会的发展给予有力的理论支撑。[①]

1. 理论宣传

认真学习党的创新理论，尤其是要立足于新时代，深入研究和广泛宣传习近平新时代中国特色社会主义思想，宣传好、阐释好党和国家的各项方针政策，深入研究和广泛宣传中国特色社会主义新时代的成都创新实践，壮大正面舆论力量，营造良好氛围，架设政府与广大公众相互沟通的桥梁，自觉维护意识形态安全，维护党和人民的根本利益。同时，审视新问题、探求新知识、创造新理论，积极开展研究成都工作，突出地方特

---

① 邓子纲：《地方社科院基础研究与应用研究的辨析》，《社会科学管理与评论》2011年第2期。

色、区域优势、历史底蕴，着力在特色、特点、优势上下功夫，为构筑成都"精神高地"做出积极贡献，成为推动地方哲学社会科学繁荣发展的重要力量。

2. 资政辅政

及时、准确、全面地把握成都经济社会发展的现实需要，做好决策咨询服务。紧紧围绕成都经济社会改革发展中亟待回答和解决的重大理论与实际问题，在政策研究、决策评估、政策解读方面充分发挥作用，强化以应用对策研究为主攻方向，力争对环境变化和未来发展趋势作出深入研究和判断，推出一批有影响力的研究成果，形成具有较高操作价值的对策建议，为地方党委、政府的科学决策提供理论支持。并要将长期战略研究和短期对策研究有机结合起来，既要注重开展地方经济社会发展中宏观性、战略性、前瞻性的研究，更要注重承担地方党委、政府交办和其他职能部门委托的临时性、突发性研究课题，提升研究周期短、时效性强等高质量课题的研究能力，真正成为地方党委、政府信得过、用得上、离不开的思想库和智囊团。

3. 服务社会

发挥智力优势，向社会提供智力服务，是新型智库的又一职能，也是扩大社会影响、服务地方经济社会建设，提高科研水平的重要途径。可以通过承接有关第三方委托的评估或协议方式，就发展、管理、规划、经营等问题，为各级政府及政府职能部门、企事业单位、社会团体等提供思想和行动方案。此外，还可以参照国外智库建设经验，通过教育培训等方式，为政府、部门和社会输送具有一定专业知识、决策咨询能力的后备人才，培养高层次的决策参与者或决策者。[1]

4. 公共外交

智库活动常被称为第二外交。国际知名的一些智库，大多在公共外交领域有着重要影响，甚至能够影响国家的对外政策。对地方新型智库而言，通过搭建对外交流平台，积极开展对外学术交流活动，有效传播地方的地域文化，扩大地方在国际上的影响，进而实现为地方对外开放和国际

---

[1] 参见刘德海等《江苏新型智库体系建设研究》，江苏人民出版社2014年版，第60页。

合作铺路搭桥的作用。①

(二) 成都加快新型智库建设的重点举措

1. 确立建设"市级高端智库"的目标

要在用习近平新时代中国特色社会主义思想指引成都改革发展实践中，以服务党委、政府决策为宗旨，以改革创新为动力，以成都在建设全面体现新发展理念的城市中的政策研究咨询为主攻方向，以完善智库组织形式和管理方式，提供具有可操作性和实用性的研究成果和咨询服务为重点，努力将成都新型智库建设成为立足成都、辐射西部、面向国内的新型智库，成为地方新型高端智库的主力军，力争进入省级高端智库行列。

2. 实施新型智库建设发展规划

制定实施成都新型智库建设发展规划，统筹整合现有智库优质资源，调整优化智库发展布局，形成各类智库有序发展、健康发展、创新发展、加快发展的新格局。按照中国特色新型智库建设基本标准，推进成都智库发展品牌战略，重点建设若干个党政急需特色鲜明、制度创新、引领发展的专业化高端智库。②

3. 着力提升智库研究水平

智库的生命力在于回应、创新和解决问题。新型智库要提供高质量的决策咨询成果，必须引导动员广大社科工作者明确主攻方向，紧紧围绕成都国家中心城市建设中经济社会发展亟须解决的重大问题，开展重点研究攻关，努力在推动成都产业转型升级加快发展、加速构建新时代现代化经济体系、自主创新建设和自贸区建设、"一带一路"的区域经济合作、创新社会治理、推动天府文化繁荣发展、建设高品质和谐宜居的生活城市、实施乡村振兴战略推动城乡融合发展、加强党风廉政建设等重大课题的研究上有重要成果。为此，必须深入实践，重点围绕以下领域做好调研工作，即突出党委政府中心工作"重点"，搞好超前调研，预测经济社会发

---

① 张述存：《地方高端智库建设的现状、问题与前瞻》，《社会科学文摘》2017年第8期。
② 《关于加强江苏新型智库建设的实施意见》，《新华日报》2015年11月6日第6版。

展趋势；及时发现经济社会"亮点"，搞好典型调研，及时推广典型先进经验；围绕领导决策"高点"，搞好主动调研，为领导决策服务；找准社会"热点"，搞好多层次调研，寻求解决问题的办法；抓住发展中的"难点"，搞好深层次调研，找出问题存在的深层次原因和破解方法；深入剖析社会"焦点"，搞好跟踪调研，直到焦点问题得到解决；注意解决工作中的"弱点"，搞好专题调研，促进薄弱问题解决。① 从而努力形成有战略高度、创新水平和实践价值的对策建议，为成都破解发展困境、提高城市治理水平提供智力支撑。

4. 充分运用智库研究新方法

一是运用好大数据平台。智库研究的特点决定了必须强化互联网和大数据思维，重视大数据平台的建设和运用，打造新型"数字化智库"，注重运用大数据、云计算等，及时掌握和分析处理综合信息数据，对经济社会发展趋势作出前瞻性研判。二是推动由"学术导向"向"问题导向"转型，推动公共政策研究从定性为主研究向定性与定量结合研究转型。运用先进计量技术、建模技术和运算技术，重点建设社会调查、统计分析、案例集成等专题数据库，组建智库研究数据技术中心和以政策实施模拟仿真为手段的社会科学实验室，为新型智库建设提供有力的数据和方法支撑，帮助各级政府制定好规划，提出科学合理和切实可行的决策方案。

5. 壮大智库联盟力量

当前，很多热点和难点问题都呈现出多样性、复杂性和综合性的明显特点，单凭某一家或者某一类智库的力量，往往不能很好地为党委和政府提供决策参考，这就需要进一步强化社科联在地方层级的社会科学基地的地位，充分发挥"联"的桥梁纽带作用，联合其他智库共同打造地方智库联盟，整合各类智库研究资源，形成上下互动、左右联动、优势互补、联合攻关、合力共赢的"大社科"格局。一是智库主体协同创新。推动党政机关、党校（行政学院）、高校、社会智库的联合、互动与协作，充分利用各自优势积极开展决策咨询成果研究。二是智库要素协同创新。将不同系统、不同领域、不同主体的智库要素聚合起来，实现跨界合作、协同创新。三是智库平台协同创新。对于各个智库的信息共享平台、课题研究平

---

① 丁胜：《繁荣发展哲学社会科学与地方新型智库建设》，《理论与当代》2016 年第 11 期。

台、成果转化平台等,实行不同层级、不同类型智库间的共享,逐步形成核心智库、中间智库、外围智库既相互联系,又各具特点、活力迸发的新型智库体系[1],积极参与天府智库乃至我国西部新型高端智库建设。

(三) 以哲学社会科学创新工程为抓手推动成都新型智库跨越式发展

2016年5月,习总书记在全国哲学社会科学工作座谈会上强调:"各级党委和政府要发挥哲学社会科学在治国理政中的重要作用……实施哲学社会科学创新工程,建设中国特色新型智库。"可以看出,党和国家领导人对创新工程的重视,将其作为增强文化软实力、推动哲学社会科学更上新台阶的重大战略举措。"惟创新者进,惟创新者强,惟创新者胜。"实施创新工程,是哲学社会科学领域突破体制机制障碍、充分发挥自身优势,全面深化科研体制机制改革,创新科研组织方式和管理方式、成果转化和评价考核机制、人才培养方式以及经费使用配置机制,努力建设高端新型智库的重要路径。大力推进和实施哲学社会科学创新工程,也是推动地方智库转型升级,实现跨越式发展的重要抓手,其主要任务如下:

1. 优化学科体系结构

决策咨询要依托于学科建设,学科建设与经济社会发展实际不相适应,决策咨询服务将无从谈起。学科建设的重点是加强特色学科和优势学科建设,这是形成智库竞争力的关键。任何智库的研究范围都不可能囊括人类社会的所有问题,而总是在一些特定的领域突出自己的研究特色,形成自己的科研优势,从而具有竞争力。因此,构建新型智库必须加强学科建设,必须积极适应成都区域特色发展,符合成都经济社会发展需要,力争形成重点突出、特色鲜明、结构合理的学科体系。具体来说,立足于自身的实际,进一步整合学科资源,优化学科布局,确定优势学科、特色学科和重点建设学科,在人才与经费保障等方面给予大力扶持,充分发挥资深专家的学术带头作用,确定一批长期跟踪研究、持续滚动资助项目,建设具有地域特色的"成都学派"。着力促进哲学社会科学不同学科之间的

---

[1] 杨述明:《加强湖北新型智库建设的破题之要》,《湖北日报》2015年12月25日第17版。

相互渗透,并围绕决策咨询服务的需要,强化相关基础性学科与应用性学科建设,积极引导如社会学等传统学科转型,努力建设一批具有地方特色、发展潜力和竞争优势的新兴学科与交叉学科,形成基础性学科和应用性学科相互促进、共同发展的良好格局。

2. 大力推动学术观点创新

学术观点创新是哲学社会科学创新体系建设的核心内容和中心任务,是哲学社会科学研究的本质与精髓。学术观点创新,就是不拘泥于书本、不拘泥于经验、不拘泥于已有认识,从当前客观实际出发,提出有科学依据、经得起实践和历史检验的原创性学术观点,或在继承和借鉴他人、前人研究成果基础上,有所发展、有所完善、有所校正、有所突破。① 因此,要坚持以党的理论创新成果为指导,善于从国际国内两个大局的宽广视野观察和思考问题,立足成都当代实践开展理论研究,抓住理论与实践"结合"这个制高点,在"结合"上确定自己的研究优势,不断创造体现时代内涵和实践要求的新的学术观点。例如,当前,在勇担建设国家中心城市的成都使命中,如何进一步突破"西部宿命"和"盆地桎梏",在更宽领域、更高层次参与全球资源整合和竞争?如何争取国家重大生产力布局和重大政策资源,进一步增强成都的集聚和辐射能力?如何推进天府文化创造性转化与创新性发展,让天府文化成为彰显成都魅力的一面旗帜?如何在供给侧结构性改革、产业结构调整、国有企业改革等领域加大研究力度,使应用对策研究上台阶、上水平,这都需要智库努力探索,大胆实践,实现超越,推进学术创新。

3. 积极推进科研方法创新

科研方法创新是当代哲学社会科学繁荣发展的必然要求,是实现理论创新、观念创新和学科创新的重要条件,也是实施哲学社会科学创新工程的必然要求。在复杂多变的国内外形势、日新月异的科学技术、碰撞激荡的多元文化时代背景下,哲学社会科学工作者只有紧跟时代步伐,大力推进科研方法、科研手段和科研内容创新,才能更有利于述学立论、建言献策,担负起历史赋予的光荣使命。除坚持唯物辩证法这一根本方法,充分运用过去形成的一些有效的科研方法和手段外(如调查法、案例法、比较

---

① 中国社会科学院党组:《建设哲学社会科学创新体系》,《求是》2013 年第 4 期。

法、文献研究、实验研究、定性与定量相结合等），还要推进研究方法、政策分析工具和技术手段创新，借鉴自然科学研究方法，如模型设计、沙盘推算等，创造性地开展研究，提出新思想、新理论、新观点，不断提高决策理论和跨学科研究水平，提升服务党委、政府和社会的能力。

4. 建立多层次的学术交流平台

学术交流是哲学社会科学繁荣发展的重要内容，是哲学社会科学创新体系的重要体现，是哲学社会科学工作者交流思想、沟通信息、推进创新的重要源泉。在信息社会，建立学术交流平台成为推动哲学社会科学繁荣发展的必不可少的重要手段。因此，实施社会科学创新工程，繁荣发展哲学社会科学，必须重视学术交流平台建设，发挥学术交流平台的应有作用。[①]

学术平台的建设应当适应哲学社会科学创新工程的需要，围绕我国经济社会发展中的重大问题、学术界的前沿问题和成都建设全面体现新发展理念城市的使命担当。要在现有社科联（院）、高校哲学社会科学学术交流平台的基础上，通过举办各类年会（论坛）、讲座、报告会、专题研讨会、座谈会等多种形式，交流各类哲学社会科学的研究成果和信息，探索建立全国性、区域性、学科性的交流平台，在多层次、宽领域的交流平台上弘扬天府文化，传播"成都好声音"，促进社科研究成果及时转化，扩大智库影响力。

5. 着力智库管理体制机制创新

建设新型智库，实施社会科学创新工程，必须从体制和机制上创新，解决好智库发展面临的突出问题，形成治理完善、充满活力、监管有力的智库体制和运行机制，从而促进和提高智库现代化水平与能力。一是创新科研管理和考核办法，建立健全规章制度。按照科研人员能进能出、科研职称能上能下、科研绩效能高能低的改革方向，加强科研评价、职称评聘、团队建设等内部管理机制改革。引入竞争机制，对科研人员采取全员量化和质量并重的考核办法，推进身份管理向"岗位+成果"管理的管理体制转型。二是创新科研选题立项机制，建立年度重大课题选题指南。根

[①] 参见崔树义、杨金士主编《新型智库建设理论与实践》，人民出版社2015年版，第148页。

据社会需要,按照公开、公平、公正、择优的原则开展项目立项工作,形成包括重点课题、应急课题、自选课题、青年课题、重点课题和后期资助课题的课题体系。① 对于优势基础研究项目,以及重大理论和现实问题研究项目,在人、财、物方面给予支持和倾斜。三是创新科研成果评价机制。探索建立以创新和质量为导向的多元评价体系。② 设立社会科学成果评审专家库,组建由专家和各方面代表组成的具有公信力的成果评审委员会,制定以质量创新和实际贡献为导向的科研成果评价办法,完善科研成果鉴定验收、出版资助和成果评奖的评价标准和评审制度。四是创新科研经费配置机制,优化资源配置方式。③ 加大政府对地方新型智库的财政增量投入支持,并引导形成以成果为导向的科研经费配置和管理体制。借鉴北京、上海等地实施创新工程的做法,设立创新工程专项资金,用于鼓励重大项目研究、特色优势领域建设以及高层次人才发展,等等。④ 五是创新科研成果宣传转化机制,扩大新型智库的影响力。通过出版、内参、重要成果专报、新闻发布等多种渠道,构建多形式的社会科学成果推介和发布机制,积极地促进社科研究成果进入党政的决策咨询视野,实现转化实用。六是创新科研人才培养机制,为智库发展提供高质量人才。要以能力建设为核心,建立定期选拔学科带头人制度和培训制度、重大课题项目首席专家制度、高端人才引进制度,建立公务员与智库人员之间身份转换的相关政策办法。⑤ 引进学科建设紧缺人才,培养好现有人才,储备好未来人才,营造吸引人才、凝聚人才的良好环境,着力打造一支符合建设需要、结构合理、创造力强的人才队伍。通过多策并存,最终走出一条新型智库建设的新路。

---

① 方明:《地方社科院智库建设如何破解机制障碍》,《新华日报》2015 年 6 月 26 日第 14 版。
② 吕余生、张进海等:《发挥智库作用建设文化强国》,《中国党政干部论坛》2015 年第 1 期。
③ 方明:《地方社科院智库建设如何破解机制障碍》,《新华日报》2015 年 6 月 26 日第 14 版。
④ 王庆五、刘旺洪:《建设新型智库激发社科活力》,《新华日报》2015 年 6 月 19 日第 14 版。
⑤ 方明:《地方社科院智库建设如何破解机制障碍》,《新华日报》2015 年 6 月 26 日第 14 版。

第七章

繁荣成都哲学社会科学话语体系

中国特色哲学社会科学话语权是一个国家软实力的表现，话语权的争夺，实质是意识形态领导权的争夺。创新学术话语体系是马克思主义意识形态建设的内在要求，也是推动哲学社会科学大发展大繁荣的核心内容。近年来，"中国特色话语体系的建构"已作为一项重要的学术议题和实践命题受到越来越广泛的关注。习近平总书记在2016年全国哲学社会科学工作座谈会上的讲话，既深刻阐明了哲学社会科学在提高我国国际话语权方面的重要意义，也将话语体系建设与学科体系、学术体系建设一道作为构建中国特色哲学社会科学的基本内容，客观分析了我国当前在学术话语上的能力和水平，提出了推进学术话语体系建设一系列战略要求，确立了在新的历史起点上建设具有自己特色和优势的学术话语体系的行动指南。[①] 随着改革开放深入开展，成都迅速成为中国最具活力和竞争力的城市之一。成都哲学社会科学增强国际学术话语权，在繁荣多元和谐共存的话语体系建设中彰显"成都声音"，这体现了成都积极参与构建中国特色哲学社会科学话语体系的责任担当和自觉自信。因此，成都要立足国家意识形态安全与文化安全，通过相关话语体系的创新建设，为国家积极提供具有地方性特色的问题意识、思想资源和解决途径等贡献。在文化多元化的世界环境中，紧抓成都地域特色，通过不断加大成都话语和成都符号的研究与发布，积极运用中国理论和中国话语，勇于创造成都实践经验与成都话语体系，从一个特殊的角度增强

---

① 苏长和：《国际学术话语体系中的中国转向如何可能》，《文汇报》2011年8月22日第012版。

中国话语的世界地位和影响力。

一 哲学社会科学话语体系的基本内容

（一）以马克思主义为指导思想

哲学社会科学本身的意识形态属性，决定了它的话语体系建设必须坚持马克思主义指导地位。一个多世纪的发展史证明马克思主义在我国是适用的，它有着极强的真理性与科学性，所以其话语也有着较大的优越性。加强中国特色哲学社会科学话语体系建设，是中国特色社会主义实践创新的需要，也是党的理论创新的要求。构建中国特色哲学社会科学话语体系，要把马克思主义哲学作为立家之本，学术之源，坚持"二为方向"与"双百方针"，坚持继承性、民族性、原创性、时代性、系统性、专业性，要有中国立场、问题意识、实践观点、史学精神、原创追求和学理支撑。要进一步拓展马克思主义经典著作、基本原理、中国化等重点领域的研究，在习近平新时代中国特色社会主义思想的指引下，把新时代中国特色社会主义理论体系贯穿于学术研究之中，将马克思主义话语权与中国道路、中国经验的诠释，与社会主义核心价值观的凝练结合起来，以更宽广的视野审视马克思主义在当代中国发展的现实基础和实践需要，以更长远的眼光思考和把握党和国家未来发展的一系列重大战略问题，聆听时代声音，坚持问题导向，在理论上不断拓展新视野、作出新概括，以强烈的家国责任感和担当精神，发时代先声、建言献策，让中国的马克思主义能够展现出更强大、更有说服力的真理力量，取得代表学术前沿水平的理论成果，增强马克思主义话语的整体认同。

（二）以改革开放的伟大实践为生成基础

在改革开放的伟大实践中进一步地检验和发展，是马克思主义中国化研究范式的根本要求，也是构建当代中国哲学社会科学话语体系的根本途径。① 没有中国特色社会主义的伟大实践，就无从提出中国哲学社会科学的话语体系问题。习近平总书记强调："我们一定要以我国改革开放和现代化建设的实际问题、以我们正在做的事情为中心，着眼于马克思主义理论的运用，着眼于对实际问题的理论思考，着眼于新的实践和新的发展。"② 当代中国哲学社会科学必须深入改革开放的伟大实践中，不断推进新时代中国特色社会主义理论体系的发展完善，努力实现马克思主义"与本国国情相结合、与时代发展同进步、与人民群众共命运"的要求，为改革开放的伟大实践提供科学的理论指导和价值牵引；要在改革开放的伟大实践中总结新经验、阐释新观点、提出新概念、构建新理论、形成新范式，准确反映改革开放的时代特征和时代要求，从中概括和提炼出具有民族特色和时代特色的中国创造的本土话语体系，才能使我们的理论具有真正的解释力、说服力和影响力，既能科学地"解释世界"，为广大人民所信服，又能指导"改变世界"的伟大实践，为广大人民所拥护，才能始终凝聚共识，真正地在人们的灵魂深处生根开花。新时代中国特色社会主义文明新形态包含着丰富深刻的思想创造和理论创作，党的十九大报告对这一思想形成的时代背景、丰富内涵、精神实质、历史地位、指导意义等作了系统阐述，当代中国哲学社会科学要全面深刻总结这些带有原创性的思想理论成果，从中生成具有中国创造的本土话语体系，在改革开放的伟大实践中进一步地检验和发展，这是马克思主义中国化研究范式的根本要求，也是构建当代中国哲学社会科学话语体系的根本途径。③

（三）以中华民族优秀传统文化为历史根基

优秀传统文化是一个国家、一个民族发展的根本，如果丢掉了，就割断了精神命脉。恰如习近平总书记指出，"一个国家、一个民族的强盛总

---

① 苏星鸿：《构建当代中国哲学社会科学话语体系的方法自觉》，《社会主义研究》2015年第6期，第55页。
② 胡守强：《从五个方面推进和强化理想信念教育——学习习近平总书记关于坚定理想信念重要论述的感想》，《学习月刊》2014年第20期，第4页。
③ 苏星鸿：《构建当代中国哲学社会科学话语体系的方法自觉》，《社会主义研究》2015年第6期，第57页。

是以文化兴盛为支撑的，中华民族伟大复兴需要以中华文化发展繁荣为条件"。中华优秀传统文化积淀着中华民族最深沉的精神追求，是中国特色社会主义植根的文化沃土，是当代中国发展的突出优势，成为构建当代中国哲学社会科学话语体系的历史根基。构建中国特色话语体系在新时代的战略方位中，将大有作为。十九大提出的"新时代"的战略愿景，更是以中华民族传承不断的历史文明为积淀，以中华民族伟大复兴的中国梦为其旨归，有着极为深刻的中华文化的底蕴。构建中国特色哲学社会科学，习近平总书记提出了"立足中国、借鉴国外，挖掘历史、把握当代，关怀人类、面向未来"的思路。这一论述蕴含了构建中国特色哲学社会科学话语体系的基本范式，也就是坚持以马克思主义为指导，凸显中国文化的主体性地位。[1] 在精神原则、理论立场和根本方法上坚持马克思主义，在核心资源、问题意识、话语体系上凸显中国主体地位。在十九大精神引领下，新时代全面推进具有国际影响力、能充分彰显中国气派的哲学社会科学话语体系，在新时代的语境中，秉承"协和万邦""世界大同"的胸襟与气度，用优秀传统文化、改革实践文化讲好中国故事，充分展现新时代中国特色社会主义的改革的实践活力，中国模式、中国经验的创新活力，中华优秀文化的持续魅力。

二 推进话语体系建设应遵循的基本规律

（一）坚持政治性与科学性的统一

我国社会科学是以马克思主义为指导的社会主义意识形态的重要组成部分，具有鲜明的政治性。坚持正确的政治方向，就是要坚持马克思主义、社会主义的政治方向和政治立场，贯穿理论研究工作始终，坚持向党的理论和路线方针政策看齐、向中央对哲学社会科学工作的要求基准看齐，确保哲学社会科学研究始终沿着正确方向发展。在任何时候、任何情况下对触及党和国家的原则、底线的言行，对企图以学术为名，排斥政治

---

[1] 谢青松：《构建中国特色哲学社会科学：意义、要求及范式》，《云南社会科学》2016年第5期，第4页。

导向的图谋,要立场坚定,发出理论强音,以理论上的正本清源廓清舆论上的思想迷雾。与此同时,在社科研究中坚持运用并充分体现马克思主义基本原理、基本命题及马克思主义中国化的最新成果的话语表达,在学术命题、学术观点上深刻表达马克思主义基本原理、基本观点的范畴、概念,充分说明马克思主义的真理性和生命力。在哲学话语体系建设中使马克思主义话语成为核心话语、主流话语,发挥主导和引领作用,以马克思主义的立场观点方法开展理论研究,贯穿于哲学社会科学的各个领域、各个学科、各个环节,提出有科学依据、经得起实践和历史检验的原创性学术观点。

(二) 坚持话语继承与话语创新的统一

一方面,当代中国特色哲学社会科学话语体系建设需要继承马克思主义一贯的话语体系本色,在学术研究和理论宣传中要保持马克思主义话语永远"在场"。必须坚持马克思主义的基本原理和立场、观点、方法,传承好马克思主义中国化过程中特别是中华人民共和国成立以来我国哲学社会科学学科体系建设取得的重大成果,传承好中华民族几千年优良人文学术传统。① 把弘扬优秀传统文化和创新学术话语体系紧密结合起来,在继承中外优秀文化的基础上不断创新,在继承前人的基础上不断超越。另一方面,马克思主义理论体系又是开放、发展的,随着时代的发展和实践的推进,需要根据新的现实,构建出新的理论框架,不断推出新的话语表达,丰富和深化马克思主义的逻辑范畴、术语概念和话语表达,赋予其新的时代内涵和表达形式,特别是中国特色的表述方式。②

(三) 坚持话语创新与学术创新的统一

构建话语体系不能脱离学术体系,在哲学社会科学研究中,新的学术

---

① 《加快推进中国特色哲学社会科学话语体系建设》,《中国社会科学报》2017 年 5 月 10 日第 001 版。

② 王伟光:《加快推进中国特色哲学社会科学话语体系建设 巩固马克思主义思想舆论阵地——在第四届全国哲学社会科学话语体系建设理论研讨会上的讲话》,《国家行政学院学报》2017 年第 3 期,第 4—9 页。

观点往往需要用新的学术话语来表达。一方面,话语体系建设必须坚持把创新作为贯穿始终的根本原则,牢牢把握世界潮流、时代脉搏和实践要求,努力推陈出新。要重视学术话语表述创新,要赋予哲学社会科学话语更广阔的背景、更深远的语境、更富有特色的语言、更广泛的受众,推动话语体系的大众化、普及化。另一方面,话语体系创新不能独立进行。话语体系创新应当贯穿于话语构建的各领域,涵盖学科体系、学术体系和评价体系等方面,创造性地运用各个学科和领域的理论和知识,在研究和解决重大现实问题的过程中推动哲学社会科学各学科的发展。因此,在推进学术话语体系建设过程中,要立足当代,毫不停顿地推进理论创新,深入实践,沉潜生活,根据新的现实,提出新的理论框架、新的学术原理、新的思想观点和新的话语表达。同时,对那些有价值的旧的概念话语也要赋予其新的时代内涵和现代表达形式,激活其生命力,在理论与实践的双重互动中努力推进学科体系、学术观点、科研方法创新,激活思想动力,推动时代跃迁。

三 构建成都哲学社会科学话语体系的重要意义

一个国家或一个区域的哲学社会科学发展是一项系统化的长期过程,要在国际学术领域增强话语权就必须坚持自身独特的核心价值和文化底蕴。不论从学术发展本身而言,还是就提升文化软实力、维护文化安全等角度而言,努力提升学术的国际话语权,都是一个极为重要而紧迫的课题。成都要积极投身构建中国特色哲学社会科学的事业,为加快推进具有中国特色的话语体系、学术体系、学科体系等建设做出应有的贡献。这将有利于进一步挖掘和发挥成都历史、文化、人才等资源优势,在社会主义文化大发展大繁荣中融入成都元素、展现成都风采、传播成都声音,增强成都的文化软实力以及在全国哲学社会科学界的学术话语权。

(一) 推进理论创新和学术繁荣的现实需要

理论创新、学术繁荣需要打造具有自身特质的话语体系。时代的变化和实践的发展，要求话语体系的构建与创造与之相适应。习近平总书记指出，历史表明，社会变革的时代，一定是哲学社会科学大发展的时代。当代中国正经历着历史上最为广泛而深刻的社会变革，也正进行着人类历史上最为宏大而独特的实践创新。这种前无古人的伟大实践，必将给理论创新、学术繁荣提供强大动力和广阔空间。这些都说明，为了适应时代的深刻变化和实践的发展需要，哲学社会科学的繁荣发展必然要求用中国的理论研究和话语体系解读中国实践、中国道路，不断概括出理论联系实际的、科学的、开放融通的新概念、新范畴、新表述。如果没有中国学术话语体系的构建，中国哲学社会科学的发展就会落后于经济社会的深刻变革和快速发展。这些都迫切需要建构中国理论，突出中国特色，需要立足中国实际、扎根中国大地，深入研究改革发展稳定中的重大现实问题。要不断推进马克思主义中国化，实现理论创新和实践创新的良性互动；要坚持用中国理论阐释中国实践，用中国实践升华中国理论[1]；要创新对外话语表达方式，从理论形态上去总结、反映、概括时代与实践的新变化，打造具有自身特质的话语体系，积极推动哲学话语体系的进一步发展，提升学术繁荣、理论创新，以利于形成更加广泛的影响。

（二）增强成都城市软实力的重大举措

"软实力"的实质是文化话语权。而话语是文化生活中主要的、重要的和普遍的组成部分，话语活动作为融历史性、社会性和文化性于一体的社会实践，对城市文化的传播甚至是城市定位的国际/国内认可度发挥着重要作用。[2] 在城市发展的进程中，城市文化话语对城市文化气质的建构与传播发挥着重要作用，要让一座城市的文化具备内在生长力，并转化为真正的软实力，需要话语策略的支持。未来城市的竞争中，城市文化话语对城市文化气质的建构与传播发挥着重要作用，在此过程中，创新话语将起到十分重要的引领作用，理当成为城市文化发展的首要策略。成都作为

---

[1] 《提升中国哲学社会科学的国际话语权》，2017年5月24日，光明网，http://theory.gmw.cn/2017-05/24/content_24578791.htm。
[2] 陈白颖：《话语视域下的城市文化传播与发展策略探索——以杭州为例》，《浙江树人大学学报》（人文社会科学版）2015年第2期，第63页。

在国家复兴战略中拥有重要地位和责任担当的城市，必然要构建具有中国气派、成都特色的成都文化话语体系，彰显文化自觉、文化自信和文化自强。在文化多元化的国际环境中，应当将城市文化话语权的增强作为成都城市文化软实力的支撑。要紧抓成都地域特色，以天府文化为内核提升话语权威；要以创新话语提升成都现代化国际城市形象，以统筹文创话语来凝聚文化合力；要通过开展具有成都标识性的研究，不断加大成都话语和成都符号的研究与发布，塑造学术话语优势，提升城市文化话语权，增强文化软实力、核心竞争力和国际影响力。

（三）传承弘扬成都城市文化的必然选择

城市实力靠经济，城市品位靠文化。文化是国家的软实力，文化也是城市的灵魂，国家中心城市的文化力量是城市综合实力和国际竞争力的重要组成部分。在传承巴蜀文明、发展天府文化、建设世界文化名城的进程中，成都市民对自身特色文化的自信也越加凸显。成都市第十三次党代会报告提出"成都要传承历史文化，弘扬现代文明，让天府文化成为彰显成都魅力的一面旗帜"，这体现出对城市人文魅力的关注，对城市文化认同和文化自信的渴望。文化自信凸显文化的价值内核，与话语体系的建立紧密相关，构成文化话语体系的个性品质。成都建设国家中心城市，要在国际国内竞争中保持自己的独立性和特色，就要对其固有、特有的城市文化、城市精神、城市风貌等进行梳理、挖掘、传承和创新，就有必要通过城市发展话语，以文化为内核，构建有效城市文化话语，述说成都独特的文化属性，重新激活城市的活力，形成强有力的文化竞争力。这不仅对于保护、继承、延续、弘扬成都城市文化具有重要的作用和意义，而且对于提升成都城市核心竞争力具有重要的作用。

（四）应对文化"交流、交融、交锋"的需要

在新的时代语境下，社会思想观念和价值取向日趋活跃，主流和非主流同时并存，社会思潮纷纭激荡，意识形态领域面临的形势更加复杂。文化的诸种存在形式中，理论、学术无疑居于重要地位，它代表了一个国家

文化发展的思想成就，影响着一个国家的制度规范，制约着人们的行为习惯。谁在理论学术领域拥有话语权，谁就具有影响政策主张、引领社会大众的主导权。时代精神和社会实践要通过哲学社会科学加以概括与传播，必须创新话语体系，改变刻板、晦涩的面孔，容易为世人所理解和接受。面对世界范围思想文化交流、交融、交锋形势下价值观较量的新态势，面对改革开放和发展社会主义市场经济条件下思想意识多元、多样、多变的新特点[1]，哲学社会科学要紧紧围绕国际社会普遍关注的重大问题，运用国际上能够广泛接受的表述方式，研究阐释当代中国价值观念，努力做到既体现中国立场、中国气派，又把握国外受众思维习惯，讲好中国故事，贡献中国方案、中国智慧，展示中华文化独特魅力和国家形象。面对世界范围内思想文化交流、交融、交锋形势下价值观较量的新态势，面对改革开放和发展社会主义市场经济条件下思想意识多元、多样、多变的新特点，成都哲学社会科学应当呈现出自古及今的鲜明地域特色，方能在国际学术领域中占有一席之地。越是体现成都地域特色的哲学社会科学，越是在国际学术领域能有立锥之地，突出成都哲学社会科学地域特色，主动占领国际学术话语权高地，并不断获得发展。

四　构建成都哲学社会科学话语体系的现实基础

（一）深厚的历史文化资源

中国是世界文明的发源地之一，作为文明载体的城市兴起早，数量多，不少城市不仅具有悠久的历史，而且对于人类文明的发展起着重要的贡献。成都即是这样的城市。以成都为中心的长江上游地区是中华文明的发源地之一，成都有着4500多年的城市文明史，历经3000多年的城址未迁史，还有2500余年的城名不变史，数千年来，成都城市的历史未曾中

---

[1] 中共中央办公厅：《关于培育和践行社会主义核心价值观的意见》，《党建》2014年第1期，第9—12页。

断,其发展阶段明晰,文化遗产丰富,这一点是公认的。成都不仅历史悠久,而且曾经创造过辉煌的文明,早在新石器时期,成都地区就有人类的活动,商周时期,三星堆文化和金沙文化就很突出。开明王朝在成都建立都城,其城址就再也未发生转移。先秦时期,成都与中原地区、云南、缅甸等都有着密切的经济文化交流,并与长江中下游也有着直接的联系。秦并巴蜀后,在今成都地区设置蜀郡,以成都为蜀郡治所,并仿咸阳制重建成都城。此后,成都一直是巴蜀地区的政治中心,并成为多个地方政权的政治中心。自先秦时期,成都的经济就较为发达,2000多年间一直是中国西南地区对内对外交流的枢纽,是南方丝绸之路的起点和南北丝绸之路与长江经济带的交汇点。新中国建立以来,成都更是获得新的动力,尤其是改革开放以来,成都成为中国西南地区对外开放的窗口,其经济、文化、社会等多方面的成就都居于中国副省级城市前列。近年来,成都在国内国际的知名度不断提升,灿烂的历史和辉煌的现实交相辉映,城市竞争力也不断加强,这些都是为在加强话语体系建设、彰显"成都声音"的历史文化资源。

(二)丰富的人文学术积累

成都是中国重要的历史文化名城,数千年来积累了大量的文化资料,有关成都的研究也广泛引人关注。不仅历史上有关成都的文献记载和研究非常丰硕,而且中华人民共和国成立以来,有关成都的研究更是受到党和政府以及学术界的高度重视,不仅成立了若干直接研究成都的机构,而且大力支持相关研究成果的出版发行,如成都社科院、成都教研研究所和成都博物院的建立,形成了专门研究成都的学术机构,建立和形成了一批具有成都特色的学科。在研究方向上,成都已经形成了侧重实践、应用和现实问题研究的特色学科群,成为吸纳社科人才的重要平台。成都在统筹城乡发展问题研究、内陆开放型经济研究、社会治理研究、城市文化形态研究等方面,形成了自身的优势,代表了在应用和对策研究方面所形成的成都特色。在与改革开放、创新发展和城市现代化等密切相关的领域,逐步生长出一批在全国具有一定优势和成都特色的代表性学科群,使成都的学术文化呈现出应用性研究和综合性研究并重的特点。由此也汇聚了一批在应用研究上见长的社科专才。据 CNKI 数据库统计，截至 2017 年 7 月 1 日，仅论文篇名涉及成都二字的学术论文就达 292252 篇；另据超星电子图书数据库统计，以成都作为书名可以查询的图书就有 559 本；此外还有大量历史文献和典籍等并未收录在内。而以上这些研究成果和文献资料为在加强话语体系建设中彰显"成都声音"准备了基本的学理条件。

（三）良好的社科人才队伍

成都科研机构众多，各级各类党校、高校、社科院和研究院（所）汇聚了一批从事哲学社会科学教学、科研、文化传承和社会服务等的人才队伍。除了成都市社科院、成都市教研考古研究所、成都市博物院等市一级的研究单位外，还有数量甚多的中央和省直属研究单位，其中有相当数量的研究者都参与成都各方面的研究。成都也是中国文化教育最发达的城市之一，高校云集，主要有四川大学、电子科技大学、西南交通大学、西南财经大学、四川师范大学、四川工业大学、西华大学、成都中医药大学、成都大学、成都医学院、成都体育学院、成都美术学院等 56 所部属、省属和民办高校，其中四川大学、电子科技大学、西南交通大学、西南财经大学、西南民族大学等都是全国著名大学。以上各大学都设置有相当数量的研究机构与成都直接或间接相关，有一批专家学者对成都进行不同学科的研究，此外还有不少国外的学者也对成都研究十分关注，有着高质量的研究成果。已有的关于成都的研究成果和专家队伍是进一步研究成都的起点，也是成都话语体系建立的深根，为在加强话语体系建设中彰显"成都声音"提供了有力的人才支持。

五　构建成都哲学话语体系的主要路径

随着中国的崛起，成都在实现中华民族伟大复兴、实现中国梦的进程中扮演着越来越重要的角色，成都建设全面体现新发展理念的城市，要在国际竞争中保持自己的独立性和特色，必然要构建具有中国气派、成都特色的成都话语体系。成都哲学社会科学增强国际学术话语权，在繁荣多元和谐共存的学术话语体系建设中彰显"成都声音",这体现了成都积极参与构建中国特色哲学社会科学话语体系的责任担当和自觉自信。提升成都哲学社会科学的国际学术话语权,需要将学术话语体系与话语权的探讨和建设置入更加宏阔与深层的背景中来认识,将之深深植根于以内涵与质量为主题的扎实的当代中国改革建设进程。成都要立足国家意识形态安全与文化安全,通过相关话语体系的创新建设,为国家积极提供具有地方性特色的问题意识、思想资源和解决途径等贡献。在文化多元化的世界环境中,紧抓成都地域特色,通过不断加大成都话语和成都符号的研究与发布,积极运用中国理论和中国话语,勇于创造成都实践经验与成都话语体系,从一个特殊的角度增强中国话语的世界地位和影响力。[①]

(一) 坚持以马克思主义理论为指导,掌握马克思主义话语权

哲学社会科学既是一个知识体系,也是一个价值体系;既有科学性,也有其独有的意识形态属性。十九大主题中的关键词是"不忘初心,牢记使命",我们党的初心和使命是"为中国人民谋幸福,为中华民族谋复兴"。对于哲学社会科学话语体系建设,就是不忘"坚持以马克思主义为指导"的初心,牢记"真学真懂真信真用马克思主义,巩固马克思主义在意识形态领域指导地位,为党和人民述学立论、建言献策"的使命。不忘"牢固树立四个意识",牢记"为人民服务,为中国共产党治国理政服务,为巩固和发展中国特色社会主义制度服务,为改革开放和社会主义现代化建设服务"的使命;不忘"坚定四个自信",牢记"民族伟大复兴"和"着力解决发展中的不平衡不充分问题、为人民创造美好生活"的使命。哲学社会科学话语体系建设,就是要不断巩固马克思主义在意识形态领域的指导地位,确保当代中国哲学社会科学话语体系构建的正确方向。要确立和巩固马克思主义话语权、重视思想舆论引导和斗争、重视话语辨析和吸纳。成都哲学社会科学要始终坚持马克思主义在哲学社会科学领域的指导地位,把马克思主义哲学作为立家之本,学术之源,为社科研究提供思想武器、学理支撑、科学方法。要以习近平新时代中国特色社会主义思想为指导,结合中国

[①] 余日昌:《重视话语权与话语体系建设》,《新华日报》2016 年 7 月 12 日第 015 版。

实践、成都实践，在倡导继承中华文明传统文化优秀成果的基础上，创新构建具有中国特色、四川特点、成都特质的哲学社会科学现代价值与话语体系，在马克思主义中国化进程中不断推进哲学社会科学话语体系创新。坚定"四个自信"，进一步拓展马列主义、毛泽东思想、新时代中国特色社会主义理论体系，特别是习近平总书记系列重要讲话精神，开展系列研究，推出兼具学术性和普及性的优秀文化成果。加强学科建设，集中研究力量，凝练研究方向，完善学科体系，丰富学科内涵，调整和优化学科布局，使马克思主义学科体系更加健全、结构更加合理，以马克思主义理论学科优先发展、优势发展、优质发展强化对哲学社会科学其他学科的引领作用。

（二）紧抓成都地域特色，提升社科话语权威

1. 突出成都地域特色，展现独特历史地理、政治人文风貌

成都是一座拥有 4500 多年文明史的古老文化名城，具有尊崇自然的千年传承[1]、具有热爱生活的价值选择[2]、具有开放包容的胸襟气度[3]、具有敢为人先的创新精神[4]，悠久的历史孕育了灿烂辉煌的古蜀文明和影响深远的地域文化。成都既是长江上游古代文明起源与发展的中心，亦是中华文明的重要发祥地之一，自开明王朝起就是蜀国的都城，是古代巴蜀地区的政治、经济、文化中心，这里汇集着蜀文化的精粹。[5] 成都也是首批国

---

[1] 4500 年前蚕丛王来到"都广之野"，开创"授农初地"。后世柏灌、鱼凫王朝逐渐向成都平原发展，到开明九世时形成了以成都为中心的古蜀农耕文明。战国时期，李冰父子修筑了泽被千秋的都江堰水利工程，开启了"水旱从人、不知饥馑"的天府之国辉煌篇章。

[2] 秦汉时期成都因发达的手工业成为全国著名的商业城市，汉代成都与洛阳等名城并称"五大都会"，唐代更有"扬一益二"的美名，"千年商都"的深厚底蕴造就了成都"休闲之都"的美誉。

[3] 地处中原文化和羌藏文化的交汇点，自秦惠文王"移秦民万家入蜀"，成都历经四次大移民大融合，深受多种文化思想的洗礼和碰撞。以成都为起点的茶马古道和南方丝绸之路成就了蜀地的繁荣兴盛，更让成都跃升为沟通南北、链接中外的开放要冲。

[4] 从李冰治水到文翁兴学，从首创雕版印刷到发明纸币交子，都镌刻着成都辉煌的创新创造历史。改革开放后，成都屡开全国先河，打出全国第一张商业广告，发行全国第一张股票，生动诠释了革故鼎新的城市基因。

[5] 何一民：《成都历史文化特质简论》，《西南交通大学学报》（社会科学版）2012 年第 4 期，第 121—128 页。

家历史文化名城和南方丝绸之路的重要起点。

成都也是当今中国特大城市中历史最悠久的城市之一，3000多年城址不移，2000多年城名不变，这在世界城市文明史上极为少有。悠久的历史孕育了灿烂辉煌的古蜀文明和影响深远的地域文化。成都历史上出现过三星堆遗址、金沙遗址、三国文化等地域特色浓厚的历史文化遗产，而流传至今的茶文化、酒文化、饮食文化、水利文化、方言文化、戏剧文化、丝绣文化等传统物质文化遗产璀璨夺目，更是具有代表性的成都符号，是成都独有的文化底蕴。成都城市文化话语要深刻把握成都一脉传承的鲜明特质，把握成都发展演变的历史轨迹①，顺应城市特质，突出成都地域特色，展现独特的历史地理、政治人文风貌、维护城市特质性格、塑造城市特色品牌。成都哲学话语应当呈现出自古至今的鲜明地域特色，方能在国际话语领域中占有一席之地。越是体现成都地域特色的城市文化，越是在国际学术领域能有立锥之地，突出成都哲学社会科学地域、民族特色，主动占领国际学术话语权高地，并不断获得发展，因为这样的上层建筑是建立在经济基础之上的活生生的历史与现实。

2. 以"天府文化"为内核提升成都文化软实力

习近平总书记指出："当高楼大厦在我国大地遍地林立时，中华民族精神的大厦也应该巍然耸立。"城市文化是城市现代化的根基，是城市的气质和灵魂。成都素有"天府之国"的美誉，天府之国涵养孕育沉淀了天府文化。天府文化源于中华文明，成长于巴山蜀水，在国家现代化和城市发展进步中茁壮成长，是成都最核心的竞争力。天府之国成都是中国西南地区的一颗璀璨明珠，对于这座城市来说，独特魅力的天府文化自始贯穿

---

① 城市发展轨迹是城市的发展历程和脉络，从时间维度投射出城市发展的主线、规律和特征。成都的建城史最早可追溯到4500年前的宝墩遗址，公元前4世纪蜀国开明王朝迁都于此，宋元以后成都一直是西南地区的政治、经济、军事、文化中心。新中国成立后，成都发展进入了新的历史阶段。1949—1978年为重点工业城市时期。1953年国家"一五"计划将成都定为全国首批重点建设的八个工业城市之一，1964年起国家三线建设在成都布局了一大批重点项目，初步形成了地方工业体系。1979—2016年为区域中心城市时期。成都1989年被国家列为全国14个计划单列市之一，1993年被确定为西南地区科技、商贸、金融中心和交通通信枢纽，1994年成为全国15个副省级市之一，1999年被国务院确定为西南地区重要的中心城市。2016年以后为建设国家中心城市时期。2016年4月国家《成渝城市群发展规划》明确提出，成都要以建设国家中心城市为目标。

着整个悠久历史的发展。拥有着4500多年历史的天府之国成都，天府文化是天府人民精神追求的结晶，代表着天府人民独特的精神标识，是天府发展最肥沃的土壤、最充沛的水源。独特的古蜀文化、金沙文化、三国文化、大熊猫文化等以本土特征为主体的地域文化是成都的骄傲。"天府文化"作为极具个性的独特地域文化，既能在国内外城市文化营销上获得鲜明的标志性和影响力，又能统摄成都多元的文化主题和要素，用"天府文化"包装涵盖，是对成都多元、多样、多彩文化的高度准确概括，能够形成内容丰富、气质独特且魅力无穷的文化品牌。所以，成都要真正地成为国家中心城市，成为国际化大都市，文化是不可或缺的部分，要坚持与践行"文化自信"，把握历史、现实与未来，把握时代精神、民族精神与核心价值，把握文化交锋、交流与交融，传承历史文脉，继承、发扬天府文化，将天府文化置于全国、全世界的大环境中去不断升华，以"天府文化"为内核提升成都文化软实力，彰显"天府文化"之时代风采，塑造成都个性化的城市文化品牌，树立起天府文化这面具有独特魅力的"旗帜"。

（三）开展具有成都标识性的研究，扩大学术影响力

成都要立足国家意识形态安全与文化安全，通过相关话语体系的创新建设，为国家积极提供具有地方性特色的问题意识、思想资源和解决途径等贡献。在文化多元化的世界环境中，紧抓成都地域特色，通过不断加大成都话语和成都符号的研究与发布，积极运用中国理论和中国话语，勇于创造成都实践经验与成都话语体系，从一个特殊的角度增强中国话语的世界地位和影响力。[1]

1. 聚焦一批重点研究领域，着力"研究成都"

成都自身历史文化资源优势突出、国家层面有重要学术地位和价值的研究领域，如古蜀文化、三国蜀汉文化、前后蜀文化、成都历代著名文人及作品、蜀学等研究，充分发挥历史文化资源丰富、人文学术积累深厚、人才队伍壮大等资源的优势，巩固西部中心的领先位置，既是西部门户城

---

[1] 《重视话语权与话语体系建设》，《新华日报》2016年7月12日第015版。

市与开放高地，又有作为西部地区的国际门户与综合交通枢纽的区位优势，注重开展以金沙遗址、诸葛武侯、杜甫、都江堰水利工程等为代表的古蜀文化、三国文化、诗歌文化、水文化、南方丝绸之路研究，以湖广填四川、成都和平解放等为代表的重大历史事件研究，以巴金、郭沫若、李劼人为代表的现当代文学大家的研究，以刘咸炘、王叔岷为代表的成都著名知识分子研究等。这些具有成都标志性的研究，可以推出独树一帜的标志性成果，形成成都文化、成都史学、成都文学等成都研究的学术品牌，提升成都在全国哲学社会科学界的学术话语权。

2. 服务国家战略与成都发展有着重要现实意义的具有综合性、交叉性的研究领域

成都城市定位正在经历从区域中心城市向国家中心城市的提升，发展动力正在经历从要素驱动向创新驱动的转换，产业体系正在经历从传统产业主导向新兴产业引领的转型，城市治理正在经历从传统管理向现代治理的转变。成都社科研究要顺应城市建设发展全面转型、城市能级全面升级、城市现代治理体系全面构建的新形势新要求，围绕建设国家中心城市这一新课题，深化对其内涵和趋势的研究，掌握城市发展的规律。成都哲学社会科学的繁荣发展既要聚焦全国共同关注的经济转型、产业升级、环境保护、民生进步等重大理论和现实问题，更要立足成都经济社会发展的实际，通过围绕国家"一带一路"战略相关热点、难点问题研究，开展供给侧结构改革、经济增长方式转变、市场经济体系完善、社会保障制度建设、政府职能转变及廉政建设相关研究。加大"关注成都问题，提出成都命题，形成成都模式"的力度和深度，形成成都哲学社会科学的话语格局。

3. 巩固基础，突出特色，不断提升成都学术话语权

除了上述特色方向，近年成都哲学社会科学还有两个研究领域有望成为全国引领。一是作为全国统筹城乡改革配套试验区，成都在城乡统筹发展方面的调查研究经过数年的积累已在全国社会科学研究领域初具影响。我国著名社会学家陆学艺先生生前多次受成都市的邀请实地调查成都的统筹城乡综合改革配套及其社会变迁，并嘱咐陪同调研的后辈学者要始终关心和关注统筹城乡的研究。二是当前作为国家和社会关注热点的社会治理议题也是成都哲学社会科学研究的重点。成都当前的社会治理可以说是在

各层级、各领域如火如荼开展,从政府的治理思路转变、治理结构调整,到基层社区的多种尝试、自主试点,再到类型多样的社会组织全面参与、有序协同,成都的社会治理突出地体现了党的十八届五中全会提出的"党委领导、政府主导、社会协同、公众参与、法治保障"的指导方针;持续研究和提炼成都的社会治理方法、模式和经验,应该是打造成都哲学社会科学名片的又一个好题材。三是向国际学界发出来自中国西部的声音,将成都极具特色的社会科学研究与世界交流。例如很多涉及民族宗教的研究,一直以来因为话题敏感,国际交流不太畅通。但是四川大学西部发展研究院的几位藏区研究的学者受外交部、新华社的邀请参加高层次国际论坛,传播中国西部地区民族宗教议题的现实情况,大大改变了国际社会因渠道有限而对中国西部形成的种种误识,有力地驳斥了一些故意歪曲的声音。这体现了成都的学术自信和文化自信。同样,在成都平原上多样态呈现的统筹城乡综合改革配套示范,社会各界积极投入、各具特色的社会治理创新实践,这些研究都应该是成都哲学社会科学向国际学术界传达出的科学、严谨、有说服力的关于中国地方社会的学术话语形象。

4. 在文化理论和文化话语权的建设上,加强对重大理论和实践问题的研究,增强话语体系的解释力

一是在文化理论和文化话语权的建设上,要不断加强对重大理论和实践问题的研究,拓展成果转化和推广渠道。依托成都市社科院、成都考古研究所、成都历史学会等为数众多的学会,发挥已有哲学社会科学平台和研究团队的作用,形成特色与竞争优势,促进成都文化事业的发展和繁荣。二是要扶持对学科创新起重要作用的研究项目,支撑对传承民族文化有重大作用的研究项目。以传承发展中华优秀历史文化为重点,开展成都历史文化传承创新工程研究、成都与丝绸之路研究、成都与外部文明交往研究、成都文创中心研究、世界文化名城建设研究、西蜀地域文化、成都革命历史文化、成都文化艺术等研究。以实现"中国梦"四川篇章为重点,进行核心价值体系构建、文化自觉与传承创新等相关研究。

5. 积极探求从基于每一个专业一枝独秀的话语体系建设,进而发展到各类学科齐头并进的多维度话语系统建设

一是重视优势学科发展,加强新型和交叉学科建设,鼓励形成富有特色的学术流派。依托成都已有的学科优势,积极参与四川省"文化精品繁

荣工程"和"优秀历史文化传承创新工程"建设,在塑造四川和成都文化品牌、宣传四川和成都历史文化、推动四川和成都历史文化国际化方面发挥积极作用,推进四川和成都文化建设。以特色文化资源和已有学术高地为依托,拓展国际视野,提升成都优势学科的对外学术交流水平和文化对话能力。

二是紧紧围绕区域现代化发展、一带一路等当代话题,去建构相关话语体系,从多维度充分体现成都哲学社会科学研究的继承性和民族性、原创性和时代性、系统性和专业性。经过几年的努力,争取能够在国内甚至国际学术研究领域形成一项至两项"学术话语权"。这样的"学术话语权",并非是那种狭义的学术专权或个人学术权威,而是能够建立某些专项研究甚至某一研究领域中能在全国发挥重要影响的话语符号的创新系统、评价体系或规范的话语表达体系。①

(四) 整合社科资源,增强发展凝聚力

一是在管理体制上,实现从"重归口"向"重统筹"的转变。当前从事哲学社会科学研究的专门机构多而分散,这些机构和部门相对独立、各自为战,彼此之间往往既缺乏横向有机联系,更缺乏纵向深度合作。拳头只有攥紧了才会更有力量。对此,必须化零为整,进一步优化资源配置,整合整体力量,加强各系统之间的联系与协作,打破"条条"与"块块"的限制,变归口管理为统筹管理,形成务实高效、协调有序的研究格局。二是加强哲学社会科学研究机构之间的联合与协作。充分运用和发挥在成都的部、省属院校和科研机构的资源优势,加强科研机构与各实际工作部门之间,自然科学界与哲学社会科学界之间,各社科机构的交流与合作,以成都经济社会发展与预测研究报告和重大课题为主要载体,选准题目、选准地域、选准行业、选准对象,发挥各自优势,形成合力,联合攻关,推出高水平的学术成果,创造出一批有影响、有特色的学术品牌。三是巩固发展学术交流平台。加强与国内外哲学社会科学力量开展交流与合作,借助与中国社会科学院等国家一流研究机构和国内著名高校的合作开展研

---

① 《重视话语权与话语体系建设》,《新华日报》2016 年 7 月 12 日第 015 版。

究，充分发挥好成都籍人文社科专家的优势，打造更多国家级水准的精品学术项目和决策应用成果项目。

（五）融合新媒体技术，创新话语传播方式

习近平总书记2016年2月19日在党的新闻舆论工作座谈会上的讲话、2016年5月17日在哲学社会科学工作座谈会上的讲话中多处提到媒体传播与话语体系建设，为媒体传播与话语体系建设问题提供了重要的指导思想，是进行话语体系建设和媒体传播的基本遵循。[①]

1. 优化话语建构方式，增强话语体系的解释力

只有大众化，才能化大众。在构建哲学社会科学话语体系时，要采用大众喜闻乐见的话语方式。这就要求话语主体在构建话语时要从媒体易于传播、大众乐于接受的角度出发。大力创新哲学社会科学大众话语，努力在权威上提高时效、在准确中创新表达、在观点里融入情感、在渠道上开疆拓土，着重讲好百姓故事，回应百姓关切，解答百姓疑惑，把学术语言塑造为言之有物的实话、言之有据的真话、言之有理的新话，娓娓道来，循循善诱，春风化雨，沁人心脾。一方面，要努力适应社会思想文化日益多元、多样、多变的新形势，以宽广的人文视野，从历史的发展纵深，以喜闻乐见的形式，用轻松而不失严谨的话语，在活泼中透着自觉的责任担当，以期深入浅出、明白晓畅，不断满足群众的精神文化需求。另一方面，新时代的社会变革和实践创新迫切需要哲学社会科学不断提供丰富知识和发挥教化作用，需要用通俗易懂的大众话语让人轻松理解，通过春风化雨般的过程，滋润大众心田，最终达到"润物细无声"的效果。这必然要求在创新哲学社会科学话语体系时，始终坚持以社会主义核心价值体系为引领，深入挖掘和弘扬人文社科知识所蕴含的主流价值理念，用丰富多彩的呈现方式，传播和普及人文社科知识，为公众提供一种思考向度和文化引导，使其不断增进正确的价值认同，获取创业创新、开拓前行的精神力量。

2. 加快推进媒体融合话语创新，重塑话语体系权威

"话语权威"指的是话语在大众中拥有的声誉及威望，它建立在大众

---

① 刘仲翔：《媒体传播与话语体系建设》，《国家行政学院学报》2017年第1期，第37页。

对话语主体及话语内容信任的基础上,一方面要求主体所呈现出来的话语具有解释力和说服力;另一方面也要求话语主体关注民生、信守承诺,以大众的话语利益为自身话语的价值诉求。①

一是发挥优势、加快融合、形成合力。话语从其本质上来说是社会价值的呈现方式,马克思曾指出:"语言和意识具有同样长久的历史;语言是一种实践的、既为别人存在因而也为自身而存在的、现实的意识。"② 当前,由于微博、微信的普及,新媒体已成为社会事件发布与获取的集聚地、大众情感的分享与宣泄区、公共事务的参与与监督所,它在改变大众生活、工作、娱乐方式的同时,也改变着社会话语的呈现方式。充分发挥传统媒体和新媒体各自的优势,将传统主流媒体公信力强、权威性高、充满正能量的内容借助新媒体无边界、传播力强及可视、可感、可交流的优势,通过新媒体平台快捷传播出去③,确保在重大问题上话语设置的主导权,在多元舆论场上占领制高点。二是注重借助自媒体、社会性媒体拓展传播广度。随着移动媒体的普及,自媒体、社会性媒体在新媒体中份额和影响越来越大,为哲学社会科学话语传播带来新机遇。传承巴蜀文明发展天府文化,在宣传和传播上要借助融合新媒体技术,借助自媒体、社会性媒体速度快、范围广、互动性强、草根化等特点,快速有效传递各种信息和思想,为新型理论、重大理论、核心理论提供渠道,助力发声。加强"天府文化"传播,全面推动天府文化创新性发展,讲出讲好成都故事,强化城市文化营销,发展对外文化贸易,加快建成欧亚文化交往中心,让"成都的文化之声"能够传遍全球,提升城市文化沟通力和全球传播力。

(六) 加强社科普及,拓展话语受众

社会科学普及具有"理论贯通顶天,实践育人立地"的优势,既守望思想灯塔,更领航时代生活,是推进哲学话语传播体系的有效途径和前沿

---

① 李凌燕:《新媒体语境下社会主义核心价值话语体系建构策略》,《社会科学辑刊》2015年第1期,第23—27页。
② 《马克思恩格斯选集》第3卷,人民出版社1995年版,第81页。
③ 李凌燕:《新媒体语境下社会主义核心价值话语体系建构策略》,《社会科学辑刊》2015年第1期,第23—27页。

阵地。1936年，艾思奇撰写了一本宣传马克思主义哲学的通俗读物《大众哲学》，开启了马克思主义大众化的先河。① 近年来，成都不断在社科普及工作中，向公众有效传播和推介社会科学知识和理论成果，推进马克思主义中国化、时代化、大众化，推进社会主义核心价值观大众化，开启公众智慧、铸造科学思想、增强人文道德素养、促进人的全面发展，逐渐形成金沙讲坛②、学术沙龙③、社科普及基地三大科普手段和品牌，以北京、上海等中心城市为标杆把成都办成人文社会科学普及的中心。

---

① 当年，以艾思奇先生《大众哲学》为代表的一批哲学社会科学著作，开启了马克思主义中国化、大众化的新境界。"一卷书雄百万兵，攻心为上胜攻城，蒋军一败如山倒，哲学犹输仰令名"，从马璧先生题赠艾思奇纪念馆这七言绝句中，可见《大众哲学》思想之威力。

② "金沙讲坛"创办于2009年3月7日，由中共成都市委宣传部主办，成都市社科联（院）承办，成都传媒集团、成都广播电视台、成都金沙遗址博物馆协办。"金沙讲坛"以弘扬人文精神、传播学术文化、提升市民素质、提升城市品位为宗旨，以"讲成都、谈天下，通古今、论人生"为基本理念，以"选题系列化、内容大众化、讲坛品牌化"为思路，着力打造"名家荟萃的大讲坛，老百姓自己的文化沙龙"。"金沙讲坛"作为成都市公共文化服务和社会科学普及的重要平台，坚持公开、免费向全体成都市民开放。中宣部《宣传工作》以及《光明日报》《四川日报》等省内外的多家媒体刊载过讲坛情况。经过8年多的运行，金沙讲坛现已成为成都乃至西南地区的知名公共文化服务与社会科学普及品牌。社会科学与市民更加贴近，专家以通俗的语言与广大市民交流沟通和对话，打破了人们对学术文化高深莫测的偏见和学术文化自娱自乐的现象，探索了社会科学普及的创新模式，增强哲学社科普及的感染力，在成都建设国家中心城市、世界文化名城的历史背景下发挥着重要作用

③ 成都学术沙龙于2010年创办，旨在为社科界服务，为社科工作者提供宽松、自由、平等的学术交流平台，充分发挥各学会（协会、研究会）和区（市）、县社科联的作用，激发社科工作者的主动性、积极性和创造性，促进学术文化繁荣发展。成都学术沙龙本着认识世界、传承文明、创新理论、资政育人、服务社会的宗旨，倡导解放思想、实事求是、畅所欲言，对于讨论学术前沿类话题，要求谈出新观点、新思想、新理论、新风格，繁荣了成都学术文化，加快了成都哲学社会科学成果转化，极大地丰富繁荣了成都学术文化，形成了具有鲜明学术特色的交流探讨模式。各具特色的学术沙龙活动，让社科工作者在学术交流和社科普及探讨中开阔了视野，为相关领域的改革与建设提供了智力支撑，为成都经济社会发展和文化建设献计献策。成都市社科联各学（协）会和各区（市）、县充分运用和创造性地发挥沙龙的作用，注重以本地的学术研究学（协）会、党政相关部门、科普基地、学术研究者为依托，在举办各具学术特色、丰富多彩的沙龙活动中，充分发挥了主动性、积极性和创造性，以饱满的热情努力探索各地改革发展中的重大理论和实践问题，在探讨交流中出新思想、新成果，并注重成果转化，为地方党委和政府提供了有力的智力支撑。同时，沙龙已经成为成都市广大社科工作者进行学术交流、提高学术水平、繁荣学术文化、加速社会科学成果转化的平台，增强城市文化软实力的载体、宣传社会主义核心价值体系的阵地，也成为成都哲学社会科学学术交流活动和社科普及工作的一个重要品牌。

1. 以法治思维和法治方式做好社会科学普及工作

许多地方省市的社会科学普及立法为国家社会科学普及立法提供了可资借鉴的经验和具体做法。目前，内地已有28个省市自治区出台了省级科普法律法规，其中广东省、宁夏回族自治区单独出台了省级的社科普及条例。四川省在2012年11月新修订施行的《四川省科学技术普及条例》把全省的社科普及工作纳入了法治化轨道。《条例》赋予了社科联社会科学普及的任务和使命，从国家地方法规的层面规定了社会科学普及的重要意义和作用，开启了四川省社科普及工作规范化、法治化、制度化进程。首先，要以法治思维和法治方式，做好社会科学普及工作。2012年11月，《四川省科学技术普及条例》新修订施行，开启了四川省社科普及工作规范化、法治化、制度化进程，对繁荣发展社会科学事业，产生了重大影响和重要作用。成都社会科学普及要增强法治思维，全面贯彻落实《条例》，将《条例》规定的社会科学普及领导体制、内容形式、保障措施、主体责任等要求落实到位。社会科学普及只有在制度层面、法律层面确立其战略地位，提供强有力的法治保障，才能以自身的繁荣发展来推进哲学话语传播体系的有效传播。

2. 改革创新社科普及的传播渠道和形式，让社科普及活色生香

一是改革创新社科普及的传播渠道和传播形式，主动"把社科普及基地的平台建到基层去"，鼓励基层社科组织利用社科基地的大礼堂、露天坝、社区公园等场地；组织社会科学普及专家宣讲团和社会科学普及志愿者到"离群众最近的地方"宣讲社科知识，宣传党的政策、传播党的声音；要讲究普及艺术、改进普及方式，把"大道理"变成"小故事"，把学术语言转换成群众语言，把"普通话"和"地方话"结合起来，把"独角戏"转换为"交响曲"，真正让党的理论政策鲜活起来，让社会科学知识生动起来，"随风潜入夜，润物细无声"，使社科普及基地成为满足市民文化需求的思想盛宴、建设学习型城市的良好载体、社会科学普及的创新模式。

二是从群众最关心的问题入手，提高社会科学普及实效性。大力弘扬社会主义核心价值观和优秀传统文化，努力实现传统美德的创造性转化和创新性发展。围绕群众关心的脱贫、教育、就业、医疗、社保、收入、人口等社会热点问题，宣传党委政府的新思路、新政策、新举措，为政府分

忧，为群众解惑；着眼群众日常生活中的民风民俗、家教家风、身心健康等问题，宣传普及科学理念、处事方法和健康知识，倡树文明新风，引导民俗流变，提高社科普及服务效能。

三是建设社科普及基地，打造科普前沿阵地。社会科学普及基地是依托社会力量建设并对社科普及工作具有较强带动和辐射作用的社科普及阵地，是开展群众性、社会性、公益性、经常性社科普及活动的重要载体。社科普及基地利用现有资源，积极开展丰富多彩的社科普及活动，推动社科普及活动的经常化、制度化。

四是运用"社会科学普及+"思维，加强与新媒体的融合，利用各类微博、微信、移动APP等新媒体平台，推出社会科学普及+动漫、+微电影、+公益广告、+通俗读物等形式，创作一批群众喜闻乐见的优秀社会科学普及作品。探索市场化运作路径，充分发挥社科类社会组织的作用，吸纳社会力量开展社科普及工作，形成处处有社科、人人都受益的普及效应。

五是创新社科普及队伍，在"万众创新"的良好创新氛围中，培育社科普及创新力量。强化科普专业队伍建设，培养选拔品德好、专业精、水平高的研究者从事科普工作，以科普课题立项、科普成果评奖、科普能力培训等吸引专家学者尤其是年轻学者参与，为其提供必要的物质保障，充分调动优秀的科研人员参与科普事业的积极性。同时整合社会资源，搞好科普志愿者队伍建设，形成遍及各个领域的社科普及人才网络。

第 八 章

成都哲学社会科学人才队伍建设

国以才立，业以才兴。繁荣发展哲学社会科学，人才是保障，也是关键。习近平总书记强调："坚持和发展中国特色社会主义过程中，哲学社会科学具有不可替代的重要地位，哲学社会科学工作者具有不可替代的重要作用。"[1]"两个不可替代"的重要论述，进一步凸显了哲学社会科学及哲学社会科学工作者的地位和作用。在党的十九大宣示中国特色社会主义进入新时代、开启社会主义现代化强国建设新征程的重要历史时期，"两个不可替代"为大力加强哲学社会科学人才队伍的建设，实施人才强国战略指明了方向。成都在加快建设全面体现新发展理念的国家中心城市进程中，应一以贯之地强化"人才强国""人才强市"战略，尤其是要抓住国家重视哲学社会科学发展、积极筹建新型智库的大好形势，加强成都市哲学社会科学人才队伍建设，进一步繁荣发展成都的哲学社会科学，进而推动成都的改革创新、转型升级发展。

一 新时代哲学社会科学人才队伍担负历史赋予的光荣使命

伟大的时代呼唤科学的理论，科学的理论指导伟大的实践。"坚持和发展中国特色社会主义，统筹推进'五位一体'总体布局和协调推进'四

---

[1] 习近平：《在哲学社会科学工作座谈会上的讲话》，2016年5月17日，新华网，http://www.xinhuanet.com/politics/2016-05/18/c_1118891128.htm。

个全面'战略布局,实现'两个一百年'奋斗目标、实现中华民族伟大复兴的中国梦,我国哲学社会科学可以也应该大有作为。""一切有理想、有抱负的哲学社会科学工作者都应该立时代之潮头、通古今之变化、发思想之先声,积极为党和人民述学立论、建言献策,担负起历史赋予的光荣使命。"在哲学社会科学工作座谈会上,习近平总书记深刻阐述了哲学社会科学的历史地位和时代价值,对广大哲学社会科学工作者寄予殷切希望。面向新的大变革时代,社科人才队伍应担负起历史赋予的光荣使命。

(一) 哲学社会科学人才队伍是承担新时代发展使命的理论先锋

历经改革开放 40 年的发展,当前我国已成为世界第二大经济体,中国特色社会主义建设取得了前所未有的历史性成就,但同时我国经济社会也发生了广泛而深刻的变化,新时代新征程也面临着诸多挑战。实践变革呼唤理论发展。我国改革取得巨大成就的原因和规律何在?如何解决新时代全面深化改革可能遇到的困难和问题?如何继续深入推进中国特色社会主义的发展和进步?诸如此类的一系列问题都迫切需要哲学社会科学的理论来回答和指引。这是构建中国特色哲学社会科学的使命所在,也是广大哲学社会科学工作者肩负的重要历史使命。顺应时代要求,深入研究新时代全面建设社会主义现代化国家所涉及的全局性、前瞻性、战略性的重大时代课题,进行理论创新并作出正确回答,是社会科学工作者义不容辞的历史责任,责任重于山岳,任重而道远。

(二) 哲学社会科学人才队伍是建设文化强国的生力军

一个民族的发展、繁荣离不开文化的孕育,文化是血脉和灵魂,是国家发展、民族振兴的重要支撑。在我国发展进入新时代之后面临的国际竞争也更趋激烈,建设文化强国成为综合国力竞争所凸显的时代课题。世界主要国家纷纷从文化中借力、在文化上发力,文化日益成为综合国力竞争的关键内容与重要场域。在推进现代化建设宏伟大业和实现中国梦伟大征程中,迫切需要将建设文化强国列为"五位一体"总体布局的有机组成部分,以创造中华文化新的辉煌为任务和要求,清晰展现文化强国建设的中国逻辑,确立中国特色文化强国建设的思想引领和理论支撑。而新时代文化强国离不开社会科学的理论引领作用。文化的大发展大繁荣必须以理论为先导,先进的理论才能引领先进的文化①,这需要灿若群星的社会科学人才积极发挥作用,以高度的文化自觉,推动哲学社会科学各学科的研究,推动文化的创新与发展。

(三)哲学社会科学人才队伍是服务党和政府决策的重要智囊

为新时代中国特色社会主义宏伟事业发挥思想库、智囊团作用,为党和政府的科学决策、民主决策提供理论参考和实践借鉴,是广大社科理论工作者的重要任务,是实现哲学社会科学价值的必然途径。当前,随着全球化深入发展、国内国际形势复杂多变、经济社会深刻转型、风险矛盾日益多发,既对党和政府决策的前瞻性、协调性、专业性、科学性、实效性等提出了新要求,又对哲学社会科学服务决策的水平和能力提出了更高要求,同时也是哲学社会科学大有作为的难得机遇。在这种形势下,也迫切需要哲学社会科学界高质量智库体系的智力支持。智库将在经济社会发展和党委政府决策中扮演越来越重要的角色。相比中央政府,地方政府需要应对的公共事务更加具体繁杂,政府决策需要回应的公共问题更加繁多,需要协调的利益要求更加复杂,因此,决策中对智库的需求也更为直接、频繁和深入,而要做到这些,离不开哲学社会科学提供的理论支撑和智力支持,离不开广大社科战线理论工作者的积极参与和献智献策。

(四)哲学社会科学人才队伍是培育践行社会主义核心价值观的引领力量

新时代的中国处于多元化的经济社会转型期,既为社会注入强大活

---

① 湖南社科人才队伍建设课题组:《从战略高度加强社科人才队伍建设》,《湖南社会科学》2012年第2期。

力，也给人们的思想观念、生活方式带来了不同层面的影响，因此，急需一种文化引领来凝心聚力建设新时代中国特色社会主义。当代社会主义核心价值观——"富强、民主、文明、和谐，自由、平等、公正、法治，爱国、敬业、诚信、友善"就是这种强有力的文化，为新时代中国特色社会主义事业提供了道德滋养，是激励全体人民为中华民族伟大复兴中国梦的美好愿景而和衷共济、众志成城的重要精神力量。而广大哲学社会科学工作者在推动社会主义核心价值观学习实践具体化、系统化，使核心价值观内化于心、外化为行中，发挥着不可替代的重要作用，是积极培育和践行社会主义核心价值观、昂然树立新时代华夏民族精神风貌的重要引领力量。一方面，以深入的理论研究和丰富的知识储备，深化对社会主义核心价值观的基础理论研究；另一方面，密切理论联系实际，使社会主义核心价值观与人民群众丰富多彩的生活、与新时代中国特色社会主发展实际紧密相连，进一步推动社会主义核心价值观入脑入心。

二 当前成都哲学社会科学人才队伍发展的现状

近年来，随着四川省和成都市"人才强省""人才强市"政策出台，成都市哲学社会科学人才队伍不断发展壮大，形成了由市级社科研究机构、学会协会研究会、高等院校、党校（含行政学院系统），以及党政内部研究机构等组成的社科人才队伍。总体上看，社科人才队伍建设成效较为显著，社科人才环境不断优化，社科人才总量不断增长，社科人才队伍不断壮大，社科人才素质逐步提高，社科成果不断涌现。

（一）成都哲学社会科学人才队伍总量和结构状况

成都作为四川省会城市，不仅拥有归属于地方行政层级的地方社科人才队伍，还拥有大量位于成都地域范围但归属于省级乃至国家级的社科人才资源可供整合利用，在社科研究发展中有着较为广泛的社科人才资源优势。在此,本着加强地方社科人才队伍建设的目标,课题组将社科人才调查的视角主要放在市级行政管辖权限范围内。为了全面了解本市哲学社会科学人才队伍建设现状和问题,成都市社科院课题组首次对市级各学会协会研究会、市属高校、市属社科研究机构进行了队伍总量的摸底调查。根据不完全的调查统计[①],截至2017年9月,全市社科队伍约有16095人,其中市级学会研究会约14729人(其中党校系统1000余人)、市属社科研究机构169人、市属高校相关教学和研究人员1197人(如表1所示)。

表1　　　　　　成都市哲学社会科学人才队伍调查统计

	总量(人)	部门分布情况		
		市属高校	市属社科研究机构	市级学会研究会(包括市属党校系统)
数量	16095	1197	169	14729

由于调查中发现,相当部分机构(主要集中在学会研究会)只有人员总量的统计,对人员的年龄结构、文化程度和职称结构等的统计不全或严重缺失。所以,我们只能对统计完整的机构进行分析:

就社科人才学历结构看,文化程度的整体水平较高。根据统计,研究生、本科、大专以下学历的比例分别为32.04%、65.95%和2.01%(如图1所示)。

其中,硕士以上研究生主要聚集在市属高校和社科研究机构,占比分别为57.78%和52.1%,而在市级学会协会研究会中,硕士以上文化程度的占比为29.79%(如图2所示)。

---

① 说明:1. 由于成都具有四川省会城市的地理优势,除了拥有成都市行政权限管辖范围内的学会研究会、高校、党校和社科研究机构外,还拥有大批属于省级层次管辖的高校、学会研究会、党校和社科研究机构,后者虽不为成都所有,但可以为成都所用。在此,为了方便调查统计,此次调查主要以成都市的管辖权为限,范围涉及全市55家学会协会研究会、与社科相关的3所市属高校和2所科研机构。2. 在调查对象中,学会协会研究会排除了部分处于停滞状态或完全不涉社科研究方面的学会研究会,实际统计到了35家学会研究会。市属高校部分,则排除了自然科学相关学科领域,仅对涉及社会学科相关学术队伍进行了统计。市属社科研究机构部分,则主要调查了市社科联(院)和市经济发展研究院两所综合性社科研究机构。

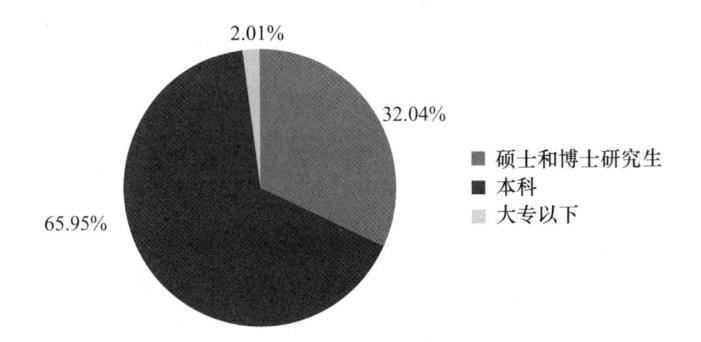

图1 成都市社科人才的学历分布情况

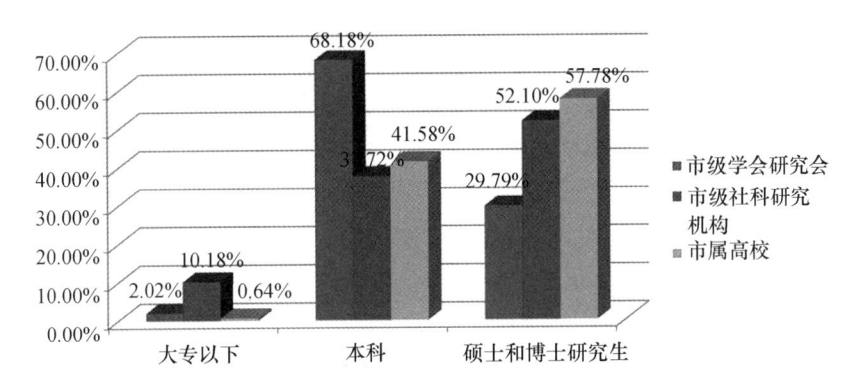

硕士和博士研究生 32.04%
本科 65.95%
大专以下 2.01%

图2 成都市属高校、社科研究机构和学会协会研究会的人才学历结构分析

	大专以下	本科	硕士和博士研究生
市级学会研究会	2.02%	68.18%	29.79%
市级社科研究机构	10.18%	31.72%	52.10%
市属高校	0.64%	41.58%	57.78%

就社科专业技术人才的职称结构看，中、高级职称的整体比重大。根据统计，高、中、初级职称人才所占比重分别为31.31%、42.58%和8.13%（如图3所示）。

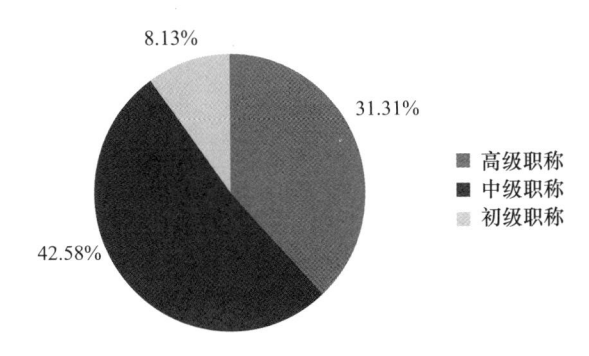

图3 成都社科专业技术人才的职称分布情况

高级职称 31.31%
中级职称 42.58%
初级职称 8.13%

其中，市级学会协会研究会和市属高校社科专业技术人才的高、中、初级职称分布呈现出"中间多、两边少"的"橄榄形"结构，而社科研究机构的高、中、初级职称分布则呈现出了"上少下多"的"金字塔形"结构（如图4所示）。

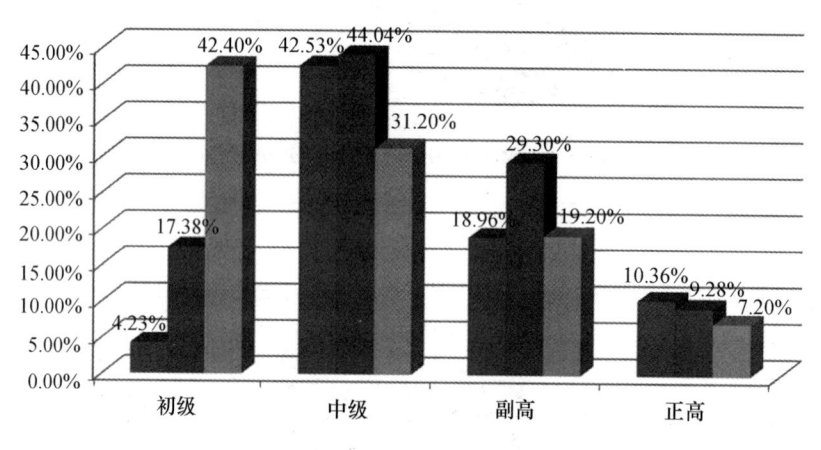

图4 成都市属高校、社科研究机构和学会研究会的人才职称结构分析

就社科人才的年龄结构看，中青年阶段的占比较大。整体上看，年龄在30岁以下、31—40岁、41—50岁、51—60岁、60岁以上的分别占18.77%、26.28%、34.4%、15.23%、5.23%。其中，市级学会协会研究会中，60岁以上的退休人员比重高于市属高校和市级社科研究机构返聘人员占比；市级社科研究机构中的30岁以下、31—40岁年龄阶段的人员明显高于市级学会协会研究会和市属高校（如图5所示）。

结合文化程度和职称数据分析，可以发现，30岁以下、31—40岁年龄段的青年社科人才，文化程度总体较高，但职称相对较低。这也是市级社科研究机构中职称分布呈"金字塔"形结构的重要原因之一。

总体上讲，经过多年的发展，成都全市已经累积了一定数量的社科人才资源，极少部分高层次人才在哲学社科领域有较突出的贡献，享受国务院、省、市级的政府特殊津贴。综合人才的年龄、文化程度和职称结构看，中青年人才队伍较为壮大，具有较强的发展潜力。

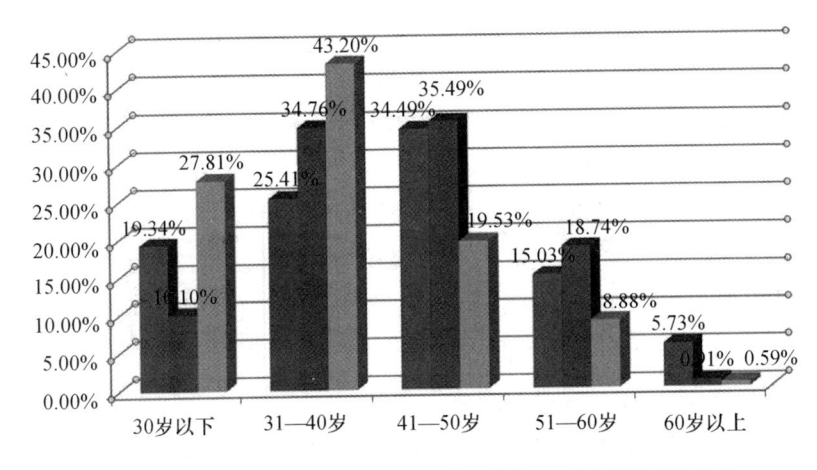

图5　市属高校、社科研究机构和学会协会研究会的人才年龄结构分析

（二）成都哲学社会科学人才发展体制机制建设

近年来，总的来看，人才问题已经受到全市各单位、各团体的高度重视，加快人才培育、引进和发展基本已成共识。成都各市属研究机构、市属高校以及党政相关单位、部门高度重视人才工作，在人才培养、引进和保障方面积极创新，人才发展体制机制不断建立健全。主要体现在：

一是人才制度规定不断完善。目前，市属社科研究机构、市属高校等相关单位都在教学科研、队伍建设、学术交流等方面出台了一系列重要的制度规定。譬如，成都大学近几年出台了《"双师型"师资队伍建设办法》《名誉校长、特聘院士、名誉院长（主任）聘任实施办法》《优秀青年教师海外名校或名师访学计划实施办法》《特聘研究员管理办法》《青年教师博士化工程办法》《高端外国专家聘任计划》等规定；成都经济发展研究院出台了《中心（院）内部专家选拔培养办法》《关于鼓励开展学术交流活动的暂行办法》；成都市社科院修订出台了《科研人员岗位考核办法》，等等，在制度层面对人才的培育、发展和考核管理进行了规范，完善了人才队伍建设的制度保障。

二是引才、聚才、用才的激励机制不断健全。为了提升人才队伍整体水平，市属社科研究机构、市属高校积极实施人才战略，开始逐步建立健全人才培育、引进、交流、使用等方面的体制机制，除了通过学习进修、挂职锻炼、轮训培训等常规形式促进人才培育之外，还探索和实施了一系列人才激励新举措。例如，成都市社科联（院）探索以项目为依托，以设立对外重大招标课题的方式来吸引和聚积市内外优秀科研人才，设立联（院）外出考察和科研研讨的专项经费，鼓励科研人员积极到外地学习交流，探索实施中层轮岗竞聘，促进社科管理干部的多岗位锻炼；市经济发展研究院实施学术交流活动的绩效考核，加大了学术交流活动的奖励力度；成都大学以汇聚和培养高层次人才为引领和抓手，着力构建了优秀拔尖人才培养支持体系，引进培育学术带头人和青年拔尖人才、特聘或双聘院士、长江学者等高端人才，推进青年教师博士化工程，对急需紧缺学科师资采取"订单式"培养，推进"定位、分类、考核、薪酬"四位一体的分类管理改革，等等。这些举措，都不同程度地起到了吸引和凝聚优秀社科人才，拓宽社科研究的学术视野、提升社科人才队伍整体水平的积极作用。全市每年社科课题及优秀成果的申报情况统计表明，年轻的高学历专业技术人才申报积极性越来越高，课题立项及成果获奖次数也一年比一年增加，科研水平不断提高，科研能力显著增强，反映出社科人才队伍发展充满了蓬勃朝气。

三 成都哲学社会科学人才队伍建设中存在的主要问题

成都市近年来虽然高度重视哲学社会科学人才队伍建设，但与繁荣社科事业，建设"文化强市"的要求相比，必须清醒地认识到社科人才队伍建设与新时代新形势下为成都肩负国家使命、体现国家意志、代表国家形象、引领区域发展，建设全面体现新发展理念的国家中心城市所提供的理论支撑和智力支持还有较大差距，存在着一些问题，这主要包括以下几个方面：

（一）繁荣发展哲学社会科学刚性制度不健全，政策支持力度有待加强

成都市繁荣发展哲学社会科学的各种法规未建立，制度未建成或不健全，动力机制缺乏。暂时还没有出台以社科学科与人才队伍建设为主体的、完整统一的总体规划，同时，能较全面反映成都学科优秀成果与人才队伍之"家底"的动态信息管理系统也还暂时没有，无法完整地实现社会科学学科成果与人才信息的共享。据调研，一些高校的社会科学专家与研究管理层代表反映：市属部分高校的社会科学学科与自然科学学科相比较而言，仍然存在"重理轻文"现象，社会科学学科投入少，研究项目较少、资助额度过小、支持环境不均衡不规范等瓶颈因素凸显。这些均或多或少地表明成都学科与人才队伍建设的投入亟待大幅度提升，政策支持力度亟待全方位增强，科研环境亟待多方面改善。

（二）人才队伍中结构不甚合理，高层次人才缺乏

近年来，随着形势的发展变化，科研人才不足现象严重，高端人才、拔尖人才相对缺乏，尤其缺乏在国内或国外有较大影响的学科带头人，已经成为影响成都社科事业发展的重要原因。调研发现，在成都市社科院、成都经济发展研究院等市属社科研究机构中，虽然近年来较为重视人才引进，持续聘用大量青年硕士、博士，但囿于事业单位编制数额的限制和约束，晋升高级职称的空间极为狭窄，高级职称特别是正高职称的人才严重不足。大师级的人才和学科带头人更为稀少，原有部分突出贡献的中青年专家、享受国务院政府津贴专家、领军大家名家，由于退休等原因已经空缺，造成研究院（所）人才梯队结构失衡，中坚力量缺乏，一些学科失去既有优势，甚至一些学科出现"断档"，从而使得承担大量高、精、尖科研课题的能力欠缺，难以圆满完成一些重大研究任务。而在成都大学、成都电大等市属高校以及相当部分学会研究会中，高层次人才总量较少、人才队伍年龄老化、学历结构偏低，人才专业结构和供需结构的矛盾突出，也是人才队伍建设中存在的普遍性问题。总

体上看，各学科领军人物的培养以及高层次人才的引进和发展都亟待加强。

（三）体制机制不畅，资源有待整合

与全国各地一样，成都哲学社会科学人才队伍发展也面临着体制性的内伤。调研表明，市属社科研究机构、市属高校、党校、学会研究会以及党政内部研究机构都各具特色，自成体系、各有专长，其对政策执行的力度、重视的强度、支持的深度常常取决于其单位短时期既得利益倾向与领导层的关注点，既缺乏一个统一的管理、指导和协调体制，也缺乏长期的、持续的、完善的发展思路与执行规划。主要表现在科研方面横向互不干涉、不同程度地存在着各自为政的现象，纵向缺乏协调、上下堵塞、互不通气，交流渠道过于单一，开放互动合作机制不健全，致使社科人才队伍建设或多或少地出现了"三多三少"的现象，即对本单位、本系统课题研究多，围绕地方党委和政府重大决策的研究少；针对类似问题开展低水平重复性研究多，高水平研究少；为职称搞科研的多，为社会实际需要搞科研的少。这势必造成社科研究人才资源的浪费与闲置，研究的"散兵游勇"者居多，力量相当分散，缺乏团体高效协作攻关优势，从而影响了社会科学整体发展水平的提高。

（四）创新能力不足，整体研究水平有待提高

客观地说，目前成都市社科人才队伍数量结构、人才创新创造能力，还远远不能满足建设全面体现新发展理念国家中心城市的需求，与国内其他副省级城市相比也有较大差距。从事研究的能力还不能完全适应地方智库建设的新形势，具有独创性和领先水平的成果不甚多；具有广泛社会经济效益的应用性和对策性研究不够，"高、精、尖"的力作尚不多；哲学社会科学对社会经济发展的认识、预测功能及超前导向作用尚未充分发挥，研究成果的创新性、前瞻性、操作性不强；有价值的重大标志性成果在全国影响力有限。社科人才存在理论脱离实际的弊病，深入社会、深入基层、深入实际的调查研究不够，因而解决社会重大理论及现实问题的能

力有待提高，承担各级经济社会发展的重大攻关项目仍然不多，具有重大影响的标志性的科研成果数量不多，离成为地方党委和政府信得过、离不开的思想库和智囊团还有一定的距离。

（五）科研管理人员的素质参差不齐，对社科队伍建设有一定影响

不可忽视社科队伍的另一支重要力量——行政管理人员和科研辅助人员，他们的政治素质、管理水平和业务能力，会直接决定能否为科研人员创造良好、宽松的科研环境，从而从整体上影响社科队伍的学术地位和长远发展。[1]但目前社科战线科研管理人员素质参差不齐，科研管理工作仅限于课题申报、成果统计等日常事务性工作，从对有关管理资料的整理、分析、研究中，探索现代学术研究的基本规律，提供具有前瞻性、指导性的课题研究指南等工作还有很多不足，有关政策引导、机制创新等现代管理意识和能力较缺乏，亟待加强对他们的在岗培训。解决这些问题应成为今后加强社科管理队伍建设的努力方向。

（六）人事管理制度改革滞后，有待深化

一方面，哲学社会科学研究是一项复杂的脑力劳动，要求研究人员具有较高的综合素质，需要与时俱进不断引进善于创新的优秀人才，并不断淘汰不适合从事学术研究的科研人员[2]，这是不断推出学术精品，保持科研队伍长久活力的根本保证。但由于种种原因，目前人事制度改革还相对滞后，能进能出、能上能下的人才流动机制尚未完全建立。另一方面，多数社科研究机构，其主要经济来源仍为政府财政拨款，政府对单位的发展规模、进人指标、行政职务职数、职称指标等也都严格控制，单位的人事自主权，如机构设置、自主进人、自主评聘职称、自主使用科研经费等受

---

[1] 王延中、周大亚：《建设一流的人文社会科学家队伍——来自中国社会科学院人才队伍建设的报告》，《第三届中国科学家教育家企业家论坛论文集》，2004年7月1日。

[2] 同上。

到较大影响。① 这种状况非常不利于推进和深化社科研究机构的人事管理制度改革、激励社科研究的积极性。

四 加强成都哲学社会科学人才队伍建设的对策建议

习近平总书记在哲学社会科学工作座谈会上的讲话中指出："要实施哲学社会科学人才工程,着力发现、培养、集聚一批有深厚马克思主义理论素养、学贯中西的思想家和理论家,一批理论功底扎实、勇于开拓创新的学科带头人,一批年富力强、锐意进取的中青年学术骨干,构建种类齐全、梯队衔接的哲学社会科学人才体系。"这给社科人才队伍建设指明了方向。

（一）着力提高对繁荣发展哲学社会科学重要性的认识

习近平总书记"5·17"讲话中指出："一个没有发达的自然科学的国家不可能走在世界前列,一个没有繁荣的哲学社会科学的国家也不可能走在世界前列。""哲学社会科学领域是知识分子密集的地方……要把这支队伍关心好、培养好、使用好,让广大哲学社会科学工作者成为先进思想的倡导者、学术研究的开拓者、社会风尚的引领者、党执政的坚定支持者。"显然,坚持和发展中国特色社会主义,实现中华民族伟大复兴的中国梦,必须高度重视哲学社会科学,结合中国特色社会主义伟大实践,加快构建中国特色哲学社会科学,对各级党委领导和广大哲学社会科学工作者而言更是责无旁贷、义不容辞。一方面,对各级党委政府而言,要从党和国家事业发展的全局高度提高对哲学社会科学工作重要性的认识,增强责任感和使命感,要充分认识哲学社会科学在"认识世界、传承文明、创新理论、资政育人、服务社会"中的紧迫性、战略性和长效性,要解放思想,

---

① 中国社会科学院"繁荣发展哲学社会科学"课题组:《繁荣发展哲学社会科学》,中国社会科学出版社2004年版,第90页。

转变观念,牢固树立哲学社会科学人才与自然科学人才同等重要的理念,克服重经济轻文化、重自然科学轻社会科学的思想观念,把繁荣发展哲学社会科学作为一项着眼于经济社会长远发展的战略任务,切实纳入重要议事日程。另一方面,广大哲学社会科学工作要注重提高综合理论素质。要坚持以马克思主义为指导,夯实基础,端正学风,利用多种形式提高自身的综合素质,自觉把个人学术追求同新时代中国特色社会主义建设紧紧联系起来,积极为党和人民述学立论、建言献策,以深厚的学识修养赢得尊重,以高尚的人格魅力引领风气,努力多出经得起实践、人民、历史检验的研究成果,在为祖国、为人民立德立言中成就自我、实现价值。①

(二) 制定哲学社会科学与人才队伍建设规划

人才队伍建设的规划刚要,就是要按照统筹兼顾的原则,对其长远发展作出规定,通过制定中长期社科发展规划与年度计划相结合的模式,使发展纳入有目的、有秩序、有规律活动轨道,在制度上确保推动成都哲学社会科学的发展。建议以成都正在全力以赴建设国家中心城市,努力构筑人才高地为契机,把制定哲学社会科学与人才队伍建设规划纳入地方经济和社会发展的总体规划和部署中。规划纲要主要内容应包括:人才队伍建设规划的指导方针和基本原则;人才队伍建设的总体部署、战略目标;人才队伍梯队的主要任务、培养目标及发展趋势;人才队伍的特色及重大人才工程;人才队伍建设的政策导向与组织实施等②,从而建成一支与成都建设国家中心城市、经济社会发展相适应的学科优化、素质优良、结构合理、具有较强创新能力的社科人才队伍。

(三) 建立健全科研共享和协同创新机制

依托现有的哲学社会科学研究院所和横向科研平台,整合科研资源,

---

① 《大家谈:不负繁荣发展哲学社会科学的历史责任》,2016 年 5 月 18 日,人民网,http://opinion.people.com.cn/n1/2016/0518/c1003-28361198.html。

② 湖南省社会科学院课题组:《湖南省社会科学学科与人才队伍建设专题调研分析报告》,《社会科学管理与评论》2006 年第 1 期。

进一步加快成都新型智库建设,加快哲学社会科学重点研究基地建设。为此,一是要打破过去部门和单位的鸿沟界限,坚持课题导向,实现基于人才发展的科研创新模式。以课题为主要导向与杠杆,积极组织相关科研人才参与课题研究,从学科和专业特长出发,既可以组织科研人员协同合作,也可以"借智"高水平专家共同研究,强化团队攻关,实现科研人才的共享和协同创新机制,提升科研效率和成果质量。二是要建立多平台的人才共享机制,汇集各方面人才,充分利用社会优秀人才资源,与兄弟单位和驻蓉高校联合创办研究中心,组织高水平学术活动,开展联合调研和合作研究。[①] 三是建立社科成果与人才共享信息库。详尽了解和全面掌握市域内优秀社会科学人才和优秀社会科学成果的分布状况、发展动态的"家底",把认真评选出来的优秀社科成果的社会反响与基本内容、人才的科研成果与学术地位等基本资料录入相应的管理软件存档,建立动态信息更新机制,以实现社科成果与人才信息的共享,以方便地方党委和政府及有关部门能及时把社科研究成果运用于决策,使社科界真正成为党和政府的"思想库""智囊团"。

(四)实施"哲学社会科学学术队伍建设工程"

一是实施哲学社会科学天府学者特聘教授(研究员)计划。加强人才流动,形成良性循环机制。加强社科人才与外部人才的互动交流,形成"引得进来、走得出去"的人才良性循环。以高薪和高激励的方式引进高层次人才,重视高层次人才引进后的待遇问题。具体可以结合成都市队伍建设和人才培养实际,设立适当数量的哲学社会科学天府学者特聘教授(研究员)岗位,面向海内外公开招聘特聘教授。天府学者特聘教授聘期为3—5年,聘任期间除享受基本工资外,给予每人每年固定的岗位津贴,并提供专项科研经费资助用于社科研究、著作出版、学术交流等。二是实施哲学社会科学优秀青年学术骨干支持计划。首先,建立党政部门同社科研究机构的人员交流机制,促进哲学社会科学更好地服务社会。为更好地认识国情、认识市情、认识社会,应建立优秀中青年科研人员定期到党政

---

① 刘德海等:《江苏新型智库体系建设研究》,江苏人民出版社2014年版,第66页。

职能部门、基层社区、各职能管理部门轮岗锻炼的制度，促进研究人员理论与实践相结合，从而不断提高理论研究的深度。其次，设立优秀青年学术骨干岗位，面向市内外公开选拔。支持期可以以3—5年为一个周期，期间除享受基本工资外，发放岗位津贴；另每年资助专项科研经费，主要用于社科研究、论文发表、著作出版、学术交流及购置开展工作所需的设备、资料等。最后，实施《成都社科研究国际化暂行办法》，每年支持中青年学术骨干赴海外名校开展高层次学术交流活动或访学研修。三是努力培养以名师名家为主体的学术团队。要把培养造就理论功底扎实、造诣高深、学术眼光敏锐、成就突出、影响广泛的学术带头人、名师名家等具有开拓创新能力的优秀学者放在哲学社会科学人才队伍建设的重要位置，加大对学术领军人物和学科带头人扶持力度，以学科建设凝练研究方向、彰显学术特色和优势，形成特色鲜明的学科"学派"和天府地域文化。在哲学基本理论研究，中华文明基本元素研究，中国与中、西、南亚文明交流，西部经济发展，西部社会管理，西部资源环境，西部艺术传承与发展，西部传媒与社会发展，西部高等教育发展等领域，积极培养以优秀学科带头人、学术骨干为核心的名师名家，以优秀博士为主体的学术团队，争取形成一批在国内具有重大影响的哲学社会科学学术团队[①]，以此改善成都哲学社会科学人才结构的层次相对不高状况，提高成都哲学社会科学人才队伍的总体研究水平和能力。

（五）大力培养优秀的科研管理人才

管理出人才，出机制，出成果。因此，创新管理理念，建设高素质的科研管理队伍，也应成为社科研究队伍建设的重要任务。各社科学术研究机构宜加强管理队伍建设，严把管理人员的"入口"，拓宽管理人员的"出口"，并采取有效措施，加大对各类管理人员的培养力度，注意在科研管理实践中培养、使用，促进其尽快成长、成才。[②] 此外，还可以吸收部

[①] 西北大学委员会　西北大学：《西北大学哲学社会科学繁荣发展计划（2010—2020年）》，http://blog.sina.com.cn/slblog_b15fc197010192uj.html。

[②] 王延中、周大亚：《建设一流的人文社会科学家队伍——来自中国社会科学院人才队伍建设的报告》，《第三届中国科学家教育家企业家论坛论文集》，2004年7月1日。

分具有一定理论功底，像政策研究室等实际工作部门的同志来从事科研或管理工作，以进一步提高其理论修养，促进行政决策的科学化、民主化，从而为推动成都哲学社会科学事业的繁荣发展做出更多贡献。

（六）深化人事分配制度改革

尽快健全政府、社会、用人单位和个人的多元化哲学社会科学人才投入机制。为了调动各类研究人员的积极性，一是加大财政对哲学社会科学人才发展的资金投入，提高哲学社会科学人才队伍的待遇，积极解决他们在工作生活中遇到的困难，为哲学社会科学人才队伍健康成长创造良好条件和宽松环境；二是改革现行的职称评审制度，评聘分开，设岗定级，按岗聘任，并根据岗位定工资、定岗位津贴、定福利待遇，改变目前唯一按职称级别分配各类资源的做法；三是根据国家事业单位人事制度改革的总体要求，扩大地方学术研究机构的人事管理自主权，在全面推行聘用制的基础上，建立一套合理的人事任免和辞职、辞退制度，进一步形成以"开放、流动、竞争、协作"为基础的各具特色的人才培养、使用和激励机制。[1]

---

[1] 中国社会科学院"繁荣发展哲学社会科学"课题组：《繁荣发展哲学社会科学》，中国社会科学出版社2004年版，第72页。

附　录

中央、省、市繁荣发展哲学社会科学的重要政策法规目录

序号	文件名称	文件号或发布时间
1	中共中央《关于进一步繁荣发展哲学社会科学的意见》	中发〔2004〕3号
2	中共中央《关于深化文化体制改革　推动社会主义文化大发展大繁荣若干重大问题的决定》	2011年10月18日中国共产党第十七届中央委员会第六次全体会议通过
3	中共中央办公厅、国务院办公厅《关于加强民办社科研究机构管理工作的意见》	中办发〔2004〕28号
4	中共中央办公厅、国务院办公厅《关于加强中国特色新型智库建设的意见》	中办发〔2014〕65号
5	中共中央《关于加快构建中国特色哲学社会科学的意见》	中发〔2017〕8号
6	中共四川省委《关于努力推进哲学社会科学事业繁荣发展的意见》	川委发〔2004〕13号
7	《四川省社会科学优秀成果评奖办法》	四川省政府令第142号
8	《四川省科学技术普及条例》	1999年8月14日四川省九届人大常委会第10次会议通过，2012年9月21日四川省十一届人大常委会第32次会议修订，2012年9月21日四川省第十一届人民代表大会常务委员会公告第78号公布

续表

序号	文件名称	文件号或发布时间
9	《四川省社会科学界联合会章程》	川社联发〔2017〕8号
10	《四川省哲学社会科学重点研究基地项目管理办法（试行）》	川教〔2006〕304号
11	中共四川省委办公厅、四川省人民政府办公厅《关于加强民办社科研究机构管理工作的意见》	川委办〔2004〕39号
12	《四川省哲学社会科学普及基地管理办法》	川社联发〔2010〕9号
13	四川省社会科学界联合会《关于成立全省性社会科学社会团体资格审查的规定》	1999年4月21日四川省社科联第四届理事会第三次会议通过
14	中共成都市委《关于繁荣发展哲学社会科学的实施意见》	成委发〔2004〕55号
15	《成都市社会科学界联合会机关机构改革方案》	成委办〔1997〕号
16	《成都市社会科学界联合会机关参照〈国家公务员暂行条例〉管理的实施方案》	成组发〔1998〕523号
17	《关于加强成都市哲学社会科学评奖工作的意见》	成委发〔2000〕19号

后 记

　　马克思认为，真正的哲学是"时代精神的精华""文明的活的灵魂"。哲学社会科学源于实践，是源远流长的历史发展成果，是改革开放伟大实践的思想凝聚；哲学社会科学又引领和引导着实践，为中国特色社会主义建设提供了重要理论支撑和发展驱动。特别是当前，我国已进入中国特色社会主义新时代，开启了全面建设和谐、富强、民主、文明的社会主义强国的新征程，正经历着我国历史上最为广泛而深刻的社会变革，也正在进行着人类历史上最为宏大而独特的实践创新。进入新时代所推进的前无古人的伟大实践，需要强大的思想理论引领，同时又给理论创造、学术繁荣提供了强大动力和辽阔空间。哲学社会科学大有可为。

　　作为西部正在奋力建设全面体现新发展理念的城市，成都当前正进入经济社会发展全面转型升级的关键时期和全面深化改革的攻坚时期。新时代为成都哲学社会科学打造了广大的舞台，迫切需要充分发挥哲学社会科学在全市经济社会发展中的重要作用，开创成都哲学社会科学新局面。改革开放40年来，成都哲学社会科学虽然在学科建设、基础研究、应用研究、人才培养等方面取得了长足发展，但面对新形势新要求，成都哲学社会科学领域面临着一些新问题，比如，哲学社会科学的未来发展方向如何；学科体系、学术评价体系如何建设；资源力量如何进一步有效整合；如何形成有力的政策支持，在解决影响成都哲学社会科学发展的突出问题上取得明显进展，等等。立足我国改革发展伟大实践，既研究世界、研究中国、研究四川，更要研究成都，不断推进知识创新、理论创新、方法创新，通过不断提高学术命题、学术思想、学术观点、学术标准上的能力和水平，构建既体现中国特色、中国风格、中国气派，又体现天府特色、巴蜀风格、成都学气派的哲学社会科学，为成都破解发展困境、提升城市治理水平提供理论支撑、精神动力、智力支持，既是成都哲学社会科学发展面对的历史课题，也是成都社科理论界的文化责任、哲学担当和理论自觉。

本书紧紧围绕"加快构建中国特色哲学社会科学、建设中国特色新型智库"这一核心主题，按照立足成都、挖掘历史、把握当代、面向未来的思路，对中国特色哲学社会科学的本质和特征、发展基础和动力、实现机制等进行系统的理论阐释，并重点围绕改革开放以来成都哲学社会科学发展实际及其在新时代面临的新任务、新挑战，深入分析成都社科在学科建设、资源配置、学术管理体制机制、政策帮扶等方面取得的成效和存在的问题，提出未来繁荣发展成都哲学社会科学的战略方向，以及优化学科体系建设、规范学术评价管理制度、加快社科资源力量整合、加强政策支持等方面的对策建议，以期为成都哲学社会科学的发展尽绵薄之力。

本书是成都市社科院2016年立项的重大科研项目，在成都市社会科学院领导的统筹领导下，由成都市社会科学院社会学与法制研究所、信息中心的相关同志承担完成，是集体心血的结晶。全书具体由成都市社科院副院长阎星研究员主持编写，并对编写过程中的重大问题进行审定。章节撰写分工如下：导论、第二章、第三章由胡燕撰写，第一章、第六章、第八章由张晓雯撰写，第四章、第五章、第七章由陈艺撰写，附录由四川省社会科学院在读研究生毛莹整理。胡燕负责全书的大纲设计和最后统稿。

本书撰写工作于2016年8月全面展开，2017年10月完成初稿，2018年3月完成修订，其间，历经广泛的文献资料整理、翔实的调查研究和多次的座谈讨论，几易其稿，最终成形。在撰写过程中，广泛汲取和参阅了北京、上海、广州、南京、重庆等地社科发展的经验总结，以及国内外众多专家学者的相关著述和研究成果，得到了国内各地社科院科研管理部门、智库中心和成都本地的相关部门、社科研究机构、高校及区（市）县社科联、市级学会协会研究会的大力支持。除此之外，西南财经大学成渝经济区发展研究院院长、成都市社科联主席杨继瑞教授，成都市社科院原院长刘从政研究员，四川省社科联党组副书记唐永进研究员，四川省社科院历史所谭继和研究员，四川大学城市研究所所长何一民教授，四川大学经济学院陈永正教授，四川大学经济学韩立达教授，四川省委党校郑妮副教授，成都市经济发展研究院副院长李霞研究员，四川大学公共管理学院何明洁副教授，成都大学张学梅教授、成都市委党校副校长王苹研究员等省内知名专家学者，以及成都市社科院院长陈蛇研究员、科研处处长钟声副研究员、社会学与法制研究所所长王健研究员、历史学所所长尹宏研究员、经济学所所长姚毅副研究员等对本书提供了指导和支持。在此，一并表示诚挚的感谢！

  时值党的十九大胜利召开、全党全国上下深入学习贯彻党的十九大精神之际，全面深化改革、建设社会主义现代化强国的伟大实践强烈要求广大哲学社会科学工作者"不忘初心、牢记使命"，迫切呼唤哲学社会科学理论工作者，立足中国大地、植根中国文明，凝练中国智慧、创新中国思想，为解决中国问题、服务中国发展贡献更多光和热。本书虽几经修订，但囿于时间和能力，不少内容仍需进一步深化和完善，当然，错误、失误也在所难免，恳请读者对本书提出批评意见，也期待有更多的相关研究成果问世。

编者

2018 年 4 月